無藤 隆
Takashi Muto

古賀松香
Matsuka Koga

編著

実践事例から学ぶ保育内容

社会情動的スキルを育む「保育内容 人間関係」

乳幼児期から小学校へつなぐ非認知能力とは

北大路書房

探検隊、なにが見つかったかな？

菊水鉾にのせてもらったよ

水遊び、きもちいい〜

よいしょ、よいしょ、

ちくちくする？

キウイの収穫，やった，とれた！

ポップコーン，できてるかな？

くつした自分ではけるよ

クリスマスツリー，いい色になってきた

だるまさんがころんだ、しよう。

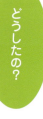

はじめに

　子どもは，生まれたばかりの赤ちゃんのころから母親の声や他の子どもの声によく反応し，泣いていてもその声のする方を向いて泣き止んだりします。そのようすは，人との間で生きる存在として生まれてきていることを，私たちに教えてくれているようです。そんな子どもが育つ環境としての家庭・地域・社会は，子どもがゆっくりと育っていくことを受けとめられないようなスピードで変化しています。貧困，虐待，地域から孤立する子育てといった状況が深刻化するなかで，子どもが本来もっているみずから育とうとする力が存分に発揮されるように支える，質の高い幼児教育が必要とされています。

　本書は，これから求められる質の高い幼児教育のあり方のひとつとして，特に社会情動的スキルを育むという点に着目します。社会情動的スキルは，非認知的スキルや非認知能力ともよばれ，知識や経験，また，それらを活用して考えるといった認知的スキルと区別されます。グローバル化，情報化が進み，ますます複雑化していく社会では，与えられた知識や流れてくる情報の活用だけでなく，一人ひとりが自分のもてる力を存分に発揮し，他者と目標を共有して知恵を出し合い，良さを生かし合い，よりよいものや新たな価値を創造するようなことが求められていくでしょう。そのとき，人と共に生きるうえで必要な，自分への自信，相手を信頼する気持ち，意欲をもって目標に向かっていく力といった社会情動的スキルが重要になります。

　これらはもともと日本の幼児教育において大切にされてきました。しかし，子どもが育つ環境のめまぐるしい変化を受け，子どもたちの育ちも変容してきています。現代の子どもたちにどのような育ちがみられるのか，それに対してどのような教育のあり方が求められるのか，具体的な実態に即した細やかな保育内容を示す必要があるでしょう。

　そこで，まず序章では，近年注目される幼児教育の効果と社会情動的スキルをめぐる研究動向を踏まえ，今後，日本の幼児教育が質の向上へ向かって目指すべき方向性を提示しました。特に，ものごとへ向かう姿勢や力といった，これまでは気質や性格と捉えられがちであったものを，スキルと捉えることで教育可能性を示すことの重要性や，それらは保育者による意図的な働きかけによって伸ばすことができること，その具体的な進め方の視点が示されています。

　そして，第1章では，この社会情動的スキルが大きくかかわる保育内容人間関係について，保育の原理となる考え方や乳幼児期の基本的な発達をおさえつつ，自己の育つ道筋と他者との間で育つ自己調整力，そして小学校への接続へ向けて育みたい協同的な学びの芽ばえを中心にまとめました。

はじめに

　第2章は，自己調整力の育ちを「折り合う姿」という視点で検討した実践研究から，自己と他者との間で折り合いをつけるというスキルの育ちを7つの姿で整理しました。具体的なエピソードの検討を通して，保育実践において重要になる援助や環境構成のポイントを示しています。また，あるひとりの子どもと保育者の葛藤に満ちた2年間の事例を通して，子どもがそのときどきの発達の時期に何にどのように向き合っているのか，また，保育者が子どもと向き合うとはどのようなことを指すのか，考えていきます。さらに，小学校に育ちをつなぐための，子どもにとって意味のある連携のあり方を提示しています。

　第3章では，子どもの育ちを支える保育者，保護者の連携や，保育者が育つために重要な研修や組織のあり方，高い専門性をもった保育者になるために重要な学びのポイントを提示しました。

　本書の大きな特徴は，第2章以降の実践編にみられます。「社会情動的スキルを育む」という言葉から，もしかしたら，人間関係にかかわる技能やコツを保育者が子どもに教え，訓練をするようなイメージをもつ読者もいるかもしれませんが，まったくそうではありません。本書では，子どもと大人が共に自己と他者をめぐる具体的な状況のなかで，揺れ動き，葛藤し，時に向き合えず，折り合えない日々がありながら，それでもなんとか向き合おうとすることを通して，人と共に生きる力としての社会情動的スキルが育まれることを一貫して示しています。そこにはある一定の発達のプロセスがあり，そのときどきの発達にふさわしい援助のポイントを明らかにすることが，本書の目指すところです。ここで示された7つの折り合う姿と保育者の援助・環境構成が，他の現場にもひろがり，各園・所で子どもの社会情動的スキルを育む援助の見極めに活かされるなら，これほど大きな喜びはありません。子どもたちが他者と共に生きる喜びを味わい，積極的に社会で自分の力を生かす人に育っていってほしいと心から願っています。

　　　　　　　　　　　　　　　2016年4月　編者を代表して　**古賀松香**

もくじ

はじめに　i

序章　幼児教育の効果と社会情動的スキルの指導　1
- ◆OECD での社会情動的スキルの育成の検討　1
- ◆実証的エビデンスのまとめ　4
- ◆欧米を中心に世界中で注目される「非認知能力」　4
- ◆幼児期における社会情動的・認知的スキルがその後の発達に与える影響についてのエビデンス　5
- ◆研究概観からのまとめ　7
- ◆3つの課題を克服する　8
- ◆豊かな環境や保育者の言葉の働き　8
- ◆支援の工夫　10
- ◆保育者の資質・能力を高める園内研修　11

第1章　乳幼児期の育ちと領域「人間関係」　12

第1節　保育の基本と領域「人間関係」　12
1. 遊びのなかで主体としての子どもを育てる　12
2. 現代社会と領域「人間関係」　19
3. 社会情動的スキルと領域「人間関係」　23

●Q&A1　協同性を育もうと思ってもいざこざばかりで，活動が前に進みません。　25

第2節　身近な人とのかかわりのなかで育つ　26
1. 愛着関係の形成　26
2. 自己の育ち　34

●Q&A2　園に遊びに来る地域の母親が，自分の子どもや周囲の親子とほとんどかかわらずスマートフォンをいじってばかりいます。　41

第3節　仲間とのかかわりのなかで育つ　42

1. 自己発揮と自己抑制のバランス：自己調整力の育ち　43
2. 道徳性，規範意識の芽ばえ　54
3. 小学校との接続に向けて育むべき子どもの力：学びに向かう力とその土台となるもの　59

●Q&A3　発達に特別な配慮が必要な子どもへの支援はどうあるべきでしょうか。　63

第2章

実践―自己調整力を育む―　64

第1節　親子の戸惑いから支える―地域の実態と保育―　64
1. 地域でみられる現代の親子の姿　64
2. 子ども・保護者・保育者が育ち合う　67

●Q&A4　よく手が出る子どもの保護者が，クラスの保護者の輪に入れずにいます。　73

第2節　保育実践研究からみえた「7つの折り合う姿」の発達と保育者の援助　74
1. 自己調整力の育ちを「折り合う姿」という視点からとらえる　74

折り合う姿1　保育者と折り合う：「ぼくかっこいい」できる自分への自信　82
折り合う姿2　遊びたい場で保育者のまわりにいる子どもと，保育者とともに折り合う：まずは相手に思いを受けとめてもらうことから　86
折り合う姿3　遊びを共有した友だちとのかかわりを深めながら，保育者とともに折り合う：「なんで行っちゃうの？」こじれた友だちとの間　90
折り合う姿4　大好きな友だちといっしょに遊びを続けるために友だちと折り合う：大好きな友だちに「リスごっこあきた」と言われて　94
折り合う姿5　かかわりを広げることで自分自身と折り合う：できない自分とは向き合わないほうが楽だけど　98
折り合う姿6　さらにかかわりを広げながら保育者に支えられ友だちと折り合う：友だちとの思いのズレから自分に気づく　106
折り合う姿7　みんなのなかで折り合う：友だちの思いとともに探究するおもしろさへ　112

- Q&A5 「自己抑制」について，きまりを守らせることを意識するあまり，厳格な保育になってしまっていないかが不安です。　105

　　　2．折り合うこころを育む3つの援助：何をどう見守り，待つのか　118

- Q&A6 自己主張をあまりせず，他の子どもに軽んじられているように見える子どもがいます。本人はそれほど迷惑がっているようすではないのですが，どう介入すべきでしょうか。　121

第3節　折り合えないこととていねいに向き合う
　　　　　　　　　　　　─ある子どもの育ちと保育者の援助─　122
　　　1．折り合えないことをたいせつにする保育　122
　　　2．ある子どもの育ちと保育者の援助　123

- Q&A7 小学校の先生から「困った子」とみられないか心配です。　147

第3章

育ち合う大人の人間関係を育む　148

第1節　葛藤を語り合い，わかち合い，支え合える場をつくる　148
　　　1．保護者と保育者が語り合い育ち合う　148
　　　2．保育者どうしが語り合い支え合う　152

- Q&A8 園で自己調整力を育んでいても，自分自身が自己抑制できない保護者がいて，なかなか子どもに浸透しません。　159

第2節　徹底的に子どもの側に立って考える保育者を育む　160
　　　1．若手保育者の研修に携わって　160
　　　2．経験による保育者の育ち：自分らしい保育ができることの意義　164
　　　3．おわりに　168

- Q&A9 園内研修で発言する人がいつも決まっており，若い人がほとんど発言しないまま終わってしまいます。　169

　　　引用文献　170
　　　おわりに　172

もくじ

Column 1　乳幼児期にたいせつにすべき遊びとは　19
Column 2　現代の子育てとメディア　33
Column 3　自己主張しない子どもたち　53
Column 4　「また来たい」と思える子育てひろば　67
Column 5　「気になる子ども」という見方　97
Column 6　アプローチ期に小学校への不安を安心に変える　111
Column 7　思いに寄り添う　117
Column 8　保育で感じる「わからなさ」を「おもしろさ」へ　139
Column 9　保育の質を高める園内研修　158

本文写真提供：中京もえぎ幼稚園／カナン子育てプラザ21（第1章第2節）
　　写真は保育の一場面であり，本文中の事例と直接関係はありません。

序 章

幼児教育の効果と社会情動的スキルの指導

　幼児教育（保育）において社会性や情意性を育てることはその後の成長にとって重要なのか。これはしばしば「非認知スキル」としてよく論じられるようになってきた。その嚆矢となったのが経済学者ヘックマンの研究である（ヘックマン／古草訳，2015）。

　この研究はアメリカにおける幼児教育の効果にかかわる長期縦断研究のデータを再分析したものである。元となる幼児教育は「ペリー就学前プロジェクト」である。経済的に不利な状況にあるアフリカ系アメリカ人の子弟（3・4歳）に対して午前中の幼児教育と週に一度の家庭訪問を組み合わせた（保育の中身は日本の幼稚園教育要領などでいう保育に近いといってよい）。ヘックマンはこのプログラムを受けた子どもたちと就学前の幼児教育を受けなかった子どもたち（これはランダムにどちらかに割り当てられた）とを大人になるまで追跡調査を行なっている。知的な面（学業成績や知能指数）では，差がみられなかったが，思春期そして成人期の高校卒業率や犯罪率や収入などにおいて上記のプログラムを受けたほうがよい結果となっていた。ヘックマンは経済学者として，その結果は投資効果としてきわめて高い収益があると論じている。

　ここで効果がみられたのは知的なものというより，学習意欲やその姿勢というものだと推察された。学習意欲や労働意欲，努力や忍耐などの「非認知スキル」が重要なのである（なお，他の幼児教育プログラムでは知的な効果が見いだされて，効果が持続しているものもかなりみられる）。

　それを受けて，2つの検討が現在進んでいる。一つは乳幼児期の子どもの社会情動面（非認知スキル面）の度合いがその後の教育その他の成果へどのような影響を与えるかである。もう一つは幼児教育のなかでそういうものを伸ばすことがどういう影響をその後与えるかである。現在，主に前者の検討が進んでいて，後者については手探り状態ではあるが，だいぶ可能性が見えてきている。

◆ OECDでの社会情動的スキルの育成の検討

　OECDは乳幼児期から児童期に掛けて，知的なスキルとともに社会情動的スキルを育てることが将来の子どもたちの成長を助け，同時に経済的格差による個人間の格差を減らすことに貢献すると考えて，検討を進めている（池迫・宮本，2015）。

　社会情動的スキルは「個人のウェル・ビーイングや社会経済的進歩の少なくとも

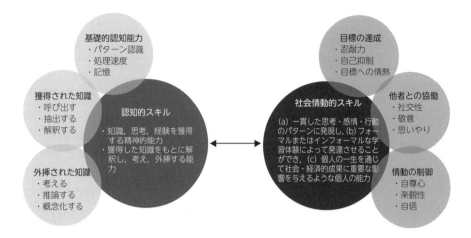

図 0-1　認知的スキル,社会情動的スキルのフレームワーク（OECD, 2015；池迫・宮本, 2015, p.13）

一つの側面において影響を与え（生産性），意義のある測定が可能であり（測定可能性），環境の変化や投資により変化させることができる（可鍛性）個々の性質」とされる。

　社会情動的スキルは，非認知スキル，ソフトスキル，性格スキルなどとしても知られる。目標の達成，他者との協働，情動の制御にかかわるスキルであり，日常生活のさまざまな状況において現われる。図 0-1 は，最も重要な機能のいくつかに基づくスキルの分類を示している。こうしたスキルは人生のあらゆる段階において重要な役割を果たす。社会情動的スキルを「(a) 一貫した思考・感情・行動のパターンに発現し，(b) フォーマルまたはインフォーマルな学習体験によって発達させることができ，(c) 個人の一生を通じて社会・経済的成果に重要な影響を与えるような個人の能力」と定義する。とくに,5つの基本的なパーソナリティ特性の側面（外向性，協調性，勤勉性，情緒安定性または神経症傾向，経験への開放性）を区別する「ビッグ・ファイブ」分類法を元にしている。認知的スキルと社会情動的スキルとを区別しているが，この2つは相互に作用しお互いに影響を与え合うことから，切り離すことはできない。

　スキル発達の速度は，個人の年齢と現在のスキルの水準に大きく左右される。子どもの幼児期は，将来のスキル発達の基礎を築くことから，スキルの発達にとって非常に重要である。この時期においては，家庭は非常に重要であり，親子のかかわりのパターンは，認知的，社会情動的スキルに大きな影響を与える。しかし，その後の介入も，とくに社会情動的スキルについては効果的である。児童期，思春期，青年期には，学校，友人グループ，地域社会がこうしたスキルの形成において重要な影響を及ぼすものとなってくる。

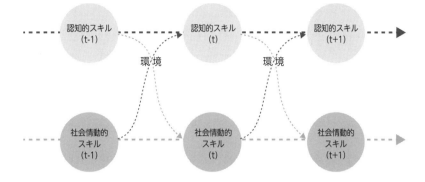

図 0-2　認知的スキルと社会情動的スキルの動的相互作用（OECD, 2015：池迫・宮本, 2015, p.15）

　認知的スキルと社会情動的スキルは密接に関連している。しかし，社会情動的スキルの敏感期は，認知的スキルの敏感期と同じではない。あらゆるスキルにおいて早期の投資は有益だが，社会情動的スキルは，認知的スキルに比べ，生涯のうち遅い段階においても変化させることが可能である。

　スキルを強化するための直接的働きかけ（投資）と環境と，国などにおいて可能な政策的手段を表として整理してある。多様な社会的文脈における学習は，フォーマル，インフォーマル，ノンフォーマルな学習の価値を示している。

　スキルを育てるための直接的働きかけと環境要因と国などが取りうる政策手段が表 0-1 のようにまとめられている。家庭・学校・地域社会ごとにさまざまな手立てが考えられる。

表 0-1　スキルを強化するための直接的投資，環境的要因，政策手段（例）（池迫・宮本, 2015, p.17）

	家庭	学校	地域社会
直接的投資	親子のやりとり（例：本を読む，一緒に食事をする，遊ぶ），養育スタイル，親によるモデリング	正課・課外活動，教員の教育スキルおよび知識，教育方法，学級風土，見習い実習制度および職業訓練	地域社会で提供される活動（例：ボランティア，スポーツ団体），メンタリング，メディア，ソーシャルネットワーク，友人によるモデリング
環境的要因	家庭の社会経済的資源（例：所得，教育），親のメンタルヘルス，家庭のストレスや困難な出来事（例：家庭暴力，虐待），親の学校への関与	学校資源（例：支出，施設），学校風土および安全	公共サービス（例：公園，保育施設，公民館），地域の安全，失業率，所得水準
政策手段	育児休業規定，柔軟な労働形態，保育サービス，学童保育サービス，家庭への補助金交付	教員の募集および研修	ソーシャルワーカーの研修，文化・スポーツプログラム

◆実証的エビデンスのまとめ

結論として池迫・宮本（2015）は，次のまとめを提言している。子どもの目標を達成する力（例：忍耐力，意欲，自己制御，自己効力感），他者と協働する力（例：社会的スキル，協調性，信頼，共感），そして情動を制御する力（例：自尊心，自信，内在化・外在化問題行動のリスクの低さ）の強化をうながす可能性のある学習環境の特徴をいくつか特定している。

①家庭は，温かく習慣的な親子のかかわりを通して，子どもの社会情動的発達を促進することができる。
②学校は，青少年の社会情動的発達を促す幅広い正課・課外活動を用いることができる。
　質の高い学校ベースの社会情動的学習プログラムは，目標を達成し，他者と協働し，情動を制御する能力を子どもたちが獲得するのに役立つ可能性がある。成果をあげている社会情動的学習プログラムは，非常にインタラクティブであり，積極的，反省的，実践的，意図的，経験的である傾向にある。
③地域社会は，子どもが実践的経験を通して社会情動的スキルを学ぶ機会を提供することにより，家庭や学校の試みを補うことができる。
④子どもの社会情動的スキルを対象とした成果を挙げているプログラムの多くが学習環境の一貫性の重要性を重視している。
⑤社会情動的学習は，不利な立場にいる子どもたちだけではなく，他のグループの子どもにとっても有用である。
⑥社会情動的学習は幼児だけでなく青年にとっても有用である。

◆欧米を中心に世界中で注目される「非認知能力」

このように見ていくと，「非認知能力（スキル）」ないし「社会情動的スキル」は，これからの幼児教育のキーワードになる。2016（平成28）年度末告示予定の幼稚園教育要領や保育所保育指針には，社会情動面にかかわる非認知能力にかかわる内容がすでに入ってもいるし，今後強調されることにもなるはずである。こういった非認知能力ないし社会情動的スキルは，IQなどで数値化される認知能力と違って目に見えにくいのだが，「学びに向かう力や姿勢」とも言い表わせる。目標や意欲，興味・関心をもち，粘り強く，仲間と協調して取り組む力や姿勢が中心になる。

近年，非認知能力は日本だけではなく，世界中で研究が進み，その重要性が認識されている。とりわけ議論が盛んなのは欧米である。というのも，従来，欧米，とくに英米などの幼児教育は読み書き算数やそれに近い思考能力のような知的な教育が中心であった。しかし，幼児期の狭い知的教育の効果は一時的なものにすぎず長続きしないことが明らかになり，認知能力の土台となる非認知能力がクローズアッ

プされてきている。加えて，非認知能力は幼児期から小学校低学年に育成するのが効果的という研究成果も注目されている。

では，そういった教育的取り組みを支える研究上の証拠はどの程度あるのだろうか。

◆**幼児期における社会情動的・認知的スキルがその後の発達に与える影響についてのエビデンス**

幼児教育の影響について探るために，乳幼児期（および児童期）における社会情動的スキルや認知スキルがその後のさまざまな成長課題に対してどのように影響するかについて，文献総覧を参考に以下にまとめる（Schoon et al., 2015）。

ここでの問題はこうである。幼児期（乳幼児期の意味）の社会情動的スキルがさまざまな成果（教育的達成，雇用，健康，幸福）に対して認知的達成とは独立に長期的な影響をもつかどうかの検討を行なう。長期的な成果にかかわり，最も強力な証拠を示す認知的・社会情動的スキルを見いだす。

ここでは，生活スキル（life skills）として全体を総括している。それは下記の3つに分かれる。

① 人格的スキル（情動的スキル）：自己制御（自己コントロール，グリット（意志力），自己管理，良心性）。自己への気づき（自信，自己尊重感，自己効力感，自己概念，自己統制の位置），情動的安定性（神経症傾向の逆，ストレス管理，対処方略），動機づけ（目標設定，期待－価値，内発的／外発的動機）。
② 対人スキル：接近（外向性，自己主張，指導性，他者への信頼（愛着）），協働と他者の立場取得（向社会的行動，協調性，社交性，共感性）。
③ 認知スキル：言語スキル（話し言葉，言語，読み書きスキル）。数スキル（計数スキル，初期概念，他の非言語的スキル）。実行機能（作業記憶，抑制コントロール，注意シフト，開放性，創造性，遊び）。

多数の文献の概観から，幼児期の社会的・情動的／認知的スキルの予測の程度を表0-2のように整理できる。1）教育／社会経済／雇用，2）精神衛生，3）身体健康，4）その他，の成果別の結果を示す。なお，！は強い証拠があるもの。＊は6歳以前の測定によるもの。（　）内の＋－により正負の関連を示す。

ここからわかるように，自己制御（自己コントロール，満足の延期，善い行動，良心性など）は予測する力があることが見いだされている。言語的スキルも数的スキルも同様に予測する。これらは教育的達成（学校の成績），成人の社会経済的地位（豊かさ），精神的また身体的健康，健康行動，犯罪へのかかわりのないことなどに影響する。

情動的安定性（内向的問題行動がないことや対処方略）は成人期の精神衛生を予

表 0-2 幼児期の社会的・情動的／認知的スキルの予測の程度 (Schoon et al., 2015)

カテゴリー	証拠（エビデンス）
カテゴリー1：いくつかの大規模の長期縦断研究で関連変数を統制して、いくつもの関連を見いだしている。	自己制御（自己コントロール，満足の延期，善い行動，良心性） 1）！＊教育的達成（＋），！＊社会経済的地位（＋），！＊収入（＋），＊失業（−） 2）！＊精神疾病（−），ストレス管理（＋） 3）！＊臨床問題（−），！＊肥満（−） 4）！＊犯罪（−） 言語スキル 1）！＊教育的達成（＋），収入（＋），社会経済的地位（＋），失業（−） 2）＊精神疾病（−） 3）＊不健康行動（−），＊自己評定による健康（−），＊臨床問題（−） 4）＊犯罪（−） 数的スキル 1）！＊教育的達成（＋），収入（＋），社会経済的地位（＋）， 3）不健康行動（＋），臨床問題（−）。
カテゴリー2：いくつかの大規模長期縦断研究で関連変数を統制して，特定の領域の関連を見いだしている。	情動的安定性（内向的問題行動のなさ，対処方略） 2）＊生活満足感（＋），！＊精神疾病（−） 3）肥満（−） 4）パートナーとの関係の質（＋） 実行機能（注意制御，作業記憶，抑制コントロール，運動スキル） 1）！＊教育的達成（＋）（注意），＊数学的能力（＋），＊全般的認知能力（＋），＊大学卒業（＋） 3）肥満（−） 4）教室行動（＋），行動問題（−）
カテゴリー3：単一の大規模縦断研究といくつかの小規模研究とその組み合わせからいくつもの関連を見いだしている。	自己への気づき（統制の内的位置，自信，自己効力感） 1）教育的達成（＋），生涯学習（＋），失業（−） 2）精神疾病（−） 3）自己評定された健康（−），肥満（−），臨床問題（−） 4）犯罪（−） 協働（向社会的行動，共感性） 1）教育的達成（＋），労働能力（＋），起業精神（＋） 2）行動問題（−） 3）不健康行動（−） 4）犯罪（−），＊社会的正義の信念（＋） 接近（社交的，自己主張的，安定した愛着） 1）＊学校への関与（＋），失業（−），起業精神（＋） 2）精神疾病（−），生活満足感（＋） 3）自己評定された健康（＋），不健康行動（−／＋），臨床問題（−），肥満（−） 4）犯罪（＋），指導性（＋）
カテゴリー4：多少の小規模縦断研究で，特定の領域の関連を見いだしている。	開放性，創造性，遊び 1）創造性（＋），拡散的思考（＋） 2）精神的病理／健康（＋／−）（男性／女性） 動機づけ，教示，関与，根気 1）教育的達成（＋）

測する。実行機能では，幼児期のそれが後の教室行動や行動問題，教育的達成などを予測する。こういった結果は，実行機能，とくに注意の制御が後の自己制御の発達的先行要因となることを示唆している。

　それほど強固な証拠がないものについて，社会的スキル（協働と接近にかかわるもの）と自己への気づき（自分の行為が違いをつくり出せるという信念で，統制の内的位置，自信，自己効力感などが含まれる）は予測要因となる。教育的達成は自己への気づき（とくに統制の内的位置）と協働（向社会的行動）によって予測される。雇用は自己への気づき，協働と接近と関連する。社会的な接近（とくに自己主張と社交的であること）は起業精神と指導力に結びつく。精神衛生，自己評定される健康，肥満と臨床的問題は自己への気づきと接近により予測される。犯罪への関与がないことは自己への気づき（統制の内的統制）と協働（向社会的行動）により予測される。なお，社交的であることが犯罪へのかかわりや不健康行動（喫煙など）にも関係し，社交性の問題点もありそうである。

　小規模の研究などから，開放性，創造性，動機づけも影響要因となることが示唆される。たとえば，内発的動機づけ（学習などの活動をそれ自体として楽しむ）は学校での正の成果と関連する。

◆研究概観からのまとめ

　一連の核となるスキルが幼児期・児童期に獲得されると，その後の時期にさまざまな影響を与えることが見いだされている。最も強い証拠は幼児期の自己制御と認知スキルが予測することについてである。3歳児の時点でも自己制御が乏しいことは成人期の多くの問題のある結果を予測する。教育的達成に対しては，実行機能の役割が大きい。とくに注意の制御である。この注意の制御は自己制御の前の段階で起こるものであり，より純粋な自己制御の形態ともいえる。

　認知スキルはその後を多く予測する。初期の言語スキルは教育的達成を含めた多くのことを予測する。数的スキルは後の学校での達成を予測し，さらにその後，収入その他を予測する。

　自己への気づきも有意に働く。とくに，自分の能力についての正確な信念・知覚・評価が後に影響を与えるようだ。

　初期の実行機能のうち，注意を制御し維持する能力は教育的達成に対しても，学校へのかかわりや善い行動に対しても強く影響する。なお，作業記憶や抑制コントロールなどそれに類した運動スキルなども意味があるかもしれない。

　情動的不安定性は，とくに内向的行動に表われた場合，後の精神衛生的問題につながりがあり，その領域に固有の効果を示唆する。

　対人スキルの影響ははっきりとしない。接近の影響は協働よりも多少明確である。とくに初期の愛着パターンや自己主張などは後の精神衛生や生活満足感などに効い

てくる。

◆ 3つの課題を克服する

　日本は欧米とは少々異なる文脈で非認知能力の必要性が論じられている。知的教育に重点を置いてきた欧米とは違い，日本の幼児教育は「心情・意欲・態度」をたいせつにすることで，非認知能力を育成してきたといえる。しかしふり返ってみると，いくつか課題が見えてくる。

　1つは，日本ではとくに意欲や興味・関心をたいせつにしてきたのだが，非認知能力の重要な要素である粘り強さや挑戦する気持ちなどの育成はそれほど重視されていなかった。

　2つめとして，認知能力と非認知能力は絡み合うように伸びるという認識が弱かった。意欲や関心をもって粘り強く取り組むと，自然に深く考えたり工夫したり創造したりして認知能力が高まる。そのように認知能力が発揮された結果，達成感や充実感が得られ，「次もがんばろう」と非認知能力が強化される。こうしたサイクルを意識することで，認知能力と非認知能力は効果的に伸ばせると考えられる。

　3つめとして，こうした姿勢や力は，従来，気質や性格と考えられがちであった。現在の議論では，これを「スキル」ととらえて教育可能性を強調している。たとえば，子どもの興味・関心は保育者の環境づくりにより意図的に高められるし，粘り強さは励ますことで伸ばせる。あえて「スキル」とよぶことで，具体的な支援を通して子どもができるようになることを示しているのである。

　こうした課題をふまえ，もっと意識的に非認知能力＝社会情動的スキル＝情意スキルを高めることが，今後の幼児教育ではきわめて重要になる。もっとも，幼稚園教育要領や保育所保育指針の考え方に則った園は，すでに非認知能力を育てる基盤は整っていると考えてよい。その意味では，まったく新しい取り組みを導入するのではなく，非認知能力という観点から従来の保育をふり返って補完し，高めていくという視点を強調したい。

◆ 豊かな環境や保育者の言葉の働き

　社会情動的スキルを育てる活動を充実させるために幼稚園・保育園等では何をしたらよいのだろうか。

　現行の幼稚園教育要領と保育所保育指針でも，非認知能力の育成に向けた種はまかれている。たとえば，協同的な活動は好例である。子どもたちが目標や意欲をもち協同する活動では，社会性が育つはずだし，自分たちの考えを具体化するためには知的な工夫や粘り強さが求められる。すでにこうした活動に取り組んでいる園は少なくない。

　さらに今後は次の3点に留意するとよいのではないか。

1つめは，子どもがおもしろいと感じたり，かかわったりしたくなる素材をふんだんに用意することである。こうした環境づくりは，園による差が大きい。たとえば，積み木にはさまざまなサイズや素材があり，それぞれ遊び方は異なる。いろいろな種類を置けば，遊びが広がりやすくなる。絵本も多くのジャンルにふれることで興味を喚起しやすくなる。また，園庭にどのような葉っぱや花があるかによって，色水遊びの展開は変わる。さらにペットボトルや牛乳パックといった廃品を置いておくと，子どもが興味をもって自然と遊びが発生するはずである。このように，環境を豊かにする方法はさまざまで，一つの正解があるわけではない。それぞれの園の特性を生かして環境の充実化に努めることができる。

　2つめのポイントは，保育者が対話を通して，子どもの発想を豊かにしたり考えを深めたりすることである。こちらも保育者による個人差が大きい。子どもに対する問いかけが不足していたり，一方的に言葉を提示するだけで対話になっていなかったりするケースがよくみられる。ある園で子どもたちが水盤に厚い氷が張っているのを見つけた。ここで保育者が「よかったね」程度の言葉しかかけなければ，子どもは一通り氷で遊んだり割ったりして終わっていただろう。しかし，保育者は対話を通して子どもたちから「お母さんや他のクラスの友だちにも見せたい」という言葉を引き出し，「どこに置いておこうか？」と問いかけると，子どもは話し合って日陰に置くことにした。また，「明日もつくりたい」という話になり，そのためにはどうすればよいかを考え始めた。もともと子どもは，氷は寒い場所でできると直感的に知っていただろうが，保育者との対話を通して明確に意識するとともに，氷への興味が高まって活動が広がっていったのだ。子どもが氷を見つけたのは「偶然」だろうか。一見，そのようだが，同時に「必然」でもある。仮に子どもが水盤の氷を見つけなかったとしても，いつかは水たまりの氷や霜柱に気づいたはずだからだ。子どもの育ちをとらえ，「氷に興味をもつだろう」という見通しがあったからこそ，子どもの発想を広げる対話ができたのであろう。環境を用意して，子どもが気づくのを待っていたのである。逆に保育者が氷の存在を教えて一方的に活動の指示をしていたら，ここまで強い興味は示さなかっただろう。

　3つめの要点は，小学校とのつながりを意識することである。小学校教育の先取りをするということではない。幼児期の学びを小学校以降の学習の土台ととらえ，5歳児にふさわしい高度な活動を通して社会情動的スキルを高める努力をする。そのために，「しっかりとめあてをもって取り組んでいるか」「友だちと協力して進めているか」「力をもて余したり，遊びが停滞したりしていないか」といった視点から5歳児の活動を見直すとよいのである。これまで幼小接続というと，小学校からの「こんな力を高めてほしい」といった要望を取り入れることが中心であった。しかし今後は，小学校の側が幼児期の育ちを受けとめて発展させるという発想が重要になる。文部科学省も幼児期から大学までに一貫して資質・能力を育成するという

方針をもっており，幼児期に培う社会情動的スキルは，小学校以降の主体的な学びの土台と位置づけている。

小学校だけではなく，社会情動的スキルは3歳前後の育ちもたいせつなため，2歳からのつながりも意識したい。幼稚園の場合は入園前であるが，最近は子育て支援の場として園を訪れることも少なくない。そうした機会も活用して子どもの育ちをとらえたり，家庭の状況を把握したりして，年少クラスの前半からそういった力・スキルの育成を意識した活動を展開することが望まれる。

◆支援の工夫

社会情動的スキルを高める活動を検討する際は，「内容」はさまざまに考えられ，それとともに「育てたい姿勢や力」をベースにしていく必要がある。必ずしも特別な環境や活動は必要ない。支援の工夫により，日常的な遊びや生活のなかでも社会情動的スキルは伸ばせる。たとえば，どの園にもある縄跳びや一輪車でも構わない。ただし，従来の保育からの発想の転換が必要ではあろう。「縄跳びが何回跳べるか」ではなく，「縄跳びを通し，いかに目的をもったり，じょうずになるように工夫したり，根気強くがんばるようにうながすか」などと社会情動的スキルに重点を置いた指導が望まれる。子どもがそういった力を発揮できるように支えた結果として，おそらく縄跳びのスキルも高まるだろう。

ここで重要なのは，認知能力と非認知能力＝社会情動的スキルのどちらも，効果的に育成するためには，目標や意欲，関心が欠かせないことである。教室におとなしく座って先生の説明をじっと聞く活動だけでは，目標に向かう我慢強さや粘り強さは伸びない。コマ回しの活動で考えてみよう。意欲や興味をもつためには，保育者が教えるより，年上の子どもがじょうずに回すのを見て憧れの気持ちを抱かせるのが効果的であろう。なかなか回せない子どももいるが，ここでも保育者が手取り足取り教えるのではなく，他の子どもの姿を見て工夫したり，粘り強く練習したりする姿勢を引き出せば，非認知能力は伸びやすくなる。

数や文字の力も，社会情動的スキルとともに高められる。ある園では，園庭でかけっこの往復をする際，何往復したかを忘れないように，おはじきが10個入る牛乳パックを用意し，1往復するごとにそのなかに1つずつおはじきを入れていた。この活動では，走る力やがんばる力などを高めると同時に，10を単位とする数を自然と学べるようにしてある。文字に関しては，お店ごっこでメニューや看板などを作成したくなることがよくある。文字が書ける子どもが作成したり，まだ書けない子どもが書ける友だちに教わったりして自然と学んでいく。保育者は，「もっと本物のお店らしくしたい」という気持ちをじょうずに引き出していけば，そういった活動へと展開していくだろう。

社会情動的スキルを育てる支援と評価は表裏一体の関係にある。きちんと評価で

きると支援の改善につながる。そういった力の評価はむずかしいのだが，園では具体的な活動を通して評価する方法が進めやすい。たとえば，活動中の子どもの姿を文章や写真で継続的に記録し，「意欲的に取り組んでいるか」「工夫する力がどこに見えたか」などを検討する。いっしょに子どもにかかわる保育者が評価の基準を共有し，話し合うかたちにするとより客観的にとらえられる。そして不十分な点に対しどのような支援をすべきかを考える。

◆**保育者の資質・能力を高める園内研修**

　社会情動的スキルを育成したり，評価したりするためには，保育者がその力について深く理解し，遊びや生活に見通しをもつことが欠かせない。これまで以上に保育者の資質や能力，経験が問われるようになる。そのため，保育者の研修がますます重要になる。研修では，ビデオや写真などで具体的な保育の場面を共有し，意見を交わし合うようにできる。その際，「意欲を十分に引き出しているか」「認知能力とどうつながっているか」「保育者のかかわり方は適切か」など，認知面とともに非認知面＝社会情動的スキルの観点からも検討を進めてほしい。こうした具体的な場面に基づいた研修を実践する園はまだ少ないようだが，ぜひ取り入れてほしい。大学などの保育者養成課程でも，社会情動的スキルは重視されていく。これまでもカリキュラムに含まれていたが，今後はより具体的・分析的な教育が行なわれることになるはずである。

　社会情動的スキルは，理論を聞くと抽象的に聞こえるかもしれないが，実例に則して感覚をつかむとむずかしいものではない。試行錯誤を通して一度でも子どものなかにそういった力が育ったという実感を得られれば，その他の活動にもスムーズに応用できるようになると思う。

第1章

乳幼児期の育ちと領域「人間関係」

　人は，人とのかかわりのなかで育ちます。赤ちゃんは自分だけでは生き延びられない一見弱々しいかたちで生まれてきますが，見る者を惹きつけ，かかわりを引き出す不思議な存在です。やわらかく小さなその身体には，他のだれでもない「私」として育つ自己が宿っています。その生まれたてのぼんやりとした自己が，しだいにはっきりとした輪郭をもち，他者や周囲の環境と積極的にかかわるようになる道筋とはどのようなものでしょうか。また，これからの社会を生き抜く人を育むために，たいせつにしたい視点やかかわりとはどのようなものでしょうか。

　本章では，まず保育の基本をおさえたうえで，現代の子どもを取り巻くさまざまな状況から，今必要とされる保育内容・人間関係を考えます。そして，乳幼児期から就学前の子どもが，自己と他者との間でどのように揺れ動きながら気持ちを調整する力をつけていくのか具体的にとらえ，その発達にふさわしい保育のあり方についてみていきます。

第1節　保育の基本と領域「人間関係」

1. 遊びのなかで主体としての子どもを育てる

　乳幼児期の子どもは，自分が身を置いている場や人に安心できていれば，自然と遊び出します。子どもの生活は，本来そのほとんどが遊びであるといってもいいかもしれません。子どもは生後間もなくから身のまわりにあるさまざまな人や物に関心をもち，自分で動けるようになってくると関心をもった人や物にみずから手を伸ばし，かかわろうとします。そのとき，子どものなかには他のだれでもない主体としての自己が芽ばえています。乳幼児期は，このように子どもがみずから周囲の環境に手を伸ばしてかかわり，「おもしろいな」「もっとこうしてみたい」と心を動か

して遊ぶことを通して，発達に必要な体験を得ていく特徴があります。そこで，保育の基本は，主体としての自己が十分に発揮されるようにすることになります。

(1) 環境を通して行なう保育

　子どもが主体的に遊び出すには，子どもの心が動かされるような魅力的な環境が必要です。安心でき，ともに遊ぶ存在としての保育者や，さまざまなことに関心をもって遊ぶ友だち，時々園に訪れる地域の人などの人的環境，家庭でもなじみのある折り紙やはさみのような物から家庭にはない大きな楽器や園庭の固定遊具のような園ならではの物，砂や水や泥，草花，風などの自然物などの物的環境が，発達にふさわしいかたちで豊かにあることが重要になります。また，ただ物的な環境があるだけではなく，保育室にある物を使って遊ぶ友だちの姿など，環境どうしがかかわり合い，なんらかのコトが生じている状況も子どもにとっては魅力的に感じられるものです。それはコト的環境とよばれるもので，子どもが主体的に遊び出す大きなきっかけとなります。こういった多様で豊かな環境をそれぞれの子どもの発達にふさわしいかたちで整え，子どもの主体的なかかわりを生み出すよう援助していきます。

(2) 乳幼児期にふさわしい生活の展開

　現代の子どもたちの生活は，大人の生活に大きく影響を受けています。核家族が増え，保護者が就労している場合はその勤務時間によって生活時間や登降園時間が決まります。また幼稚園等の短時間保育に通っている子どもが降園後に遊ぶ友だちは，保護者どうしの仲がよいことが条件化しています。子どもを狙った凶悪犯罪などの影響で，子どもだけで誘い合って遊ぶことはほとんどなくなり，どこかに遊びに行くにも保護者といっしょになるのです。また，保護者が車で移動するなら，近所のスーパーにも歩いては行きません。子どもの通学路で悲惨な交通事故も起こっており，子どもだけで歩いておつかいに行くようなことはまれです。マンションでの生活は大きな物音を出さないようにしなくてはなりませんし，庭のある家ではきれいなガーデニングが施され，子どもがプランターを動かしてダンゴムシを探そうものならすぐに大騒ぎになりそうです。

　こういった子どもたちの現状は，三間の喪失といわれます。それは，遊ぶ時間，空間，仲間が子どもたちの生活から失われていることをさしています。しかし，それだけではないように思えます。街中で「騒がずに静かにしなさい」と携帯やゲーム機をもたされ，長靴をはいているのに水たまりをよけて歩くように言われるようすには，子どもらしさを受けとめられなくなってきている現代社会の価値観の変化を感じます。そんな大人中心の生活のなかで暮らす子どもたちには，園生活でこそたっぷりと本来の子どもらしい生活を味わい楽しんでほしいと心から願います。

では，乳幼児期にふさわしい生活とはどのようなものでしょうか。次にあげる文からみなさんもいっしょに考えてみてください。

・子どもは今を中心に生きている
・子どもはここにあることを中心に生きている
・子どもは自己を中心として生きている
・子どもはその感覚でとらえたことを中心として生きている
・子どもは徹底的に試すことで知る
・子どもは大人にとって汚いことが好き
・子どもは大人にとって面倒なことが好き
・子どもの生活はそのほとんどが遊びである

子どもは幼児期後半にもなると，「発表会ではこんな劇をしたい」というような先の見通しや目的意識をもって活動することができるようになります。また昨日の続きをしようと過去からつながって現在を創り出そうともします。が，それでも子どもたちにとって最も重要なのは今です。今吹いてきた風，草むらにはねる小さなバッタ，隣にいる友だちの表情や保育者のまなざしなど，今起こっていることや今自分が感じとっていることが子どもの生活や遊びの中心となります。また，今まさに自分の身のまわりに存在していたり生じていたりすることが意識の中心です。そして，他者がどう思おうと自己が中心なので，それぞれの子どものなかに生じた「自分はこうしたい」という思いがぶつかり合います。それは論理的に考えた結果ではなく，感覚的にとらえた結果です。母親と離れるとその後自分の処遇がどうなるかわからないから泣くというようなことではなく，母親とは違う抱き方，表情，声，言葉，雰囲気，におい，目・耳・鼻・皮膚などのあらゆる感覚を通した違和感が子どもの内面をざわつかせ，結果的に泣いているように見えます。

また，子どもは何度もくり返し同じことを試すことで，その物の性質や世界の法則等を知っていきます。水は上から下に流れることや土は水を吸い込むこと，砂と土の水の吸い込み方は違うこと，きれいな花や実をつぶすとそれぞれに独特の色がでること，その色を混ぜるとある法則をもって変化すること。そういった一つひとつのことを目で見て手で触って何度も試し，さっき試したこととの違いに驚き，なぜだろうと不思議に思い，もう一度やってみて「やっぱりこうなる」とか「あれ，

どろどろ気持ちいいね

落ち葉いっぱいだよ

落ち葉の布団，あったかい？

今度はこうなった」と発見したり，さらに不思議に思って試したりして，物や自分を取り巻く世界の法則や特徴をつかんでいきます。子どもたちの試行錯誤の対象は，その多くが大人になると積極的に触らないようにしているものだったりします。手や服に染みついてとれにくい色水や泥といったものです。服が汚れたり手が汚れたりすると洗わなければならないから面倒だと大人は思いますが，子どもはそんなことにはお構いなしです。目的地に向かってまっすぐ歩くより，目の前のおもしろそうな物に惹かれてまわり道とも思わずにまわり道するし，階段が上れるようになれば何度も何度も上ったり下りたりするし，ふつうに歩くより縁石の上を歩きたいのです。お風呂に入れば遊ばずに身体を洗って出てくることはないし，花に水をあげていたらどんどん水をまいてそこらじゅう水浸しにして遊ぶのです。

　子どもは自分の身体を動かして身のまわりにあるものごとにかかわることを通して，自分の身のまわりにあることがらを感覚的につかみ，知り，自分の行動や世界とのかかわり方を新たにつくりかえていきます。それが，子どもが育つということです。そのために必要なのは，上にあげたような子どもが子どもらしくある生活なのです。

(3) 遊びを通した総合的な指導

　乳幼児期には遊びが重要です。子どもの生活のほとんどは遊びだといってもいいでしょう。幼稚園教育要領および幼保連携型認定こども園教育・保育要領では，「乳幼児期における*自発的な活動としての遊びは，心身の調和のとれた発達の基礎を培う重要な学習であることを考慮して，遊びを通しての指導を中心とすること」，また保育所保育指針では，「乳幼児期にふさわしい体験が得られるように，生活や遊びを通して総合的に保育すること」と明記されています。では，「保育における

＊「幼稚園教育要領」では「幼児の」と表記されている。

遊び」とは，どのようなものをさすのでしょうか。

　無藤（2013）は，発達心理学者にとってテレビゲームは重要な遊びの場面であり研究対象であるのに対して，幼稚園ではふつうテレビゲームはさせないことを例にあげ，幼稚園における遊びは基本的に教育的な意味をもつもので，何でもありではないと述べています。「保育における遊び論」は独自に考える必要があるとし，基本的には遊びのうち学びの芽ばえが生まれてくるようなものをさすとしています。そこで，幼児教育における遊びの特徴を，①積極的・肯定的かかわり，②真剣な対峙，③子どもどうしの関係での共鳴，という3つの視点でとらえることを提案しています。みずから積極的に環境にかかわっているうちに，しだいに夢中になり真剣に向き合ってその環境のもつ特質などを子どもはつかみとっていきます。そこでは子どもどうしが活動を共有するなかである感情を共有したり，思いや考えを交わしたりすることが生じます。環境に対する主体的かかわりのなかに学びや学び合いが生じることが，保育における遊びとして重要なポイントとなるでしょう。

　また，小川（2010）は，乳幼児期の発達は子どもの自発的行為を無視しては成り立たないとし，遊びの定義として「幼児みずからの動機でみずからの活動をそれ自体の活動を楽しむために引き起こすこと」としています。そのうえで，子どもがみずからの自発性において遊びが復活するような状況を用意する責任が大人の側にあると述べています。つまり，保育においては，子どもがみずから「やってみたい」と思い，活動自体を十分に楽しむことが引き出されるような環境が重要であり，そういった環境を整えるのは保育者の役割ということになります。

　この点について幼稚園教育要領解説には，「遊びは遊ぶこと自体が目的であり，人の役に立つ何らかの成果を生み出すことが目的ではない。しかし，幼児の遊びには幼児の成長や発達にとって重要な体験が多く含まれている」と述べられています。子どもは遊びのなかで，主体的に周囲の状況に直接，くり返し，いろいろなしかたでかかわります。主体的にかかわることを通して，さまざまな感情や感覚を体験し，体験しながら想像したり考えたりします。

　子どもは放っておいても自発的に遊び，そのなかで学びます。では，保育における遊びは，子どもに任せておくことで達成されるものなのでしょうか。たとえば，先ほどあげたように，子どもに任せていると，花に水をあげていたらどんどん水をまいてそこらじゅう水浸しにするようなことが起こります。保育においてはそれを放っておくのではなく，子どもが何におもしろさを感じているのかを見とることが重要です。水がかかると土の色が変わることを楽しんでいるのか，どんどん水たまりができて堅そうだった土が軟らかそうになっていくことを楽しんでいるのか，地面に川のような筋ができて高いところから低いところへ水が流れていくことを楽しんでいるのか等，「そこらじゅう水浸しにする」といっても，子どもが感じているおもしろさはさまざまです。保育者はまず子どもの関心のありようを見取り，花

大きな川ができた

みて，こんなんになったよ

をたいせつにするかかわり方を伝え，その子どもが感じた水のおもしろさが探究できるような遊びへと展開できるように，きっかけをつくって誘ったり，必要な環境に気づかせたりしていきます。そうすると，子どもは自分の感じたおもしろさをさらに探究しようと意欲的に環境にかかわり始めます。自分の身体を使って水を感じ，土の軟らかさを感じ，それに驚いたり喜んだり感情を表現したり言葉で友だちとおもしろさを共有したりします。もっと水を含ませたらどうなるか，とさらに考えて工夫が生まれていきます。大きなバケ

ここから水を流すよ

ツに水をくんで運ぶときには，重そうにしている友だちを手伝います。トイを使えば効率よく水を運べるのではないか，と新たな道具を出して使ってみることで道具の特性や違いに気づいていきます。遊びが展開し「こんなふうにしたい」という目的意識は高まっていきますが，考えを出し合うなかで友だちと意見がぶつかることもあります。環境の特性を学んだり，身体の使い方を獲得したり，考えを言葉で伝えたり，感情を表現したり，友だちの良さに気づいたり自分を知ったりと，遊びのなかでの学びをあげればキリがないほど多様な要素が含まれており，それらが絡み合っています。このように乳幼児期の子どもは，没頭して遊び込むなかで多くのことを総合的に学ぶのです。この遊びへの没頭を支えることが，遊びを通した総合的指導において非常に重要なのです。

(4) 一人ひとりの特性に応じた指導

乳幼児期は一人ひとりが見せる発達の様相に大きな違いがあります。たとえば，10か月でよちよち歩いている子どももいれば，1歳半になってやっと大人の手を離

ケーキ，たくさんつくるよ

ここにつかまるんだ

して歩き出す子どももいます。よくしゃべる子どももいれば，物静かな子どももいますし，活発に動き回る子どももいれば，座ってじっくりと遊ぶ子どももいます。体重はあまり増えずに身長がどんどん伸びる子どももいれば，その逆の子どももいます。遺伝的な要因と環境的な要因が絡み合い，発達のどのような側面がどのように伸びているかは一人ひとり非常に個性的です。さらにクラスとしてみたときには，たいていは1年くらいの生まれの差がありますから，一つの発達の側面に着目しても非常に幅のある姿がみられます。

　保育は目の前の子どもの発達の姿をとらえ，必要な環境やかかわりを生み出していく営みですから，当然その一人ひとりの発達欲求を満たすものである必要があります。たとえば1歳児クラスには，つたい歩きの子どももいれば，走ることができる子どももいます。じっくりとつたい歩きが十分にできる環境も必要ですし，活発に動き回る子どものための動的な遊び環境も必要です。言葉がまだあまり出ない子どもにはたくさん語りかけたりいっしょに絵本を読んだりしたいですし，大人に囲まれて育ってきた子どもには，子どもどうしのかかわりをたくさん経験させたいものです。また，その際，生まれながらにもっている性格的な特性を考慮します。目新しいおもちゃや遊びにすぐにとびつく子どもにも，他の人が遊んでいるようすをじっくり見てから近寄ってくる子どもにも，それぞれがやってみたいと思っているそのときをとらえて声をかけていくようにします。クラスの子ども一人ひとりの特性に応じて，それぞれが十分に遊び，お互いに影響を与え合いながら育つことができるよう環境を整え，それぞれに今必要な援助を行なうことが重要です。

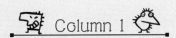
乳幼児期にたいせつにすべき遊びとは

　現代は物にあふれています。おもちゃの世界も，昔からある積み木やぬいぐるみといったものから人気アニメに関するグッズや通信機能付き携帯ゲーム，木のおもちゃから電子音のするおもちゃまで多種多様にあります。最近は食料品を買うにも，食料品だけのスーパーより総合スーパーに行くケースも多く，中におもちゃ売り場やゲームセンターの横を通りすぎるたびに子どもにねだられて買い与える姿もみられます。インターネットの普及も手伝って，選択肢は無限にあるようにも思え，何を基準に選べばよいのか，迷う親も多くいます。

　本来子どもとは何でも遊べる遊びの天才です。子どもが一日中何かで遊んで過ごしているのだとしたら，その遊びが成長著しい乳幼児期の発達に大きな影響を与えていくことになります。一日中人とあまり関わらず，携帯ゲームの画面とにらめっこしていることがよいとは思えません。仮想空間の刺激的な映像ではなく，現実の具体的な人や物と夢中になってくり返しやるような遊びに，今のその子の発達課題に必要な内容が含まれていると考えられます。子どもがすぐに飽きてしまうおもちゃを次々に買い与えるのではなく，子どもがどんなことに関心をもつのか，いっしょに動きその目線の先を見てみることから始めてみてはどうでしょうか。子どもはどんな動きをして，何に目を輝かせているでしょう。子どもがみずから心と身体を動かし，没頭してくり返し遊び，その子なりにやりきったときにその子自身が満足するような遊びを，たいせつに支えていきたいものです。

2．現代社会と領域「人間関係」

(1) 現代社会と子どもの生活

　幼稚園教育要領および保育所保育指針，幼保連携型認定こども園教育・保育要領人間関係領域とは，「他の人々と親しみ，支え合って生活するために，自立心を育て，人とかかわる力を養う」領域とされています。近年，ニートとよばれる若年無業者やひきこもりといった思春期から青年期に生じる社会への適応の問題が取りざたされるようになりました。その要因はさまざまなものが絡み合っているといわれていますが，一つの特徴として対面コミュニケーションの苦手意識があげられています（社会経済生産性本部，2007）。直接的な対面コミュニケーションの減少といった社会の変容は，幼児教育界の変容を余儀なくさせています。

> **エピソード**　カズヤ　3歳　入園して2か月経っても……　　　　（6月）
>
> 　カズヤは幼稚園に入園して2か月経っても，ある保育者のそばからかたときも離れず硬い表情のままジッと立っている。クラスの前の園庭では，色水遊びが始まっており，暑くなってきた季節に気持ちよさそうに水にふれている子どもたち。そのようすをいっしょに見ながら，保育者は「カズヤくんもやる？」と誘ってみる。カズヤは硬い表情のまま少し顔を横に振る。ちょっと水がかかりそうになるとよける。保育者は色水の入ったカップを「きれいだね」と見せてみるが，手を出さずに見て，保育者がカップを渡そうとしても受け取らない。保育者が動くとそれに合わせて移動するが，今日も何にも手を出さずに降園してしまった。

　幼稚園に入園するまで家族以外の人とほとんどかかわったことがない子どもが増えています。マンションの一室で昼間は母親と2人きり，買い物に出かけても昔のような小さな町の商店ではなくスーパーなので，お店の人に声をかけられることもありません。たまに公園に出かけても，他の親子が公園に来る姿が見えるとそそくさと家に帰っていきます。親世代に対面コミュニケーションが苦手な人が多くなり，子どもは日常生活のなかで地域の人と出会ったり，公園で初めて出会った子どもと遊んだりすることが減少しているのです。そういった子どもたちは，幼稚園に入園するといきなり多くの人に囲まれるわけです。いろいろなことをやる子どもたちがわんさといて，親とは違う価値観でいろいろと話しかけたり誘ったりしてくる保育者がいます。水たまりには汚れるから入るなと言われてきたのに，幼稚園では色水遊びに誘われます。出合ったことないことだらけで，圧倒されて身動きができない，というわけです。

　これまで述べてきたように，子どもが人や物といった環境に主体的にかかわることを支えうながすことが保育の重要な働きです。しかし現代は，子どもにその準備段階の経験が不足していることが見受けられるようになり，いっそうの配慮と時間が必要になっています。カズヤのような子どもには，強く何かに誘いかけるのではなく，まずは安心して園にいられるように配慮します。幼稚園というところがどういうところなのか，周囲の遊びや子どものようすを見ることも，子どもには重要な経験です。保育者の姿を通して徐々に環境への関心がわき，少しずつふれることができるようにていねいにようすを見ながらうながしていくことが必要になるでしょう。

　他にも主体的，直接的な環境とのかかわりを阻むものの一つとして，テレビ・ビデオ・DVDの視聴や携帯型ゲーム機の使用があげられます。ベネッセ教育総合研究所（2013）の調査によると，6歳児が平日1時間以上取り組んでいる活動で最も多いのがテレビ視聴で85.6％，次いで外で遊んだり散歩したりするが84.6％，ビデオ・DVD視聴は29.4％となっています。また同じ6歳児の携帯ゲーム機の日々の

使用は所有者の64.8%にものぼり，そのうち平日1日につき1時間以上使用しているのが23.7%と約5人に1人の割合となっています。このデータからいえることではありませんが，たとえば園から帰宅して，テレビやDVDを視聴して携帯ゲームもするとなると，かなり長時間のメディア視聴・使用となり，直接的に人とかかわる時間の減少にもつながると考えられます。

　また，貧困や虐待の問題も深刻になってきています。2012年には子どもの相対的貧困率は16.3%と子ども6人に1人の割合で貧困であるとされ，とくに子どもがいる1人親家庭の相対的貧困率は54.6%（内閣府，2015）でOECD加盟国中最も高い水準となっています。この1人親家庭の貧困に大きくかかわっているのは，親が非正規雇用である場合が多い母子世帯です。離婚を理由とする母子世帯数は1983（昭和58）年の35万3千世帯から2011（平成23）年には133万2千世帯に増加しています（厚生労働省，2013a）。平成25年国民生活基礎調査（厚生労働省，2013b）によると，全世帯の平均所得金額以下の母子世帯は95.9%と，貧困と密接に関係しています。一般に貧困状態にある母子世帯の母親は家計をなんとかするために忙しく，子どもとかかわる余裕をもちづらくなります。すべての母子家庭がそうであるということではけっしてありませんが，子どもの人間関係の育ちにおいてリスク要因ではあるのです。金銭的貧困はまた，経験の貧困を生むという側面もあります。親子で動物園に出かけたり，美術館に出かけたりといった文化的な経験が不足しがちです。格差社会のなかで親世代の貧困が子世代に連鎖する問題も指摘されています。なんとかこの連鎖を断ち切ることができるような教育のあり方を探ることが必要です。

　虐待については，児童相談所での児童虐待相談対応件数が2013（平成25）年度で7万3,802件（対前年度比110.6%），2014年度には8万8,931件（対前年度比120.5%）と増加の一途をたどっています。虐待のリスク要因には，保護者側のリスク要因（妊娠，出産，育児を通して発生するものと，保護者自身の性格や精神疾患等身体的精神的不健康な状態から起因するもの），子ども側のリスク要因（なんらかの育てにくさをもっている子ども），養育環境のリスク要因（未婚を含む単身家庭や子ども連れの再婚夫婦をはじめとする人間関係に問題を抱える家庭，経済不安のある家庭，夫婦の不和，配偶者からの暴力など不安定な状況にある家庭）と大きく3つのリスク要因があげられます（厚生労働省，2007）。虐待はこれらのリスク要因が複雑に絡み合って生じると考えられていますが，リスク要因を多く有しているからといって，必ずしも虐待につながるわけではありません。しかし，虐待はいったん生じると子どもにとっては大きな心の傷となり，その後の人間関係形成に困難を抱えることが少なくありません。就学前の乳幼児に日々かかわり子育て家庭との接点となる保育者は，重要な相談経路の一つです。関係機関と連携をとりながら早期に適切な支援ができるよう，虐待防止の取り組みや子育て支援サービスの充

実が求められます。

(2) 現代に求められる保育内容としての人間関係

これまで述べてきたような地域や家庭の大きな変容を受け，子どもが健全に育つ機会が失われてきています。2005（平成17）年に中央教育審議会から出された「子どもを取り巻く環境の変化を踏まえた今後の幼児教育の在り方について（答申）」では，幼稚園等施設においてはこれまでの役割に加え，「失われた育ちの機会」を補完する役割，「幼児教育の牽引力」として家庭や地域社会を支援する役割を担うことが求められています。人間関係領域においては，とくに人とかかわる機会の減少という量の問題と，豊かな人間性を涵養する環境という質の問題の両方が深刻化しつつあるなか，乳幼児期の教育が担う役割は非常に大きくなっているといえます。

また，もう一つの大きな流れはグローバル化や急速に進む情報化，技術革新といった社会の変化です。2010年のアメリカの雇用の47％が，10〜20年後にはコンピューター化されるリスクの高いカテゴリーに属するという予測（Frey & Osborne, 2013）もあるほど，変化の激しい現代においては，従来の知識供与型の教育では新しい時代を生き抜いていく力を育てることはむずかしいと考えられます。そのため，OECDは人生の成功と正常に機能する社会のために必要な能力として，キー・コンピテンシーを定義しました。それは，①言語や知識，技術を相互作用的に活用する能力，②多様な集団における人間関係形成能力，③自律的に行動する能力，の3つとそれらの中核となる「深く考える力」です。このキー・コンピテンシーの概念がPISAなどの国際調査に取り入れられ，欧米諸国の教育政策に影響を与えてきています。また序章にもあるように，非認知的スキルや社会情動的スキルが注目を浴びるようになりました。協働性や情動の制御といった人とともに生きるためのスキルの重要性が認識され始め，日本においても，こういった動向をふまえ，21世紀型スキルとして今後育成すべき資質・能力について検討が行なわれています。

具体的には，育成すべき資質・能力の3つの柱として，何を知っているか・何ができるかという個別の知識・技能，知っていること・できることをどう使うかという思考力・判断力・表現力等，そしてどのように社会・世界とかかわり，よりよい人生を送るかにかかわる主体性・多様性・協働性や学びに向かう力といった社会的スキルや人間性があげられています（文部科学省，2015）。このことから考えると，生活や社会で出会うさまざまな課題に対して主体的にかかわり，他者とともに互いのよさや考えを生かし合いながら，よりよいあり方や価値を協働的に創造することができるような子どもを育てることが，人間関係領域での課題といえるでしょう。

幼児教育機関において，子どもの学びにつながる安全で豊かな遊び環境を提供することは非常に重要なことです。なかでも，乳幼児期に他の子どもと出会う場が他にはほとんど期待できなくなってきていることから，家庭や地域のなかに欠けてき

ている，他者と出会うこと，いっしょに遊ぶことが楽しい・おもしろいということを豊かに味わうこと，いろいろな特性や価値観をもった人がいると知ること，そのなかで他者とぶつかったり他者のありように戸惑ったりすることを通して，自分が照らし出されるような経験をすること等が，乳幼児期に保障すべき保育内容となるでしょう。

3. 社会情動的スキルと領域「人間関係」

　序章にあるように，乳幼児期における社会情動的スキルの育ちが，その後の人生に重要な影響を与えていくことがこれまでの研究から示唆されています。めまぐるしく変化する社会のなかで，それぞれの人が自分の存在価値を感じ，周囲の人とかかわり，支え合いながらその人らしい生活を楽しめるようになるにはどのような経験が必要なのでしょうか。ここでは，社会情動的スキルの育ちという観点から，幼稚園教育要領における人間関係領域についてとらえ直してみます。

　2008（平成 20）年の幼稚園教育要領の改訂の要点には次のような内容があげられています。

- 幼児が自己を発揮し，教師や他の幼児に認められる体験をし，自信をもって行動できるようにすること
- 協同して遊ぶようになるため，自ら行動する力を育てるようにするとともに，他の幼児と試行錯誤しながら活動を展開する楽しさや共通の目的が実現する喜びを味わうことができるようにすること
- 互いに思いを主張し，折り合いを付ける体験をし，きまりの必要性などに気付き，自分の気持ちを調整する力が育つようにすること

　まず，1 点目は，自己発揮や認められる経験を通して自己肯定感をもち行動できるようにするという内容が書かれています。他のだれでもない自分の思いや関心をもってその子なりに環境とかかわることと，他者に認められる経験は，自己への気づきと密接な関係にあります。自分のやりたい遊びを通して，自分の好きなことややりたいことが明確になっていくことがまずは重要です。そして自分がかかわったある出来事が，自分の取り組みや力といった内的なものによって生じていると思うか，そのときの運や偶然性，他者や環境など，外的なものによって生じていると思うか。このことが，自己への気づき（とくに統制の位置）の育ちと深くかかわっていると思われます。保育者や他の幼児に内的特性を認められる経験を積み重ねることで，その子どもの自信や自己効力感が育まれるようにすることが重要であると解釈できるでしょう。

2点目は，協同性について書かれています。幼稚園教育要領では協同という言葉を用いています。友だちと力を合わせて一つの目的に向かって取り組むことをさします。これに対してOECDは協働という言葉を用いています。乳幼児期のみならず長期の発達を見通したときに，それぞれの人のもつ力やよさを生かしながら目的を共有して働くことをさす概念です。協働の前段階の発達として協同があるととらえることができるでしょう。また，みずから行動する力を育てることは，その行動を行なうこと自体が目的となっている内発的動機づけに基づく能動性，主体性を育てることといってもいいでしょう。

3点目は，自己主張と折り合いをつける体験をし，規範意識の芽ばえや自己調整力を育むといった内容です。これは自己制御に関する内容で，自己への気づきや他者への信頼を基盤として自分の意志を他者に主張する側面と，他者と主張がぶつかり合うなかで少し譲ったり妥協したりして自己の欲求を抑制したりする自己抑制の側面の両面が含まれています。また，規範意識の芽ばえにはこの自己制御にもかかわる実行機能の発達が関連しています。実行機能とは，状況に応じて意識的に行動を切り替える能力のことです。詳しくは第3節に述べますが，「したいこと」や「してしまうこと」より「すべきこと」を優先させられるようになる，子どもの内的な力です。

このようにみてくると，幼稚園教育要領の人間関係領域には，現在注目されている長期的な発達課題に対して影響力のある社会情動的スキルとしてあげられているもの（序章2ページ参照）を含んだ内容となっていることがわかります。これらの力を豊かに育むことが文字や数的スキルといった認知スキルの発達にも影響を及ぼし，その後の人生に影響を与えていくことが明らかにされています。また，OECD（2015）は，介入プログラムの研究の検討から，貧困家庭など恵まれない子どもたちにとって社会情動的スキルへ早期に投資することは，社会経済的な不平等を減少させる重要な方法であると述べています。幼児教育機関における社会情動的スキルの育成は，現代社会の変容のなかですべての子どもにとって重要な内容となってきており，今後ますます注目される領域となっていくのではないでしょうか。

こんなところもわたれるよ

おふろ，気持ちいい〜

Q&A 1 協同性を育もうと思ってもいざこざばかりで，活動が前に進みません。

　いざこざが起こると，保育者は目の前の子どもたちのようすに気を取られてしまい，いざこざの解決を急いだり，活動を進めることに気がいったりすることがあります。しかし，保育のなかで，幼児がいざこざを経験するということは協同性を育むうえで，とても大事なことです。何のための活動なのか，保育者がねらいをしっかりもつことが大事です。

　なぜ，いざこざが起こるのでしょうか。たとえば，5歳児の子どもたちが，数人で汽車などをいっしょにつくりたいのに，窓をつけたい子どもとつけたくない子どもがいることで，いざこざが起こるとします。その際にはお互いが自分の思いを主張し，なぜそうしたいのか，互いの思いを知り合うことができるように援助します。また，当事者だけでなく他のいっしょにつくっている子どもたちもどのように思っているのか，さまざまな思いを知っていくことができるようにします。保育者は，「Aちゃんはどう思うの？　Bちゃんは〜だって」などと，互いの思いを整理してつないでいきます。保育者がどうするかを判断していくのではなく，子どもたち自身がどうしたいかを出し合えることが大事です。汽車をつくることそのものがねらいではなく，つくる過程で自分の思い通りにいかないことがあったり，友だちとの思いの違いに気づいたときにどのようにしていくのが互いにとって納得がいくのか，保育者がていねいに互いの思いを伝えたり代弁したりしながら，子どもと保育者がいっしょに思いをめぐらせていくことが大事です。その過程を積み重ねていくことで，子どもどうしが遊びを進めていくことにつながっていきます。自分の思いを言葉で相手に伝えようとし，互いに思いを出し合えるからこそ，いざこざが起こります。いざこざはさまざまな思いを知る大事な機会です。保育者は，いざこざに対して，マイナスイメージをもつのではなく，いざこざでこそ育つと，子どもが経験している心の揺れを大事にしたいものです。

　保育者が善悪を判断し，活動を進めていくことにとらわれていては子どもたちどうしで活動を進め，協同性を育むことはむずかしいと思われます。保育者は，子どもたちがその活動のなかでしたいことは何なのか，子どもたちはどのようなことを楽しんでいるのか，それを達成するためにはどのような材料や用具，環境が必要かなど，保育者が活動を前に進めることからいったん離れて，子どもの気持ちに向き合い，見守り，認め支えていくことが大事です。子どもたちは保育者に支えられ，自分の気持ちと友だちの気持ちに向き合い，友だちといっしょにみずから活動を進める楽しさを感じていくようになります。そのようななかで協同性が育まれていくのではないでしょうか。

第1節　保育の基本と領域［人間関係］

第2節　身近な人とのかかわりのなかで育つ

1. 愛着関係の形成

（1）赤ちゃんは大人を親にする力をもつ

　人は大人の養育を必要とする状態で産まれてきます。自分で歩行ができないどころか，首もすわっていません。以前は，人間の子どもは無能な状態で産まれてくるといわれていました。しかし，1960年代ごろから心理学分野での赤ちゃん研究が盛んになり，赤ちゃんは大人の養育行動を引き出すメカニズムをもって産まれてくる有能な存在だといわれるようになりました。たとえば，赤ちゃんのやわらかい手のひらにこちらの人差し指を近づけるとキュッと握ってくれます。自分の指を握られて，「かわいい！」と思った経験のある人も多いのではないでしょうか。これは新生児反射の一つで把握反射とよばれるものですが，それがたとえ反射であったとしても，指を握られると瞬間的に赤ちゃんが愛おしく感じられるでしょう。こういった反射だけではなく，生後数時間しかたっていない新生児でも母親の声をその他の人の声と聞き分けること（DeCasper & Fifer, 1980），乳児が人の顔のような図柄を好み，長く見つめること（Fantz, 1963）などが知られています（図1-1）。

　出生直後から自分の母親の声という聴覚刺激に注意が向きやすかったり，他の物より人間の顔という視覚刺激をジッとみつめたりする社会的知覚のメカニズムが，大人の養育行動を引き出しやすくしているのではないかと考えられます。

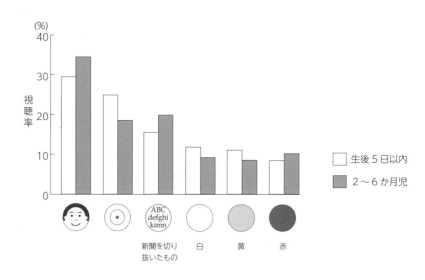

図1-1　ファンツの実験（Fantz, 1963；河合，2011, p.154）

> **エピソード**　カオリ　生後 24 日目（母親の育児記録から）
>
> カオリはぎゃんぎゃん泣いていても，大人が抱き上げると泣き止むようになってきた。音の鳴るおもちゃを耳の近くで鳴らすと鳴っているほうに顔を向ける。父親が寝ているカオリの真上に自分の顔を近づけ，ゆっくりと右に左に自分の顔を動かすと，カオリはそれを追って見るように顔をゆっくり動かす。授乳の後，げっぷをさせようと抱え上げると「あー」といつもよりはっきり大きな声を出した。夜なかなか眠れず，ずっとおっぱいを吸っている。さて，今夜は眠れるかな。

　生後間もない赤ちゃんの反応は，私たちが社会生活で出会う人々の行動とは異なる不思議さをまとっています。産科での聴力検査で自分の赤ちゃんの耳は聞こえていることがわかっているのに，母親はわざわざ音の出るおもちゃで反応を楽しんでいます。一方の父親は，赤ちゃんの目の焦点が合うところまで自分の顔を近づけ，「どうも見えているようだ」と感じるところで自分の顔を動かしてみています。すると，動きを追うように赤ちゃんが自分のことを見つめてくれ，嬉しくてそれをくり返して遊んでいます。新生児期の赤ちゃんの視力は 0.02 ほどで，見ている対象に焦点を合わせる働きが未発達といわれています。新生児が焦点を合わせることができるのは約 20 センチのところ，ちょうど大人に抱っこされたときの顔と顔の距離です。産まれたときから大人が喜ぶ距離を知っているかのようです。

　また，抱き上げると泣き止むようになったり，少し人間らしい声を出すようになったりという少しの変化が，親にとっては嬉しく感じられるものです。赤ちゃんが産まれてからというもの，昼夜問わず赤ちゃんの泣き声に合わせて生活するようになる親は，抱き上げると泣き止むという行動の変化に人間らしさを感じ，自分の親としての存在価値を感じていきます。自分の力では生き延びられない非常に未発達な状態で産まれてくる人間の赤ちゃんですが，大人が「なんだかかわいいな」と思わされるメカニズムをもって産まれてくることが生存への道をつけ，その後の社会生活へつながっていく重要なことなのだと考えられます。

　ローレンツ（Lorenz, 1943）は成人と異なる乳児のもつ特徴そのものが「かわいらしい」という感情をかき立て，養育行動を引き起こす重要な原動力となっていると考えました。身体に比べて頭部が大きいことや，いわゆる童顔といわれる目が大きく低いところに位置すること等が「かわいらしい」という感情を引き起こすというわけです（図 1-2）。

　しかし，これに対して正高（2001）は，形態的指標という固定した特徴からは「しぐさのかわいさ」という側面が浮き彫りにされることはけっしてないと指摘しています。乳幼児が撮影されたビデオを映像刺激として大人に提示すると，指たて行動と言語的音声を発する行動が同時に起こったときに，見る者にかわいいという感覚

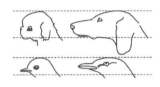

図 1-2　ローレンツ・スキーム（Lorenz, 1943；河合，2011, p.165）
つき出たでこと丸い顔・身体の比率に特徴がある

を引き起こす圧倒的に強力な効果を発揮したといいます。しかも興味深いことに「なぜかわいいのか」という理由を被験者は的確に答えられず「なんとなくかわいい」と答えるのだそうです。つまり，「なんとなくかわいい」から赤ちゃんの相手をするという漠然とした暗黙的な知性が私たちの身体に備わっており，そのことで赤ちゃんの発達がうながされていくというのです。また，もう一点興味深いことは，ローレンツがいうような，大人とは対照的な諸特性が「かわいらしい」と思わせるというより，言語的な発声や人差し指をたてるという「大人びた」動作のほうに大人たちは強く反応したということです。このことを正高は「本人の気づかぬままに，みずからのと類似した行動が子どもによって行われたとき，それを愛でようとする傾向がヒトの心のなかに深く根ざしていると考えられる」と述べています。先ほどのエピソードでも，よくわからない赤ちゃんの多くの行動のなかから，音がするほうを見るという大人と同じような行動をわざわざ引き出してみようとしたり，声が発せられるのを喜んだりしています。そのなんとなく人間らしく感じられるかわいらしさが，今夜眠れるかどうかもわからない子育て生活を支えていくのでしょう。

(2) 日々が積み重なって愛着へ

これまでみてきたような生物学的には未熟な存在である赤ちゃんに，大人側の養育行動が引き出され，相互のやりとりがくり返され，赤ちゃんの発達がうながされていきます。

エピソード　カオリ　生後22日　ニーッと笑う

授乳後眠いのに眠れないようすのカオリを抱っこしていると，ニーッと笑い，「ヒー」と笑い声を出した。かわいくてたまらない。

> **エピソード**　カオリ　生後2か月半　なぜ笑うのかがはっきりする
>
> 前日，父親が「いないいないばあ」をすると笑ったので，何度もくり返してやる。育児日記に「笑った？」と記録。私は今朝，「3, 2, 1, ゼロ！」と言いながらカーテンをパッと開けるとカオリがニカニカッと笑った。反対側のカーテンも同じようにやってみるとまたニカニカッと笑う。なぜ笑っているのかがこんなにもはっきりしてくるとやはり楽しい。

　生後間もない赤ちゃんは，泣くだけではなく笑うこともあります。しかしそれは，私たちが生活のなかで他者とのやりとりを楽しんで笑うといった笑いとは異なり，睡眠中や満腹時などに口角を上げてニーッと笑う自発的微笑とよばれるものです。これも反射の一つですが，生後22日のエピソードにみられるように，親は「かわいくてたまらない」と感じ，愛情をもってかかわっていきます。

　そうしているうちに，大人の行動に対する反応をはっきりと感じられる笑いが生じるようになります。反応がはっきりしないうちから「いないいないばあ」を試していた父親が，ある日今までと異なる反応を感じとり，「笑った？」とくり返し試します。すると，父親の行為の反応として赤ちゃんが笑うということがくり返し生じたのです。これは生後すぐの自発的微笑と異なり，社会的微笑とよばれるものです。大人があやすという養育行動への反応として笑うという，やりとりの楽しさで笑っているのです。それまでも「かわいくてたまらない」と感じ，赤ちゃんのなんだかよくわからない反応に行為を返し続けていたのですが，社会的微笑がみられるようになると親は自分のかかわりの手応えがしっかりと感じられるので，ますます育児が楽しく感じられるようになります。

　このような好意的なやりとりがくり返されることで形成される，特定の人に対する情緒的きずなのことを愛着（attachment）とよびます。ボウルビィによると，愛着には表1-1のような4つの発達段階があるとされています（Bowlby, 1969/1982）。

　生後間もなくから赤ちゃんは不快なこと（空腹，眠気等）があると泣き，大人を呼び寄せます。そして，大人が授乳やおむつ替えをしたり，あやしたりして適切な応答をすることで，赤ちゃんの不快や不安は和らぎ，安全や安心を感じていきます。しだいにその対象は特定の人になっていき，日々，不快/不安→安全/安心のサイクルをくり返し，きずなを深めていきます。身体の発達が進み自分で移動できるようになると，愛着対象からみずから離れて探索するようになっていきます。しかし，親から離れてテクテク歩き出した子どもが，ヘリコプターの音にびっくりして急いで親のところにもどってしがみつくような行動がよくみられます。不安なことが生じたときには，愛着対象である特定の人との関係を通してみずからの感情を

表 1-1 愛着の発達段階（菅野ら，2010）

段　階	特　徴
第1段階 （3カ月ごろまで）	不特定多数の人物に対して，注視する，泣く，微笑む，声を出すなどのシグナルを送る。
第2段階 （6カ月ごろまで）	乳児がシグナルを送る対象が，特定の人物になっていく。
第3段階 （6カ月から2，3歳まで）	運動機能の発達に伴い，これまでのシグナルに加え，後を追ったり，抱っこを求めたり，しがみついたりなど，能動的な行動を通して，特定の対象との接近を絶えず維持しようとする。また外界への興味も高まり，特定対象を安全基地として探索行動をするようになる。
第4段階 （2，3歳以降）	認知の発達に伴い，養育者の意図や周囲の状況などが把握できるようになり，養育者の意図と自分の意図が異なる場合でも調整，修正を行えるようになる。また自分に何かあったときは助けてくれるという愛着対象のイメージが内在化され，絶えず養育者との近接を維持していなくても行動できるようになる。

調整し，自分の安全を再確認するのです。このようなことから，遠藤（2011）は，愛着という概念は，本来，他者にべったりと寄りかかり，ただ受動的に何かをしてもらおうとする依存性とは明らかに異なり，むしろ個人が他者と心理的に深くつながりながらも，能動的にみずからの感情や行動を調節し，自身の生活世界を広げていこうとする自律性に通じるものだと述べています。愛着は，自己発揮と自己抑制の調和のとれた自律性を育むために非常に重要な，他者との関係の出発点であるといえるでしょう。

　自分が泣けば特定の人によって不快は取り除かれ，不安は抱きとめられる日々のくり返しのなかで，自分は愛される存在だという自己イメージや，何かが起こったら愛着対象である特定の人が自分のことを助けてくれるという主観的な確信や見通しをもつようになります。ボウルビィはこの自己と他者についてのイメージを内的作業モデルとよび，子どもがその後，多様な他者とかかわっていく際のモデルとなるとしています。

　この愛着の個人差について，エインズワースら（Ainsworth et al., 1978）はストレンジシチュエーション法という実験手法を考案し，養育者との分離および再会時に現われる行動パターンの違いで愛着のタイプを分類しました（図1-3）。

　それは，A：回避型，B：安定型，C：アンビヴァレント型の3つに分けられていましたが，近年，D：無秩序・無方向型という第4のタイプ（表1-2）が注目を集めているといいます（遠藤，2011）。これらのどのタイプの愛着が形成されるかは，養育者側のかかわりと子ども側の個性の相互作用によります。子どもにはもって生まれた気質というものがあります。もともとおとなしい子もいれば，ずっと動き回っているような子もいます。あまり泣かない子もいれば，泣き声が大きくなかなか泣き止まない子もいます。育てやすさが異なると，養育者の気持ちや行動もおのずと異なってくることが想像できるでしょう。一方，養育者の側の性格や生活経験等も

(注) 乳幼児期のアタッチメントの個人差は，一般的にこの 8 つの場面からなるストレンジ・シチュエーション法（strange situation procedure）によって測定される。特に養育者との分離および再会の時に現れる行動パターンの違いに従って，A タイプ（回避型），B タイプ（安定型），C タイプ（アンビヴァレント型）の 3 タイプあるいは D タイプ（無秩序・無方向型）も含めた 4 タイプに分類される。

図 1-3 乳幼児期のアタッチメントの個人差の測定：ストレンジ・シチュエーション法
（繁多，1987；遠藤，2011，p.99）

表 1-2　愛着の型と特徴（菅野ら，2010, p.40 より作成）

A：回避型	親との分離を悲しんだり抵抗したりせず，親がいない間も泣かない。親がもどってくると，積極的に喜んで迎える行動は見せず，そのまま遊び続ける。
B：安定型	親との分離を悲しみ，親がいない間はぐずるが，周囲からの慰めを受け入れることができる。親がもどってくると積極的に身体接触を求めるなど再会を喜び，気持ちが落ち着くと再び遊び始める。
C：アンビヴァレント型	親との分離に際して激しく抵抗する。まわりからの慰めも受け入れられない。親がもどってくると親との身体接触を求めつつも怒りの気持ちを表現するなど，両価的な態度を見せる。
D：無秩序型	親との分離や再会が，無関心とも不安とも見分けのつかない，上記の3タイプに分類されない型である。このタイプの子どもは，顔を背けながら養育者に接近したり，壁に擦り寄ったりするような行動をする。無秩序型は他の3つに比べると行動が一貫しておらず，方向性も定まっていない。被虐待児や抑うつなどの感情障害をもつ親の子どもに多く認められる。

それぞれです。歳の離れたきょうだいの面倒をみていた人もいれば，わが子のおむつに出ているおしっこがテレビCMのように青くないのに驚く人もいます。おおらかに子どもとかかわる人もいれば，隣の子どもとの小さな違いが気になってしかたがない人もいます。そういった養育者と子どもが日々かかわり合うなかで，しだいに形成されていくのが愛着です。そして，その愛着のありようが内的作業モデルと密接に結びついており，その後の仲間関係にかかわる対人関係スタイルやパーソナリティ特性といった，さらに長期的な生涯発達に影響を与えていくという考えが愛着理論の考え方です。

　乳幼児期の愛着の個人差がその後の発達段階における社会的行動や人格特性をある程度予測することがわかってきています（遠藤，2007）。仲間関係については，乳幼児期にB：安定型だった子どもは，その後の就学前期から児童期において，一般的に仲間に対して積極的にしかも肯定的な感情をもって働きかけることが多く，また共感的な行動を多く示すため，仲間から人気がより高くなる傾向があるといいます。それに対して，A：回避型の子どもは，仲間に対して否定的な感情をもって攻撃的にふるまうことが多いため，仲間から拒否され孤立する傾向が強く，またC：アンビヴァレント型の子どもは他児の注意を過度に引こうとしたり衝動的でフラストレーションに陥りやすかったりする一方で，時に従属的な態度をとることも少なくなく，仲間から無視されたり攻撃されたりする確率が相対的に高いという知見が得られているようです（遠藤，2011）。

　しかし，一方で乳幼児期は可塑性の高い時期でもあります。たとえば保育士のような養育者以外の人と安定した対人関係を経験することを通して，内的作業モデルを部分的に補ったり改めたりすることも可能だとされています。乳幼児期にかかわる専門職はこの点を十分理解しておく必要があるでしょう。

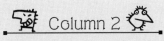
Column 2
現代の子育てとメディア

　これまで，子どもの発達に対するメディア視聴の影響に関する研究では，プラスの側面もマイナスの側面も指摘されてきました。テレビやビデオの長時間接触への警告はさまざまになされていますが，親子でいっしょに教育テレビを見て会話しながら楽しんでいるのと，子どもが1人で視聴しているのとでは異なる影響があるでしょう。同様に，ゲームを家庭内のルールの範囲で楽しんでいるのと，無制限に楽しんでいるのとでは異なるでしょう。また，スマートフォンやタブレット端末のような双方向性をもつものが子どもにどういう影響をもたらすのかはまだよくわかっておらず，今後の研究が待たれています。

　現代の子育ては，家庭のテレビやビデオ，パソコンだけでなく，携帯ゲーム機やスマートフォン，タブレット端末といったもち歩けるメディア機器に取り巻かれています。ベビーカーに座っている小さな子どもが，親のスマートフォンから流れてくる映像でおとなしくなったり，もう少し大きくなると，病院やレストランでの待ち時間に携帯ゲームに熱中したりしている姿は，今や街中にあふれています。また，親がスマートフォンの画面に返信を打ちながらベビーカーを押している姿もよく見かけます。もしそこに手のひらのメディア機器がなければ，親は子どもがぐずれば抱っこしてあやしたり，小さなおもちゃで遊んであげたりするでしょう。待合室にある絵本をいっしょに読むかもしれませんし，ベビーカーを押しながら飛んできたチョウを指さして見せるかもしれません。しかし，どこでも子どもをあやしてくれる手のひらのメディア機器は，そういった子どもと親との日常的なコミュニケーションをいとも簡単に奪っているように見えます。

　では，悪影響を恐れて手のひらのメディア機器を手放して子育てをすればよいのでしょうか。問題はそう単純ではないように思います。街中や電車のなかでもところ構わず泣く子どもと人前で格闘するくらいなら，マンションで子どもと2人きりで過ごす，というのも考えものです。家では常に遊んでほしがる子どもといっしょに遊び，隙を見て離乳食をつくり洗濯物を干し…と忙しく，ベビーカーを押しているときしかメールの返信が打てない。それが多くの親にとっては現実でしょう。現代は，親になる前に社会での勤務経験をもつ場合がほとんどです。「今の私は子育てだけ」と社会からの孤立感や疎外感が感じられるような生活は，親にとっては大きな心理的ストレスとなります。親が社会とつながっている感覚をもち生活できるようにすること，子どもの発達に必要な経験や親子のかかわりを十分に保障すること，この両方をたいせつにしながら，手のひらのメディア機器とのつきあい方を考えていきたいものです。

2. 自己の育ち

(1) わたしの世界のはじまり

　私たち一人ひとりは，「他のだれでもないわたし」です。このような感覚はいつごろから生まれてくるものなのでしょうか。以前は，生後間もない赤ちゃんは，自己と他の区別が明確でない一体化したような世界で生きていると考えられていました。しかし，近年，新生児でも自分の身体とそれ以外のものを区別していることが示されてきています。赤ちゃんは自分の身体を通して，自己とそれ以外のものをしだいに明確に区別していくようです。

> **エピソード**　カオリ　生後3か月　この手はわたしが動かしている
>
> 　1週間前はよくファイティングポーズをとり，ギューッと両手のこぶしを握ってきたえていたカオリ。ここ数日は両手を合わせて握るようになり，いろいろに指を組んではジーッと見ている。昨日，初めておもちゃを手に握ることができた。今日はガラガラを右手に握らせておいたら，自分で左手も使い，両手で握っていた。

　生まれたばかりの赤ちゃんの身体の動きは，自分で意識的に動かしている動きではなく，大人が真似しようとしても真似できないようなバラバラとした動きです。しかし，そのうちこのエピソードのように，自分の身体を自分で動かして見つめるような行動がみられるようになります。この自分の手をジーッと見つめる行動を，ハンドリガードといいます。ギューッと握った自分の握りこぶしを自分で見つめるとき，自分の身体を自分で動かす内的な感覚と，目で見ている自分の身体の動きがつながっていきます。両手を合わせて握ることができるということは，それまではバラバラに動いていた2つの手を，自分で意識的に動かして右手と左手の動きを身体の前で合わせることができるようになったということです。なんと大きな発見でしょう。赤ちゃんはその発見をおもしろがるように，いろいろに指を組んでみてはジーッと見つめることをくり返しています。そうしているうちに，自分で手を動かすことができるようになり，おもちゃを握ろうとして握ることができるようになります。

　また，自分の手を組んだときに感じる，自分のなかでの触る・触られる感覚と，おもちゃを握ったときに感じる，他を触る感覚とは異なります。触っている相手がどう感じているかは，赤ちゃ

んの身体で感じられるものではありません。このころの赤ちゃんは自分の足の指をなめたり，ガラガラをなめたりと，身体の感覚を通して自己と他の違いをますます知っていくのだろうと考えられます。

この後，赤ちゃんは寝返りができるようになったり，座った姿勢を保持できるようになったりと，全身の筋肉の発達とそれを自分の意思で動かす力がめざましく成長していきます。

あれがつかみたいと手を伸ばす

> エピソード　カオリ　生後7か月　意思をもって動く
>
> カオリは自分の座っている位置から少し遠いところにあるおもちゃをあきらめなくなった。しばらく，いろいろ，少しずつ，試したり座り直したりしながら考えているよう。午前中，少し離れた位置にあったガラガラを，身体を斜め前に倒して手を伸ばし取れたとき，私が手を叩いて「すご～い」と喜ぶと，とても嬉しそうにする。

自分で座っていられるようになると，視野も広がり手も自由になり，より主体的に物とかかわるようになります。このエピソードでは，自分で「あのおもちゃを取りたい」と思っているようです。その意欲が新しい挑戦を生み，自分でつかんで楽しむことで自分のかかわる世界を広げていきます。この1週間後には「少し遠くにあるものは手をついて身体を倒して取るが，それより遠くにあるとバッと腹ばいになって手を伸ばすようになった」と記録されています。こうして身体的な発達と内面の発達が密接に絡み合って進んでいきます。主体的に環境とかかわり，そのおもしろさを感じると，さらに他のことを探索しようと意欲に満ち満ちていきます。「あれはなんだろう」「つかみたい」と，自己をより明確にしていくのです。

(2) わたしの世界にあなたを引き込む

生後9か月ごろになると，赤ちゃんは大人の視線や指さす方向に何か意味があるらしいと意図を読み取って自分の視線を向けたり，自分の関心に相手を引きつけるために指さしをしたりすることがみられるようになります。これは共同注意とよばれていて，ある対象に対する注意を自分と他者で共有することをさします。これは他者とともに生きる世界をつくっていくうえで非常に重要な発達の姿です。

> **エピソード**　カオリ　生後8か月　わたしの世界にあなたを引きつける方法の発見
>
> 最近，カオリは何かに気づいたときに「あ！」と言うのがはやっている。スーパーの前で「あ！」，中に入って「あ！」，だれかが横を通りすぎると「あ！」，子どもを見て「あ！」。話しかけられているように感じるので，こちらは「スーパーだ。お買い物しようね～」「わ，いっぱいあるね～」などと話す。

このエピソードでは，赤ちゃんが「あ！」と言うことで，大人は赤ちゃんの見ている方向にあるものを見ようとし，何か応えようとします。するとまるでそのことを期待しているかのように，赤ちゃんはくり返し「あ！」と言っています。このようなやりとりをくり返すなかで，共有することをますます楽しむようになります。

> **エピソード**　アキト　1歳6か月　いっしょにいると楽しいね
>
> アキトは保育園からの帰り，車から降りると「ん！」と少し離れた道を通る車を指さす。私が「ブーブだねー」と言うと，「ん！」と空を指さす。「今日はお星さまないねぇ。あめあめふれふれ♪」と歌いだすと「あ♪あ♪」と歩いて家に向かう。玄関前にかざってあるサンタさんをまた「ん！」と指さすので，「サンタさん，ただいま」と言うと，クリスマスリースのまつぼっくりを指さし，人差し指でリズムを取り出す。私は「まつぼっくりがーあったとさー♪」と歌うと，いっしょに「・・さー♪」と歌って，やっと家のなかに入る。

指さしを獲得すると，自分の意思がよく伝わることが実感されるのでしょう。くり返し指さしがみられるようになり，とくに何ということでもないところを指さしては，大人の注意を引こうとするようになっていきます。

アキトは保育園に迎えに来た母親と，夕方のひとときを自分の世界に母親を引き込むようにして楽しんでいます。母親はアキトの好きなことから想像して，少し離れたところの指さしの先を「ブーブ」と言ってみたり，空を指さされて雨の歌を歌ってみたりしています。アキトが最初から「ブーブ」や雨の歌を求めていたのかはここでは定かではありません。しかし，その後，クリスマスリースのまつぼっくりを指さした後リズムを取り出すところには，まつぼっくりの歌への期待感が感じられます。母親はこのころアキトがまつぼっくりの歌を気に入っているのを知っています。アキトも母親が日々くり返し歌ってくれるのを聞いています。まつぼっくりを指さしたら，きっと歌ってくれるよね，自分の思いをわかってくれるよね，というわたしの世界を共有してくれる存在として，母親に期待を寄せています。

保育園の子どもたちのなかでは，素朴なかたちでの注意と楽しさの共有が，子どもどうしでも早くからみられます。

> **エピソード**　アキト　生後11か月　いくよ〜，ポン！
>
> 保育園に迎えに行くと，ハイハイしている格好のアキトが，自分の後を追ってきた同じくハイハイの小さい友だちの顔をしっかりと見て，手にもったボールを自分の身体の先にポンと投げている。投げると2人ともがボールをハイハイでパタパタパタッと追いかけていく。アキトがボールをつかみ，またうしろから追ってきた友だちの顔を見て，さっきと同じように自分の行く先のほうにボールをポンと投げる。するとまた2人してハイハイでボールを追いかけている。

アキトはボールを拾うと，わざわざうしろをふり返って，まるで大人が「いくよ〜」とタイミングをはかるかのように友だちの顔を見ています。その間は，うしろから来たほうもジッと身体の動きを止めて，アキトの動きを見ています。言葉のない世界ですが，何か通じ合っているかのようです。アキトがポンとボールを投げると「スタート！」とでもいうように2人でパタパタボールを追いかけています。もしこのボールをもう1人の赤ちゃんがとってしまったら，アキトは泣いていたかもしれません。そういう点ではとても自己中心的な世界です。しかし，1人でボールを投げて遊んでいるより，2人でボールを追いかけているほうが楽しいと感じられ，このような素朴なやりとりをくり返すのです。ボール遊びの楽しさというより，2人で同じことをするのが楽しいといった感じでしょう。

このように家庭や保育園という安定した関係性のなかで，他者とのやりとりを楽しみながら，わたしの世界をひろげ，他者にあたたかく受けとめられる自分の価値を感じ，さらに意欲的に他者とかかわるようになると考えられます。

(3) わたしの世界を主張する

おもしろいことに，自分の世界を他者と共有しようとする一方で，わたしはわたし！　あなたとは違うのよ！　と主張することも多くなります。子どもが1歳をすぎたころから，親たちは「このごろうちの子反抗期で……」と困り顔で近所の公園でこぼしたり，保育園や子育て支援センターの先生に相談したりするようになります。しかし，親からすれば反抗期でも，子どもからすれば自己主張，自己の芽ばえです。このころの自己主張がどのような意味をもつのか，考えてみます。

第1章　乳幼児期の育ちと領域「人間関係」

> **エピソード**　カオリ　1歳1か月　帰らない！
>
> 10時半から公園に出かけ，近所の子と砂場でたくさん遊んだ。12時をすぎたところで，「もう帰ろう」と言うと「イヤ！」と身体をよじって拒否。お腹もすくし，眠くなるしと思い，嫌がるカオリをなだめてなんとかベビーカーに乗せて帰ろうとすると，カオリは途中でベビーカーを降りようとする。しかたなく公園までもどって，再び遊んだ。結局，顔見知りの子が帰るタイミングでいっしょに帰った。

　このころの子どもは自分の意思がいっそう明確になり，自分の身体でその意思を実現しようとします。大人は先の見通しが立つので，お腹がすいたら不機嫌になったり，疲れすぎると昼ご飯を食べている途中で寝てしまったりするからと，時間を見て切り上げて帰ろうとします。しかし，子どもは「今のわたしが感じている楽しさ」を軸に，あなたとは違うわたしとして「イヤ！」と主張します。ベビーカーに乗せて帰ろうと母親が実力行使にでると，子どもも実力行使でベビーカーを降りようとします。さすがに危なく，母親のほうが折れて公園まで帰る決断をします。このようなことがあると，「子どもの好きにさせているとワガママな子どもになるのでは」と思われるかもしれません。しかし，子どもは大好きな人との間で自己を思いきり主張して，ぶつかる毎日を通して，相手の思いに少しずつ気づいたり，相手の思いを試したりするようになっていきます。

> **エピソード**　アキト　2歳2か月　言うこときいてくれるかな
>
> 保育園からの帰り，車を運転している私にいろいろなところを回って帰らせるアキト。今日は私のほうから「ウーカンカン（消防署）のとこ行く？」と聞くと「……」。私「行かない？」と聞くと，「ウーカンカン行かない」と言う。本当かなと疑った私は「行かないのね？」と確認すると「うん」と答えたので，めずらしくまっすぐ家のほうへ向かう。が，自宅近くまで来て「ウーカンカン行くー」とアキト。私は思わず「えー，もう行かないよ，遠いよ」と言い，車を降りると大泣き。今度は「おちゃんぽー」と主張して家に入りたがらない。「お散歩行きたいの？　でも，もうご飯つくらないと」と家に連れて入ると，家のなかで「おちゃんぽー!!」と泣いて怒る。「お散歩行きたかったねぇ」などと言ってはみるがおさまらない。そこで「お料理しようよ」と誘ってみると気分が変わったようで，ワカメの酢の物をいっしょにつくる。初めて子ども包丁を握って，ワカメを切ったりキュウリを切ったりして満足気にする。

　このエピソードからは，「今のわたしが感じていること」からの主張というより，相手（母親）は自分をどこまで受け入れてくれるか試すという側面が強く感じられ

ます。この日は母親から「ウーカンカンのとこ行く？」と聞かれたことで，自分から「ウーカンカン行く」と言って母親を意のままに動かすのではなくなってしまい，アキトは答えに詰まります。そして「行かない？」と聞かれて「行かない」と答えたのに，もうすぐ家に着きそうになったころ「ウーカンカン行くー」と主張するのです。わざわざ自己と他者の間にズレを生じさせて，自己主張をしているようにも感じられます。母親は時間も遅く，夕食の用意もできていないので，家に連れて入ると今度は違うことを主張して泣いて怒ります。

　ここは大人の知恵のしぼりどころです。自己主張を受け入れられないのは，あなたを否定しているのではないということを伝えなければなりません。あなたのことは大好きだけど，今は違うことをしたいと伝えてみるのです。この日は小さな子どもにはとても魅力的なお料理に誘っています。母親としては仕事から帰って子どもといっしょに料理することは面倒なことですが，違うことをして楽しもうよと提案します。つい今まで自分のほうに母親を引き込もうとしていたアキトは，自分の主張を引っ込めて母親からの提案を受け入れます。自己主張を引っ込めたけど楽しかったという経験は，この後，自己を主張しながらも相手との間でより楽しいことを探っていく気持ちの調整力の発達基盤となっていくと考えられます。「わがまま言ってはいけません！」と叱りつけるのではなく，自己主張が十分にできるように受けとめつつ，折衷案を示したり，新たな楽しさを示したりして，どうにか折り合いをつけていく経験が，子どもの育ちにとって重要になるのです。

　わたしの世界の主張は，このようなぶつかり合いばかりではありません。相手の気持ちの動きを感じとりながら，からかい遊びのようなこともみられます。

エピソード　アキト　1歳9か月　じょうだんでした〜

　　アキトが自分のおもちゃを「ネーネ」とか「ママ」と言って渡そうとするので「ありがとう」と受け取ろうとすると「たったん（アキトの愛称）」と手を引っ込めて渡さない，という遊びを楽しんでいる。私がアキトのパジャマを着ようとすると「たったん」と笑顔でパジャマを取り戻して着ようとする。

　自分の持ち物や居場所は，自己の範囲を主張するとても重要な役割をもっています。保育園の乳児クラスや幼稚園の3歳児クラスでも，「ここは私たち2人だけ」というような理由なき理由で他者を排除し，「自分たちの範囲」を主張する行為が多くみられます。ここではアキトが自分に所属する物であるおもちゃを姉や母親に手渡そうとします。それを「ありがとう」と受け取ろうとすると，まるで「じょうだんでした〜」とでも言うように「たったん」と自分の愛称を言って手渡さないというからかい遊びをアキトのほうから展開しています。「ありがとう」と受け取ろ

うとした姉や母親の嬉しそうな表情を裏切って手渡さないことは，相手との関係が安定していないとむずかしいことです。きっと相手はびっくりするけど楽しんでくれるだろうと期待しながら手を引っ込めるのです。また，母親は逆にアキトの持ち物を自分の物のように着ようとします。母親の行動は冗談であることを理解して，今度はアキトのほうが相手の遊びにのっていきます。このように，自分の思いと相手の思いのズレを生じさせて遊ぶことや，自分の物で自己の範囲を主張する経験が十分にできるようにかかわっていきます。

> **エピソード**　アキト　2歳10か月　見えている世界の違い
>
> 車のなかで「あ！　ネコ！」とアキト。「え？」と私。すると，アキト「ママには見えなかった？」と聞く。私「うん，見えなかった」と答える。またしばらくして，「あ！　タクシー！　ママ見えた？」と聞く。私「うん，見えたよ」という。しばらく同じようなことをくり返す。

ここでは，アキトが自分に見えた物が母親にも見えているかどうかを確認しています。自己と他者が異なることはこれまでの生活経験から知っています。しかし，何がどう違うのか，ということは判然としないものです。自分に見えている世界が他者にはどう見えているのか，自分の世界と他者の世界がどのくらい違うのかを確認しているようです。他者との間に感じられる違いがおもしろい世界を生み出すようにかかわっていくことが，他者とともに生きる力を育んでいくのでしょう。

見て！　バッタ！

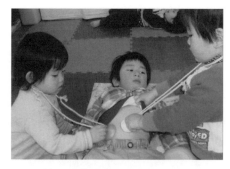

それぞれの経験が遊びのなかのイメージとしてつながる

Q&A 2 園に遊びに来る地域の母親が，自分の子どもや周囲の親子とほとんどかかわらずスマートフォンをいじってばかりいます。

　園庭開放や遊びの広場などに地域の親子が遊びに来ると，積極的に周囲にかかわっていこうとする母親と，なかなかかかわろうとしない母親がみられます。ここではまず，いずれの母親も家庭にこもらず地域に出て子育てをしようとしていることをたいせつに受けとめます。核家族やマンション住まいなどで地域の結びつきが希薄になり，孤独な子育てをしている親もみられます。地域に向けた子育て支援では，いつでも来ることができる雰囲気，小さい子どもたちが自由に楽しむことができる遊具や時間，空間の保障などを大事に整えていきたいものです。

　母親の子育てに対する考え方は多様になってきました。情報があふれ，不安になっている母親も少なくありません。利便性が追及され，子どもの健全な成長にとってふさわしいものばかりでもありません。その都度，それぞれの価値観をもって判断し，子育てしていくのはたいへんなことです。

　園に遊びに来る母親がスマートフォンをいじってばかりいて，子どもの健全な成長にふさわしいと思えず，「スマートフォンいじっていては，子どもにとってよくないですよ」などと保育者が咎(とが)めるとします。信頼関係がないなかでそのようなことを伝えると，次からその母親は園に遊びに来ることはないでしょう。それでは，その親子にとって何の解決にもなりません。母親が子育てに喜びを感じ自信をもって子育てしていけるよう援助することこそ，子育て支援のめざすべき方向です。まずは，保育者がその子どもと遊び，その子の楽しんでいるようすを母親に伝えたりその子の成長を認めたりして，母親と関係をつくっていくとともに，母親が子どもを認められることによって子育てへの自信となるようにかかわることが重要です。また，母親が保育者の子どもとかかわる姿をモデルとして，みずからのかかわりをふり返ることができるとさらによいでしょう。時にはみんなで集って体を動かしたり絵本を見たりするなかで，親が子どもといっしょの時間を共有する楽しさを感じたり，成長に気づいたりすることができる機会をもつことも大事です。

　私たちの研究でも，幼稚園入園前に親がわが子に向き合い，親と子が折り合う経験が大事であるとわかってきました。たとえば，「おむつが取れていない」という心配も多くあります。おむつを取ることも大事ですが，おむつを取ろうと親子で葛藤したり折り合ったりする経験こそが大事なので，「取れなくてもいいですが，取ろうと努力することが大事なのですよ」と伝えています。未就園の親子も含めて「親と折り合う」経験を支えることも，幼稚園の大きな役割になってきています。

第3節　仲間とのかかわりのなかで育つ

　ここまでは，家庭や保育園等で特定の大人との愛着を安定基盤として他者とかかわることを楽しんでいた子どもの姿を追ってきました。安定したなかで十分に遊び込めるようになった子どもたちは，しだいに子どもどうしで遊ぶことが楽しくなっていきます（図1-4）。

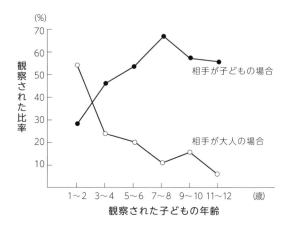

図1-4　年齢による遊び相手の変化（Ellis et al., 1981；山本，2001, p.59）

　遊びにみられる社会的関係について，パーテン（Parten, 1932）は表1-3のように分類し，より組織的な遊びへ発達するとしました。
　たしかに，子どもたちの遊びには，こういった発達の方向性はあるでしょう。しかし，年長児で一人遊びをしているのは幼いとみるべきではありません。個々人の好みもありますし，遊びの種類によっては1人で黙々と取り組むものもあります。多様な遊び方ができるようになる発達の方向性のなかで，一人ひとりが遊びを通してどのような経験をしているかに着目することが，ふさわしい援助を考えるうえで

表1-3　遊びにみられる社会的関係

一人遊び	一人で遊ぶ
傍観	他児が遊んでいるようすを見ている
平行遊び	他児とともにというより隣で遊んでいる。同じ物を同じように使うがやりとりがない
連合遊び	会話したり物の貸し借りをしたりしてともに遊ぶが，目標に向けた役割分担はない
協同遊び	目標を達成するために役割を分担し，協力して遊ぶ

不可欠です。

近年，心理学分野の遊び研究において，客観的な行動観察によって遊びをとらえることには限界があるという指摘がなされています。遊び行動の型・パターン・それらのカテゴリー分けといった行動主義的視点から遊び心の受容や共有などの心情論へ再構成する必要性（中野，1996）や，遊びの渦中にある子どもの心理経験，つまり「その時の遊びの面白さの実際の内実」に着目し明らかにする心理状態主義（加用，1993）が論じられるようになりました。

中でも加用（2014）は保育実践のなかで日常的に生じている遊びの様相をとらえることの重要性を論じています。保育の日常においては，異種類の活動に属する遊びがあるときは同居し，また相互に誘導し合ったりしながら交差しつつ存在し合っているという実態を直視すべきとして，発達の交差分化説を提示しました。遊びの楽しみ方の分化という方向に発達の方向性を見るべきだという主張です。保育現場においては，さまざまな遊びが交差しながら，おもしろさを核として展開し深まっていきます。遊びのなかで子どもたちがどのような楽しさを味わい，どのようなかかわり合いのなかで楽しさを深めているのかに着目し発達をとらえようとすることは，保育において非常に重要な視点です。

保育の日常では，複数の遊びが，相互に影響を与え合い交錯しながら展開していきます。そこには，子どもの社会性の発達が大きく関係します。自分のことで精いっぱいの時期に，複数の遊びの間のダイナミックな関係性と深まりがみられる遊びの展開はむずかしいでしょう。同じ遊びを共有している仲間であっても，その発達の様相と経験の内実は異なります。したがって，一人ひとりの今の発達と遊びの経験の内実を読み取り，ふさわしい援助を行なうことには，かなり高度な専門性を必要とします。

ここでは，いよいよ子どもどうしの関係の渦に突入していく，子どもの発達と遊びを中心とした保育についてみていきます。

1．自己発揮と自己抑制のバランス：自己調整力の育ち

幼稚園教育要領解説に「幼児の自己発揮と自己抑制の調和のとれた発達」という言葉が出てきます。目の前の子どもたちが成長して社会に出たときに，目標へ向かって他者と協働し，それぞれがもつよさを十分に発揮できるようになってほしいものです。そういった発達の基盤として，幼児期にこの「自己発揮と自己抑制の調和のとれた発達」をうながしていくことが非常に重要になります。

自己を発揮するということには，他者との間で自己主張することが含まれています。柏木（1988）によると，この自己主張と自己抑制の発達には少し違いがあります。自己主張は3歳から4歳半にかけて急激に発達しますが，その後はあまり増加

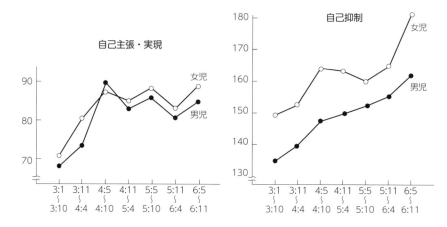

図 1-5　自己主張・実現と自己抑制の年齢的消長　（柏木，1988, p.23）

しません。一方の自己抑制は 3 歳以降一貫して伸び続けます（図 1-5）。

　3 歳というとちょうど幼稚園入園の年齢です。自己発揮と自己抑制のバランスは，他者との間で葛藤しながら徐々に身につけていく内容ですから，園生活が非常に重要な役割を担っています。それでは，子どもにとっての初めての社会といわれる園生活のなかで，どのように自己調整力の発達をうながすのか，考えていきましょう。

（1）まずは自己を発揮する生活を

　年齢的には子どもどうしで遊ぶことが楽しくなる時期であっても，入園までの間，大人に囲まれた生活を送っていて，同年齢の子どもと遊んだ経験がほとんどなかったというケースも少なくありません。子どもはいきなり大人数の子ども集団に出合い，家庭とはいろいろと異なる園生活を送ることになり，大きく戸惑います。そのなかで思うようにいかないことがあると，自己がぶつかり合う生活が始まることもあります。

エピソード　カツヤ　3 歳　集団生活への戸惑い　　　　　　　　（4 月 30 日）

　母親といっしょに元気よく登園してきたカツヤ。靴箱のところでアサミと出会い，いきなりアサミの顔を 2, 3 回叩いた。泣き出したアサミをアサミの母親が抱き上げた。カツヤ母「なんでそんなことするの！　友だち叩いたらあかんやろ」。「友だちなんか嫌いや」泣きじゃくるアサミに保育者は「びっくりしたなぁ。カツヤくんはアサミちゃんのこと大好きなんやで。何かお話ししたいことがあったんかもしれんなぁ」と声をかけた。アサミは泣きながら母親にしがみついている。カツヤは母親に叱られて泣き出した。保育者「カツヤくんはアサミちゃんに何か言いたかったん

かな？」。カツヤ「……」。保育者「叩いたらびっくりしちゃうよね。アサミちゃん痛かったと思うよ。ごめんねだねぇ」と声をかけると，母親も「ちゃんと謝らなあかん」と言う。カツヤは母親にしがみついて泣いていた。

　朝の登園時，下駄箱は混み合うものです。ましてや，入園して1か月未満の子どもたちは，期待に胸膨らませて登園してくる親子もいれば，まだまだ不安を抱えている親子もいるでしょう。登園してきていきなり顔を叩かれる衝撃はどんなに大きなことでしょう。目の前でわが子が一見理由もなく叩かれるようすを見たアサミの親はどんな気持ちになったでしょう。まず保育者はアサミのショックな気持ちを受けとめながら，カツヤにも何か気持ちがあったはずだと否定せずにどちらにも共感的にかかわっています。そして，叩いたら痛いからと理由を伝え，謝ることをカツヤにうながしつつ，保育者が代弁してアサミに謝っているようにも感じられます。この場をおさめた後には，カツヤの母親とアサミの母親それぞれに，園でどのように責任をもって育てていくか，保育者がていねいに説明することがたいせつです。

　カツヤは入園当初，自分が何かするときに相手のことをじゃまだと感じると，叩く，押す，物を投げるという行動を衝動的にしてしまう傾向があったようです。保育者は，不安や戸惑いをそうやって強く見せることで自己を防衛しているのではないかと考え，不安な気持ちが受けとめられるように留意して保育していました。

　カツヤは自己主張が強すぎる，わがままだ，自己抑制ができていない，と思われるかもしれません。しかし，そのような表面的なとらえではカツヤは自分が否定的にみられていることを感じ，ますます攻撃的になるでしょう。保育者は，強そうにふるまうカツヤもじつは不安なのではないかと感じとり，カツヤの行動の裏に隠されている心情に心を寄せて考えています。圧倒されるほど多くの他者に囲まれた園生活が始まり，思うようにいかないことに戸惑うことはだれにでも起こり得ます。相手を傷つけるような行動は止めなければなりません。しかし，そこにいたる子どもの内面にアプローチしていくことが重要です。

　「教育はよりよく生かすことである」と倉橋惣三は幼稚園保育法真諦の扉に記したそうです。このことを津守（1965）は，まずは教育のほうが幼児の生活に近づき，幼児の自発性を生かし，要求をみたしていくことを考える，と述べています。カツヤがやりたいと心から望んでいることは何でしょうか。友だちを傷つけたり集団からはみ出していくことではないでしょう。もしかしたらやりたいことがまだ見つかっていないのかもしれません。カツヤが園生活のさまざまなことにどのように出合い，何を感じているか，まずはカツヤが惹きつけられる好きなことを見つけて，保育者がともに心を寄せて遊び込むなかで，自己が発揮されていくように支えていくことが肝要です。

　津守は同稿のなかで「ひとたび幼児の前に立ったときには，教師，保育者は，幼

児のなかにある可能性をみることができなければならない。それによって教育的機能が始まる」と述べています。この後カツヤは，カツヤのなかにある可能性をみる保育者の根気強い保育によって，自分の本当にやりたいことを見つけ，自分のよさを発揮して園生活を送るようになっていきました。長い時間がかかることもありますが，保育者の支えを得て，自分のやりたいことがしっかり実現できるようになると，子どもは自信を得て変わっていきます。

　また，佐伯（2007）は発達の「ドーナッツ論」のなかで，自己であるIに対して共感的他者であるYOU的存在の重要性を指摘しています。IとYOUのかかわりの世界は「第一接面」，YOUの外側にある文化的実践が行なわれている現実世界（THEY）とのかかわりは「第二接面」とよびます。IはYOUを通してTHEYを見ます。YOUがどのようにTHEYを見ているか，ということをIは感じとって，YOU的視点でTHEYを見るというわけです（図1-6）。

　たとえばこのエピソードで保育者はカツヤとアサミの2人ともにとってYOU的存在です。アサミをIだとすると，アサミは保育者というYOU的存在を通してカツヤを見ます。クラスの他の子どもたちも同様に，保育者のかかわりやまなざしを通してカツヤを見ています。また，園にはさまざまな発達の子どもたちがいます。その一人ひとりに対して保育者が「困ったな」という表情で否定的なかかわりをしていたら，子どもたちはYOU的存在である保育者のまなざしを通してその子どもを理解しようとしますので，「○○ちゃんはいけない子」というような否定的な評価が生じやすくなり，結果としてむずかしい関係が生じやすくなります。逆に，保育者がいつも肯定的にあたたかいかかわりとまなざしを向けていると，子どもたちのかかわりも自然と受容的なあたたかいものになっていきます。子どもは保育者のふるまいをよく見ています。保育者は子どもにとって，人として世界とかかわるあり方を見せてくれるモデルなのです。

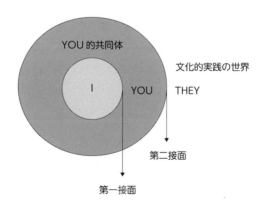

図1-6　発達のドーナッツ（佐伯，2007, p.21）

> **エピソード**　サヨ　3歳　黒色のお砂　　　　　　　　　（4月15日）
>
> 入園して4日目。姉がいるので幼稚園に来ることには慣れていたサヨも，幼稚園は母と離れる場所だとわかりだしたのか，母にしがみついて離れようとしない。「かあたんもいっしょがいい！」と言い続けるサヨに保育者は「そうやな，イヤやな，お母さんといっしょがいいなぁ」と声をかける。少し落ち着いてきたころに，「ほなお母さんもいっしょにお庭いこうか」と言うと，サヨは靴を履き替え出す。他児が花に水をあげているのをみて「サヨちゃんもお水あげるー」と言うので，保育者は気持ちを切り替えるチャンスと感じ，「じゃぁ，じょうろあるから取りに行こうか」と言うと，サヨは「うん」と言い，じょうろを保育者といっしょに取りに行く。保育者は母親にアイコンタクトをしてその間に家に帰ってもらう。サヨは機嫌よく水をあげ，「お砂場行こう！」と保育者の手を引っ張っていく。さらさらの砂をたくさん集めると「見てー」と保育者に言ってくる。「わー，いっぱい集まったね。白いところと茶色いところがあるね」と保育者が言うと，砂の色を意識し始める。4歳児が黒色の砂をもっていることに気づき，「先生，黒色のお砂どこにあるの？」と聞いてくる。保育者は「黒色のお砂，いっしょに探しに行こうか」といい，園庭をまわり，すべり台の下で黒色の砂を見つける。嬉しそうに集め，白色の砂と茶色い砂とを混ぜてみている。保育者「サヨちゃんすごいね。いろんな色が混じってステキなのができたね」と言うと笑顔でうなずく。かたづけの時間になると「先生，袋ちょうだい」と言ってきたのでビニール袋を渡すと，こぼれないように砂を袋に入れてたいせつそうにしている。この日，サヨは袋に入った砂をもち帰った。

幼稚園生活に不安を感じているサヨを，安定基盤である母親と無理に離さず，主体的に動き出すまで保育者も母親も子どもの不安を受けとめ，待っています。サヨは，保育者が母親といっしょに庭に出ることを誘いかけたことで，安心して園庭のようすに目が行くようになり，おもしろそうなこと（水やり）を見つけて，自分からその状況にかかわろうとしていきます。サヨという主体が動き出したことを感じとった保育者は，ここがチャンスと思い，さりげなくサヨの母親に帰ってもらいます。サヨは園内の環境に目を向け，主体的に動き出しているので，母が帰ったことを気にすることなく遊び続けます。さらに，保育者の砂の色に気づかせる声かけによって，サヨは環境への関心を深め，遊び込んでいきます。そして，降園時には，その日自分でいろいろと探索して集めた砂をもち帰ります。幼稚園の物をもち帰る経験は，幼稚園での楽しさを自分の生活基盤である家庭にもち帰ることです。家にいる間にも幼稚園で経験した楽しかったことが子どものなかにとどまり，明日の園生活へとつながっていきます。次の日，サヨは，前日家にもち帰った砂の袋を幼稚園にもってきたそうです。自分にとってたいせつな物が家と園の間を自分とともに行き来することで，家と園が子どもにとって楽しさでつながる生活になることを助けているように感じられます。

保育者はサヨが安心して園生活を始められるようにすることに心を砕き，またサヨが主体的に環境とかかわるなかで，自分のやりたいこと，おもしろいと思うことが十分にできるように，つまり，自己が十分に発揮されるように支えています。保育者の手を引いたり自分のことを見てほしがったりと，保育者を頼る姿を受けとめ，サヨの関心を共有し楽しむことで，しだいに保育者との関係が園での安定基盤となっていきます。保育者という安定基盤に支えられ，自己を発揮して楽しかった経験。その経験が，子どもの力を引き出し，よりさまざまなことがらとのかかわりを楽しむ生活へと導いていくのです。

(2) 自分で自分を抑えること

マシュマロ・テストというのを聞いたことがあるでしょうか。1960年代にスタンフォード大学のビング保育園で行なわれた実験のことです（Mischel, 2014）。マシュマロ1個をただちにもらうか，1人きりで最長20分待って，マシュマロ2個をもらうか（実際にはマシュマロだけでなく複数のお菓子の選択肢のなかから好きなご褒美を選ばせて行ないます），そのどちらかを子どもに選ばせます。ほしければすぐに食べられるマシュマロ1個と，待てばもらえる2個のマシュマロと向かい合って，子どもは1人でテーブルに着きます。マシュマロの脇には卓上ベルがあり，いつでも研究者を呼び戻して1個のマシュマロを食べてもよいのですが，研究者がもどるまで待つことができれば2個のマシュマロがもらえるというものです。研究者が部屋にもどるまでの子どもたちの悪戦苦闘のようすは涙ぐましいものがあったといいます。ベルを押そうとする自分の手を自分で押さえたり，マシュマロを見ないようにして壁をひっきりなしに叩いたり，無言で会話のパントマイムをしたり…。そうしてみごとマシュマロを2個もらった子どもたちが，約10年後には誘惑に負けにくく，集中しようとするときには気が散りにくく，より聡明で，自立的で，自信に満ち，自分の判断に信頼を置いていたといいます。そして，大学進学適性試験（2,400点満点）では，欲求充足を先延ばしにできた時間が短かった子ども（下位3分の1）と長かった子ども（上位3分の1）の点数を比較すると，長く先延ばしできた子どものほうが平均で210点も高かったという結果が得られました。また，長く先延ばしにできた子どもは，成人期には，薬物使用や肥満といった健康問題を引き起こしにくく，対人関係も適応的であることが明らかになりました。ミシェルはこの結果の最も胸躍る発見は，先延ばしにする能力がありそれを使えば，自分の弱点から自分を守り，そうした弱点とともにより建設的に生きることができる点であると述べています。

この自己制御のもつ人生に対するポジティブな影響が現在注目されています。「今マシュマロを食べたい！」という衝動的な欲求を抑え，目標を達成するために自己をコントロールするスキルを，実行機能といいます。実行機能とは，目標志向的行

動や注意制御，行動の組織化などにかかわる多次元的な概念であるとされ，目標到達のために意識的に行動を制御する能力のことです（森口，2012）。その実行機能に含まれるものとして抑制機能があります。これまでの研究によると，2～3歳ごろの子どもは状況に応じて行動を柔軟に切り替えることがむずかしい段階にあり，「したいこと」をがまんして「すべきこと」を選択できるようになるのは4～5歳ごろだとされています。では，どのようにして自分の衝動的な欲求を抑え，行動をコントロールする実行機能を身につけていくのでしょうか。

日常場面は，マシュマロ・テストと比較にならないほど複雑です。多くの場面で，自分の思いだけでなく相手の思いが絡んできます。また，幼ければ幼いほど，思いをうまく言葉で表わすことがむずかしいものです。子どもどうしではこんがらがってくる思いの絡まりを，だれかが解きほぐしていく必要があります。

> **エピソード** アカネ　3歳　ユウちゃんはあっちなの！　　　（10月1日）
>
> アカネとユウジが積み木で遊んでいる。アカネがユウジを指さして「もうユウちゃんはあっちなの」と言っているがユウジは顔をゆがませて動こうとしない。アカネは困りきったように泣きながら「ユウちゃんはあっちなの！」と言う。そのようすを見ていた保育者が「アカネちゃんどうしたの？」と聞くと，アカネは泣きながら「だってね，ユウちゃんが言うこと聞いてくれない」と言う。するとユウジは「ユウだってこっちがいいのに。こっちでシーソーつくろうと思ったの！」と強い口調でアカネに言う。アカネは「ユウちゃんはあっち！」と指さす。保育者は「アカネちゃん，何があっちなの？　アカネちゃんはどうしたいの？」と聞くとアカネは「わ〜ん」と言って泣く。ユウジはそのようすを見て「じゃあ，あっちでいっしょにシーソーつくろうか」と言う。保育者「ユウちゃんがあっちでいっしょにシーソーで遊ぼうって！」と声をかけるとアカネは「ママー！」と言って泣き続ける。保育者は落ち着いて話しをしようと保育室を出て話しをする。「アカネちゃん，アカネちゃんがどうしたいのか，思っていることを言わないとわからないよ。ユウちゃんだってただ『あっちに行って』って言われただけだったら困っちゃうよ。どうしたかったの？」と聞くと，アカネはゆっくり「あのね，アカネがこっちでシーソーつくりたかったの。そしたらユウちゃんがじゃまだったの」と言った。保育者「うん，そっかあ。アカネちゃんもつくりたかったんだね。そうやって言ったらいいんだよ。よく言えたね。じゃぁ今先生に言ったこと，ユウちゃんにも言える？」と聞くとうなずき，「先生も」と言うので手をつないでいっしょにユウジのところへ行く。アカネ「ユウちゃんごめんね。アカネちゃんもシーソーする」と言う。ユウジは「いいよ」と言い，保育者も入っていっしょにシーソーで遊んだ。

これまで，このクラスの保育者はアカネに対して，思いをくみ取り代弁して相手に伝える援助をたくさん行なってきました。このエピソードでは，そろそろ保育者

が寄り添うことにより，自分で自分の気持ちを言葉にして相手に伝える経験をしてほしいと願い，かかわっています。保育者はアカネがどうしたいのかは理解していました。しかし，あえて自分で気持ちを整理し，言葉にすることをアカネに提示しています。この援助には，実行機能に関する援助として非常に重要なポイントがいくつかあげられます。以下に整理してみましょう。

1 衝動的な感情をクールダウンする

ユウジが自分の思うような反応をしてくれず，どんどんパニック状態になって泣くアカネを保育室から連れて出て，落ち着いて2人で話しをしています。保育室にいたときには，アカネの気持ちとユウジの言動が絡まり合って，どんどん混乱してしまっていましたが，保育者と2人になることで，アカネは保育者に支えられ自分の気持ちに落ち着いて気持ちを向けられるようになっています。このとき，保育者と2人きりで向かい合う関係になると緊張して話せなくなることもあるので，保育者が受容的な雰囲気でいることがたいへん重要です。

2 本人の気持ちに焦点を当てて援助する

保育者は「アカネがどうしたいのか」というアカネの気持ちに焦点を当てて声をかけます。それに対してアカネはこっちでシーソーをつくりたかったが，ユウジがじゃまだったと答えます。保育者は「ユウジがじゃまだった」という発言についてはふれず，重要なのはアカネの「ここでシーソーがつくりたい」という気持ちが明確になったことだということを確認しています。

3 意図・目的を確認する

アカネはただ「ユウちゃんはあっち！」とくり返しています。なんのためにそうするのか，という目的意識を言語化して明確にすることは，アカネのこれからの発達につながる援助として重要です。このエピソードの場合は，まだ目的というところまでははっきりせず，上記の気持ちを起点とした考え方になります。今はまだ先のことや目的達成のための方策を考えることはむずかしいかもしれませんが，発達が進むにつれて目的を意識した思考プロセスを援助することがますます重要になるでしょう。こういった経験を積み重ねるうちに，「楽しく遊びたいから自分の衝動的な気持ちを少し抑える」ということができるようになります。

4 自分で行動できるように心理的なサポートをする

こうすればいいとわかっても，自信や安心感がもてていなければ実行することはむずかしいものです。また，自分の気持ちを伝えるのには勇気がいります。

「先生も」と援助を求めたアカネに応じて、保育者は、アカネが1人で言えるかどうか隣で見守り支えています。

このように、衝動的な感情を抑え、自分を見つめ直し、言葉にして相手に伝わるようにコミュニケーションがとれるようになっていくには、適時的確な援助が重要です。子ども自身がどこまでできて、どこからはまだむずかしいかを見きわめながら、自分の気持ちを他者との間で少しずつ調整できるように支えていきます。

こういった抑制機能の発達は心の理論の発達と関連していることが示唆されています。心の理論研究は、他者の心を推論するシステムについての一連の研究です。これまでの研究では2,3歳代は人を欲求や願望という側面から理解する傾向があり、4,5歳になると信念（考えや思い）という観点からも理解できるようになると考えられています（野田, 2011）。心の理論研究のなかでもとくにサリー・アン

図1-7　人形を用いたサリーとアンの実験（野田, 2011, p.191）

課題（図1-7）に代表される誤信念課題では，3歳児では正答（「かごを探す」と答える）がむずかしく，4歳ごろから徐々に理解できるようになり，5，6歳代には正答の子どもが多数派になります。

一方の抑制機能も，著しく発達する時期が4歳ごろで，心の理論の発達と時期を同じくしています。このことについて森口（2012）は，抑制機能の発達だけで心の理論の発達が説明されるわけではないものの，自分の行動や思考を抑制する能力を発達させることは，他者の信念・思考を理解し，他者との円滑な相互作用を行なう能力の獲得に寄与するのではないかと述べています。

保育においては，3歳児クラスはまだまだ自己中心的であるのに対し，4歳児クラスになると他者への関心が高まり，いっしょに遊ぶなかで自己と他者との間で葛藤したり，相手の気持ちに少しずつ気づきだしたりするようになってきます。幼稚園の3年間は，人の社会的発達において非常に重要な時期です。3歳児のころは先ほどのエピソードのように「○○ちゃんはどうしたかったの？」という欲求をベースに自分の気持ちを言葉でとらえ，相手に伝えることができるように援助していくことが発達にふさわしい援助となるでしょう。

4，5歳児になると，活動の目的を少しずつ意識させながら，どうするとよりよいかを考えるための援助が重要になってきます。たとえば，パン屋さんごっこがしたいと思ったときに，子どもどうしのイメージが異なり，意見がぶつかり合うこともあるでしょう。注文を受けてお店の人が注文されたパンを渡すパン屋さんを思い浮かべる子もいれば，お客さんがトレイとトングでパンを選び，レジで支払いをするパン屋さんがしたい子もいるかもしれません。そんなときには，それぞれがやりたいパン屋さんのイメージ（個々の目標）をまずは言葉で伝え合い，自分の思いを少し抑えて相手の思いを知り，違いを理解し，それぞれのよさを感じる，思いの表現と共有が必要です。どうすればお互いのよさを生かし合いながら"私たちのパン屋さん"ができるか，考え合って共通の目標がもてるように援助していきます。たとえば，お客さんが喜ぶパン屋さんにしたいということが共通の目標になると，それまではいっしょにいるメンバーの思いを感じて考えていましたが，今度はお客さんの立場にたって考え出すでしょう。自分を少し抑えて考えることができるのは，友だちと楽しく遊びたいという思いがベースになります。「自分の思い通りではないけれど，もっとおもしろいものができた」と他者とともに考え合うことでより充実感が感じられるように，子どもどうしのやりとりを支えていくことが重要でしょう。

いざこざや葛藤のような他者とぶつかる場面は，自己と他者との間で気持ちを調整する力の発達の様相があらわになるときです。保育者が善し悪しを判断したり，ルールを決めたりするのではなく，子ども自身が他者との関係のなかで自分を少しずつ抑えることができるように，またその価値が感じられるように援助していきます。

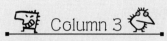
Column 3
自己主張しない子どもたち

　最近，入園してきた子どもがまったく自己主張をしないというケースが増えてきました。「好きなことをして遊んでいいんだよ」と言っても，好きなことが見つけられず，ただ保育者の周辺で立ちつくしてしまいます。「これやってみる？」と誘いかけても，ちょっと後ずさるか顔を横に振るだけです。時々不安が強くなって泣くことはありますが，園にいる間中ただ呆然として動けないままジッとしているのです。公園等で他の子どもと場所を同じくして遊んだ経験がほとんどなく，今目の前で生じていることに圧倒されている子もいます。そういう子の場合は，だんだんと集団生活の事情がわかってくると，怒ったり泣いたりしながら自己主張するようになってきます。深刻なのは，周囲で起こるさまざまなことに対して「自分もやってみたい」とか「それはやりたくない」と思えるだけの自己が育っていない子どもの場合です。そういった子どもたちは保育者が話しかけても自分の思いが非常に淡いので反応がほとんどありません。当然ながら，保育者も子どもの思いが読み取りにくく，保育にむずかしさを感じてしまいます。なぜこのような子どもが増えてきているのでしょうか。

　子どもが生まれると，母子は密な関係のなかで日常生活を送ります。通常は1歳をすぎたころから，子どもが母親とは異なる思いをもつ自己を主張するようになります。探索行動が活発になり，母子一体的な関係を徐々に抜けていくのです。しかし，マンションの一室で母親と2人きりで過ごしてきたような子どものなかには，過剰に母親の意図を汲み，それに反しないように行動し続けてきた子どももいるようです。

　身体的に発達し，家のなかで自由に動き回れるようになると，あれも触ってみたい，これも触ってみたいと探索行動を始めるのが通常です。しかし，子どもは何でも無条件に探索しているのではなく，初めてのものに接するとき母親の表情を見て触ってもよさそうかどうかを感じとり，行動します（社会的参照）。つい母親が大人の生活を壊されたくないと思ってしまうと，母親の表情は「触らないでほしい」という否定的な表情になります。そんな母親の表情を見てしまうと，子どもは初めてのものに手を伸ばすことができなくなります。そのようなことが多くくり返されると，探索行動は生じにくく，母親とは異なる思いをもつ自己をうまく形成できないまま幼児期を迎えることになってしまうでしょう。

　そういった子どもには，まず母親がいなくても安心して過ごせるようにゆったりとかかわり，楽しい遊びが周辺にいろいろある環境のなかで，じっくりとその子の「やりたい」という思いが育つように支えることが必要です。

2. 道徳性，規範意識の芽ばえ

　道徳性や規範意識を培うことは，社会で生活していくうえで重要です。とくに幼児期には具体的な生活経験のなかで，他者とともに気持ちよく生きるために，自分はどうあるべきか徐々に気づき，考えていく経験を積み重ねることがたいせつです。無藤（2011）はこの道徳性と規範意識について，重なり合う部分があるとしながら，次のように説明しています。道徳性とはよい／悪いということで，たとえば人を叩いてはいけないというような，世のなかにはやってよいことと悪いことがあるということの理解になるでしょう。一方の規範意識はルール，きまりであり，従わなくてはならないものです。登降園時や園外保育で出合う交通ルールから各園で決められている登園時間等，生活のなかにはさまざまなルールやきまりがあります。このルールを知っていながら守らないという場合は，反抗を意味し，道徳の問題にもなるというように，道徳性と規範意識は重なり合っているというわけです。

　幼稚園教育要領には，人間関係領域における内容のなかで道徳性や規範意識の芽ばえに関する項目として，以下のようなものがあります。

［ねらい］
　（3）社会生活における望ましい習慣や態度を身に付ける。
［内容］
　（9）よいことや悪いことがあることに気付き，考えながら行動する。
　（10）友達とのかかわりを深め，思いやりをもつ。
　（11）友達と楽しく生活する中できまりの大切さに気付き，守ろうとする。
　（12）共同の遊具や用具を大切にし，みんなで使う。
［内容の取り扱い］
　（4）道徳性の芽生えを培うに当たっては，基本的な生活習慣の形成を図るとともに，幼児が他の幼児とのかかわりの中で他人の存在に気付き，相手を尊重する気持ちをもって行動できるようにし，また，自然や身近な動植物に親しむことなどを通して豊かな心情が育つようにすること。特に，人に対する信頼感や思いやりの気持ちは，葛藤やつまずきをも体験し，それらを乗り越えることにより次第に芽生えてくることに配慮すること。
　（5）集団の生活を通して，幼児が人とのかかわりを深め，規範意識の芽生えが培われることを考慮し，幼児が教師との信頼関係に支えられて自己を発揮する中で，互いに思いを主張し，折り合いを付ける体験をし，きまりの必要性などに気付き，自分の気持ちを調整する力が育つようにすること。

　これらの内容から，幼児期において，葛藤やつまずきを経験しながら他者の存在

に気づき，信頼感や思いやりの気持ちがもてるようにすることや，集団生活を通して規範意識が芽ばえるように，自己発揮と自己抑制という気持ちの調整力を育むことが重視されているとわかります。

(1) 園生活のきまりから

　家庭と異なる園生活には，基本的なきまりのようなものがじつはいろいろとあります。たとえば，上履きと園庭で履く靴と登降園時に履く靴を分けて，それぞれどこで脱ぎ履きするかというようなことがあります。そういったことは各園でたいてい決まっており，大人の側から教え導いていく内容です。「園庭に出るときには靴に履き替える」というきまりは，最初に保育者が伝えます。しかし，それが守れないときに厳しく叱りつけることがよいか，というとけっしてそうではありません。遊びに夢中になり，つい外靴のまま中にあがってしまうことは幼いときには起こります。入園後，まだ慣れないときに外靴で中にあがってしまった場合は，泥が室内にあがっているようすを保育者が「あらー，汚れちゃったねー」といっしょに手で触りながら「これではぬいぐるみもおもちゃも汚れてしまうね。お掃除しなくちゃ」といっしょに雑巾で拭いて"たいへんな思い"をすることで，子ども自身が外靴はここで履き替えたほうがよいと実感し，習慣づいていくようにうながしたりします。入園期は，園生活が楽しさのなかで展開するように配慮することが最も重要な時期です。その楽しさを基盤として園生活のきまりを習慣づけていくことも，重要な保育内容の一つです。厳しく叱りつけるのではなく，「あ，しまった」という経験から「どうすればよかったか」が考えられるように，また次には「あ，しまった」が生じる前に保育者が「あれ，ちょっと待って，どうするんだったっけ？」と気づかせるような援助を行なうことで自分で気づいていくように，そして自分で気づいて履き替えられたときには「ちゃんとここで履き替えられたね」と声をかけて自信につながるように，と段階的に指導を行なっていきます。

　しかし，時にはわかっているのにわざと外靴のまま中にあがる子もいるかもしれません。そんなときは，なぜいけないのかという理由とともに，きまりを守ることのたいせつさを保育者の方から伝えることが必要になるでしょう。また，きまりを守らないことで保育者の気をひくという行動は，いっしょに遊んでほしい，かかわってほしいという欲求の表われかもしれません。一日のなかのどこかでじっくりとその子とかかわり，安心できる関係形成をめざし，楽しい経験を通じ

手洗いごしごし

て自己が充実するように援助していくことが重要となるでしょう。

(2) 自分がどうあるべきか考える

　さて，そういった園でのきまりから発展して，他者とともに生きていく社会のなかでどうあるべきかという内容にも気づかせていく必要があります。先にふれたように，4，5歳になると抑制機能が発達し，自分がどうあるべきかを考えてふるまう実行機能も発達してきます。また他者がどう考えているか，自分の考えと分けてとらえることもできるようになります。

> **エピソード**　ユウイチ　5歳　独り占めしたいビー玉をめぐって　（4月23日）
>
> 　ユウイチはいつもありったけのビー玉を小さなバケツに入れ，だれにも取られないように小脇に抱えたまま遊んでいる。そこへケンタが黙って手を伸ばし，バケツの中のビー玉を1つ取ろうとする。ユウイチは身体をくねらせて抵抗しながら「やめて！　勝手に取らんといて！」と怒った口調で言う。ケンタが「なんで1人で全部使ってんの？　それはあかんやろ！」と言い返す。まわりにいた男児数名も「ユウイチくん，あかんし」「僕もちょっとちょうだい」「ずるいで」と口々に言い出す。みんなに取り囲まれ，少し気まずくなったユウイチは「じゃぁ…くじ引きで当たった人だけ」と言い，クーゲルバーンでのビー玉転がしを提案する。ビー玉がゴールまで到達すればあたりで，ビー玉がもらえるというルールをユウイチ自身が決め，ゲームを始める。成功した子どもたちは「よっしゃ！」とガッツポーズで喜ぶ。ユウイチは半泣きになりながら，うまくゴールできた数名にくやしそうにビー玉を渡す。

　園の共有物には，独り占めしてはみんなが使えないから順番で交替して使ったり分けて使ったりするとよいという共同使用に関する規範や，人が使っているときには勝手に取ってはいけないという使用者優先の規範があります。ユウイチをはじめ5歳児たちはそのことは十分了解しています。しかし，わかっているからその通りできるかというと，そうではありません。ユウイチは独り占めしたい個人的欲求からビー玉を抱え込んでいます。ケンタがそこに手を伸ばすとユウイチは「勝手に取ってはいけない」という規範をもち出し，それに対してケンタは「独り占めするのはよくない」という規範をもち出します。他にもビー玉を使いたい人が集まり批判されたユウイチは，妥協案として「くじ引きで当たった人にビー玉を譲る」というルールでゲームすることを提案します。本当は独り占めしたいのだけど，周囲からずっと批判されながら遊んでも楽しくない。かといってすんなり分ける気持ちになれない。その葛藤のなかで今自分はどうすべきかを懸命に考えます。

　これは，間に保育者が入ってユウイチにビー玉をみんなで分けるように言ってそうさせるのとは，体験の質が異なります。ユウイチは自分の気持ちだけでなく，他

者の立場に立って考えてみて独り占めされたら嫌だろうという気持ちは理解し，自分の気持ちを少し抑えて調整しています。他者との間でぎりぎりお互いに納得できるところを探し，みずから知的に今どうすべきかを考え，ゲームを提案するという判断をしています。するとそのゲームの提案は受け入れられ，楽しい雰囲気になっていきます。ユウイチは集団

かーわって

に受け入れられ，涙目になりながらも自分の下した判断はよかったのだときっと感じられているでしょう。こうして，自己と他者の間で揺れ動きながら，少しずつ「こうあるべき」という姿に向かって成長していくことができるのだと考えられます。

(3) 楽しさのためという必要感から

4，5歳になると，ルールのある遊びが子どもどうしの関係のなかで楽しめるようになってきます。それまでもたとえば，保育者がしっぽをたくさんつけて子どもたちが保育者を追いかけるしっぽとり鬼のように，保育者を中心としたルールのある遊びを楽しんできていますが，4，5歳では，子どもどうしでルールを守って，また新たにルールを考え合って遊ぶこともできるようになっていきます。

> **エピソード** ミノリ 5歳 不快・不満から考え合う （12月11日）
>
> 年長児たちが三々五々集まってきて，25人ほどで帽子とり鬼を楽しんでいる。どこかのチームの帽子がなくなると保育者が「ゲーム終了」と勝ったチームの色を告げ，いったんホールの真ん中に遊んでいたメンバー全員が集まってくる。保育者が何か言うより前に，「タカシくんが帽子取るとき髪の毛もいっしょに引っ張って痛かった！」と言うミノリ。「私も痛かった！」「ユウキちゃんも引っ張った！」などと次々に声があがる。保育者「え？ ミノリちゃん，どうなったの？ ちょっとここで教えてくれる？」と真ん中に呼び寄せると，ミノリは帽子をかぶった自分の頭を自分でグッとつかんでみせて「こうなったの」と言う。保育者は「あー」といって帽子を借りてかぶり，自分で帽子を強くつかんでいるふりを見せて身体を斜めに倒しながら「こうなったってこと？ ほんで髪の毛引っ張られて痛かったん？」と言うと，ミノリは「うん」と言う。保育者は「そうかー。帽子取るときに髪の毛もいっしょに引っ張られたら痛そうやなぁ。どうしたらいいかなぁ」と周囲の子どもたちを見る。すると，サツキが前にでてきて帽子をそっとつまんでみせ，「こうやって，そっと取ったらいい」と言う。保育者は「え？」といって，また帽子をかぶり，そっと帽子の上のほうをつまんで取ってみせ，「こういうこと？」と聞くと，サツキは「う

ん」と答える。保育者は「なるほどー。髪の毛をひっぱらんように，こうやってそっと上のほうつまんで取ったらええんやな？」と言うと，周囲の子どもたちも口々に「うん」といってうなずいている。保育者「ほな，帽子取るときは，こうやって髪の毛つかまんようにそっと取るってことにする？」。子どもたち「うん」。保育者「じゃぁ，そうしよう。帽子取るときはそっと取る。他に何かある人いますか？」と聞くと，また手があがり，「サトルくんがこけてるのに帽子取っていった」という問題提起があり，さらに話し合いは続いていく。

　帽子とりという遊びが成立するためのルールは十分にわかっている年長児たちが，さらに楽しく遊ぶためのルールを自分たちの体験から引き出していきます。そこには，子どもたちが主体的に考えるための保育者の援助があって話し合いがうまく進められています。保育者はあくまで子どもが自分の体験でどう感じたのかということを起点にして，その内容をわかりやすいかたちで集団に返していきます。みんなが見やすい場所にミノリに出てきてもらい，デモンストレーションをして見せると，同じ体験をしたことがない子どもにも理解されやすくなります。なるほど，そんなことが起こったら嫌だなと共感が起こります。この感情を共感できることが考え合う基盤となり，集団全体が「ではどうしたらよいか」を考えることができるのです。道徳的な判断であっても，感情がベースになり，そのうえで知的な判断をしていくというプロセスをたどります。どうしたらよいか知的に考える前に，当事者の感情を共有することが重要です。それは当然，相手に対する思いやりをもつということにもつながっています。

　幼児期における道徳性や規範意識の芽ばえが，小学校以降の教育において「道徳性」としてさらに体系的に育まれていくことになります。小中学校での「道徳」は生きる力の基盤として重要視され関心が高まっており，2015（平成27）年3月に学校教育法施行規則の改正によって「特別の教科である道徳」とされました。「小学校学習指導要領解説　特別の教科　道徳編」総説では，「答えが一つではない道

よーいどん

走るの速くなったよ

徳的な課題を一人一人の児童が自分自身の問題と捉え，向き合う『考える道徳』，『議論する道徳』へと転換を図る」とされています。保育者が，たとえ自分の身には起こっていないことでも自分の問題として考えるように導き，どうしたらいいか意見を出し合って考えるような場をつくっていくことは，小学校以降の教育にも引き継がれていきます。幼児期において重要なことは，子どもたちが「こうしたほうがよい」というきまりの必要性を感じ，生活のなかできまりを守ることのよさを実感していくことでしょう。

　序章に，社交的であることと犯罪への関与や不健康行動に関連がみられることがあげられています。幼児期の遊びのなかで道徳性や規範意識の芽ばえを育むことは，他者に流されず自律的に自分がどうあるべきかを考える力となり，その後の人生の大きな支えとなるのではないでしょうか。

3．小学校との接続に向けて育むべき子どもの力：学びに向かう力とその土台となるもの

　2015（平成27）年8月に中央教育審議会教育課程企画特別部会による，次期学習指導要領・幼稚園教育要領改訂に向けての論点整理が示されました。そのなかに，育成すべき資質・能力の3つの柱が示されています（図1-8）。

　学んだことを生かし，社会のなかで力を発揮して生きていくために，「何を知っているか　何ができるか」「知っていること・できることをどう使うか」とともに，

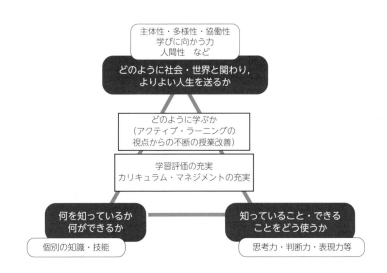

図1-8　育成すべき資質・能力の3つの柱をふまえた日本版カリキュラム・デザインのための概念図（文部科学省，2015，p.27）

「どのように社会・世界と関わり，よりよい人生を送るか」ということが示され，その内容として「主体性・多様性・協働性　学びに向かう力　人間性など」があげられています。

　序章において「学びに向かう力や姿勢」は，「目標や意欲，興味・関心をもち，粘り強く，仲間と協調して取り組む力や姿勢が中心になる」と述べられています。この学びに向かう力や姿勢は，小学校との接続を考えていく際にも非常に重要な視点です。

　2節から3節にかけて，子どもが身近な大人との愛着関係を基盤として，自己が十分に発揮できるようになること，また他者とぶつかり合うなかで自己と他者との間でどうあるべきか考えるようになること，お互いによりよいあり方に向かうためのルールやきまりに気づいたりすることといった，子どもの人間関係のなかでの発達をみてきました。こういった乳幼児期の育ちを基盤として，さらに小学校でも新たな人間関係をみずから築き，関心をもったことに主体的にかかわり探究し合い，学びを深めることを楽しめるように育ちをつなげていきたいものです。

エピソード　マサシ　5歳　マサシの関心がクラスへひろがる　（4月〜7月）

【背景】マサシは4歳児の1学期，大人のかかわりを求めて職員室通いの日々を送っていた。クラスで水族館ごっこが始まったことを，保育者は生き物の好きなマサシの楽しみを見いだすチャンスだと思い，積極的にもり立てるようにして遊んできた。4歳児の終わりごろから5歳児にかけて，イルカショーごっこが始まった。水族館が好きなことと保育室で飼育する生き物を通して新しい友だちとの接点ができ，友だちのなかにマサシの存在感が増してきていた。

●4月11日

　マサシがヤモリを見つけて軽々と捕獲し，ヤモリは足に吸盤があることやえさに生きているダンゴムシを食べることなどをクラスのみんなに伝える。

●5月13日

　えさを探しているときにヤモリが逃げた。子どもたちが情報収集したところによると，4歳児が見ていて飼育ケースのふたを開けたままにしていたことが判明した。しかし，子どもたちは4歳児を責めることなく，トシキ「広いところに行きたかったんや」と前向き。マサシは「全員集まって」と大きな声で友だちを呼びに行く。これまで何度か脱走しながらも見つかっていたが，この日は見つからなかった。

　しかし，幼稚園でヤモリが見つかると，他のクラスであっても5歳児にもってきてくれたり知らせてくれたりするようになり，何度も脱走しながら保育室に常にヤモリがいる生活になる。

●7月4日

　またもや登園直後にヤモリが逃げた。「ここや」「あっちに行った」とわいわい言

いながら保育室の扉と棚の隙間にあるものを動かせるものはすべて動かして探す。しかし見えるところにはいなかった。マサシは「どこにも行っていないからいるはずや」と，新聞紙と空き缶で捕獲道具をつくり始めた。トシキはヤモリがつたってくるようにと壁と棚の隙間に縄跳びを上から垂らしたり，アキは保育者に長いロープを要求して棚のうしろ側に沿わせておいたりする。箱でヤモリの家をつくって待ち伏せるなどの方法もでてきて，友だちといっしょに必死にヤモリを探す。
　午前中いっぱいヤモリ捕獲大作戦を繰り広げていたが，とうとう見つからなかった。今日あったことを話したい人がクラスのみんなに話す「お知らせの時間」に，マサシ「ヤモリがいなくなりました。探してください」と発言すると，10人ほどが続いて捕獲の試みについて発言していく。すると，作戦に参加していなかった子どもたちのなかからも「箱でつくったヤモリの家に"やもりのいえ"って書いたらまちがえずに帰ってくるのではないか」という意見も出てくる。

　マサシは3歳児のころから幼稚園に通っていましたが，4歳児クラスに進級したときにクラス替えがあり，担任も変わったことで，職員室に通うようになったそうです。近年，職員室通いをする子どもがよくみられます。幼稚園に入園するまでの間，大人との生活が中心で子どもどうしのかかわりをほとんどもてていなかった子どもが多く，自分の思いを受けとめてもらえる心地よい大人との関係からなかなか抜け出せないのでしょう。
　このマサシの姿に保育者は，マサシの関心を探り，興味のもてそうな遊びに誘い，遊びを楽しめるようにしていく援助を行なうことで，クラスで過ごすことができるように支えています。イルカショーごっこや生き物の飼育を通して，マサシのよさが発揮されるようになっていきました。
　そうして年長児になったマサシは，ヤモリとのかかわりを軸にクラスのなかでどんどん自己発揮をしていくようになります。周囲の友だちもいっしょにヤモリに関心を寄せ，問題が起こると共有し，どうしたらよいかをそれぞれ主体的に考えています。ヤモリは壁際や狭いところに入り込んでいくということや，吸盤があるから細いものをつたって移動するという，これまでの経験からの学びを生かして工夫していきます。そのなかで意図を明確にもった物づくりがなされ，そのつくられた物を通してつくり手の意図が伝播し共有され，他の子どもの物づくりへと展開しているようすも読み取れます。またそれぞれが考え工夫してやってみたことを一日の終わりにクラスで共有することで，関心が広がり，新たなアイデアが生

私のご飯をたべたよ

まれ，明日はどんな作戦を繰り広げようかとさらに考え合っていきます。
　河邊（2015）は子どもの育ち合いを保障する遊びについての検討を行ない，「子どもは遊びのおもしろさに向けて，相手の考えていることや遊びの課題を読み取り，言葉や行為を通して相手の文脈と自分の文脈とを統合し，遊びの状況を協働的に更新していく」と遊びが深まるプロセスを見いだしています。このヤモリ捕獲大作戦には，複数の子どもが遊びの場に生成されている意味を読み取り関係づけながら，それぞれが主体的に新たな意味をつけ加えていくことにより，遊びの楽しみが重層的になっていくプロセスがあります。こういった文化的意味を共有し遊びを深める生活を積み重ねるなかで，子どもたちに自分への自信とともに，相手への信頼感や尊敬し合う気持ち，一つの目標に向かって気持ちを合わせていく力，関心を寄せて探究的にかかわる力，互いのよさを生かして創造的に考えていく力等が育っていくのです。
　このエピソードのなかにはみごとに「何を知っているか　何ができるか」「知っていること・できることをどう使うか」「どのように社会・世界と関わり，よりよい人生を送るか」の三本柱が体現されています。ヤモリの生態についての経験や知識をもち，それを使って新たな方法を考え表現し，一つの目標に向かってそれぞれがよさを生かし多様なあり方を実現しながら，さらに主体的・協同的に課題に取り組んでいます。またそのなかに，それぞれの立場で心を寄せるあたたかさが感じられます。マサシのよさが発揮されるように遊びを支え，クラスにもそのよさが伝わり，関係が芽ばえ広がっていくように，保育者は支えています。年長児の後半は運動会や生活発表会等の大きな行事もあるでしょう。そのなかでたとえ困難な状況が生じても，仲間と協力して楽しみながら乗り越えていこうとする力を就学前にぜひ育てておきたいものです。

アオムシさん，歩いているよ

どんなにおい？

発達に特別な配慮が必要な子どもへの支援はどうあるべきでしょうか。

　発達に特別な配慮が必要な子どもたちのようすも多様になってきています。幼児期の発達は一人ひとり違います。すべての子どもがいごこちよく自分の思いを出し，力を発揮し，互いが認め合うことができるようになっていってほしいと願います。発達に特別な配慮が必要な子どもの育ちとクラスなど周囲の子どもたちの育ちは大きくかかわっています。個への支援と同時に，集団を育んでいくことを大事にしていきます。個が育つことによりあたたかい集団が育まれ，あたたかい集団のかかわりにより個が育ちます。それには保育者の心もちがどうであるかがたいへん重要です。配慮が必要な子どもは，日々さまざまな姿を見せます。その子にとっては意味のあることでも，集団生活において，まわりには理解できにくいこともあります。そのようにさまざまに見せる子どもの姿に対して保育者がどのように感じかかわっているのか，その子自身もまわりの子どもたちも，体で感じとっていきます。保育者が配慮の必要な子どもの心の声を聞こうとしあたたかくかかわることで，その子も安心して自分の居場所をつくっていきます。まわりの子どもたちも保育者と同じようにその子の内面を理解しようとし，あたたかいかかわりをするようになります。保育者のあたたかいかかわりがあたたかい集団をつくります。

　また，より具体的な支援が必要な子どもについては，その発達の特性を理解しようとすることが大事です。以下のようなポイントがあります。

- 保護者と情報を共有し，必要な支援ができるようにする：どのような場面でどのような配慮が必要か，安全面，友だちとのかかわり，まわりの保護者との関係等，ていねいに保護者と共有します。必要に応じて，個別の支援計画等を保護者といっしょに相談して作成します。
- 関係機関との連携：子どもが見せる姿は場によって異なります。支援センター等と子どもの姿を共有し，より多様な実態を把握し，その場に応じた支援を探ります。
- 園内の全教職員の共通理解：園内の共通理解を図り全教職員で支えていきます。保護者も子どもも安心して通うことができる体制を整えることが重要です。
- 小学校との連携：就学に向けては学校との連携が大事です。就学支援シート等を活用し，保護者とともにその子がその子らしく学校を楽しめるように支援します。

　幼稚園，保護者，地域が子どもを真ん中において，子どものためにさまざまに思いをめぐらすことがふさわしい発達にとって何より大事です。保護者，関係機関など，地域をつなぎ，子どもにとってどうしていくことがよいのか情報や思いを共有し協力することができるように，コーディネートしていくことも幼稚園の大きな役割となっています。

第2章

実践
―自己調整力を育む―

第1節　親子の戸惑いから支える―地域の実態と保育―

1．地域でみられる現代の親子の姿

（1）地域とともに歩む幼稚園

　京都市立中京（なかぎょう）もえぎ幼稚園は，京都市の中心部に位置する中京区唯一の公立幼稚園です。2000（平成12）年に中京区の6つの公立幼稚園が統合し中京もえぎ幼稚園として開園しました。

　幼稚園の北側には京都御苑，南には京都市の文化・経済の中心ともいえる四条界隈などを通園区域に含み，活気あふれる地域です。祇園祭が地域のお祭りとしてあるなど，伝統文化の息づく地域でもあります。

　教育熱心な地域で，中学校区を中心に，1つの中学校，2つの小学校が，「3校1園」として，教職員やPTA活動，それぞれの学校園の学校運営協議会を通してつながりをもっています。学校運営協議会とは，保護者や地域住民の方の意見を学校運営に反映させるしくみのことで，そのしくみをもつ学校のことをコミュニティ・スクールとよんでいます。中京もえぎ幼稚園は2006（平成18）年2月，全国でも3園目という早い時期に学校運営協議会を立ち上げ，保護者と地域の方々とともに幼稚園のあり方を話し合い，時には保育にも参画していただくという協力的な関係を築いてきています。保護者がわが子と遊んだり，幼稚園生活のようすを見たりする保育参観もありますが，保育者のようなかたちで保育に参加するパパママティーチャーという取り組みも積み重ねてきています。お母さん先生やお父さん先生として，わが子だけでなくクラスの子どもたちといっしょに遊ぶことで，保護者は遊びのたいせつさや，子どもたちがどのようなことを経験していっているのかを知っています。また，わが子と同じような年齢の子どもたちのようすについて新鮮な目でとらえ，気づきを得て，保護者自身の視野が広がります。保育者もまた，保護者の

気づきから多くを学んでいます。

(2) 入園までの親子の姿

　この地域の家庭は，昔からの3世代同居の家庭がある一方，マンションも多く建ち並び，近年は核家族が多くなっています。保護者の価値観も多様で，子どもの思いを大事にしようとするあまりあれこれと子どもの思いを先取りして過干渉になったり，逆に子どもの思いのままのふるまいに言いなりになってしまったり，といった姿もみられます。

　地域には中京子ども支援センターをはじめ，幼稚園に隣接する子育て支援総合センターこどもみらい館などがあり，子育て支援の取り組みも盛んです。室内の遊び場や絵本を多く蔵書している子育て図書館，また本園でも行なっている未就園児クラスといった乳幼児向けの遊びの場に，早い場合には子どもが赤ちゃんのころからよく出かけている親子もいます。そういった親子の多くは入園前から地域とのつながりのなかで子育てをし，さまざまな人とかかわりをもつことで，いろいろな子どもの育ちの姿や遊びを知ったり，支援者に支えられ自分の子育てはこれでいいんだと思えるようになったりして，保護者も子育ての喜びを感じていきます。

　一方で，そのような地域の親子が出会う場で，わが子が他の子の使っているおもちゃを取ってしまったり，手が出てしまったりといった，家庭ではみられない多様な姿をみせることに保護者が戸惑いや不安を感じたり，そのことが負担になり子育てへの自信を失ったりといった姿もみられます。また，そのような場へ出かけること自体がむずかしく，入園までの間，マンションで親子2人きりで過ごしてきたような，他者とのかかわりが乏しいケースもあります。こういった地域の親子の姿は当園だけの問題ではなく，全国的にみられることと思われます。

(3) 入園直後の親子の姿

　入園間もないころは，初めて家庭から離れて生活することに，保護者も子どもも緊張や不安が強く，表情や体，心がかたくなになってしまうようすがみられます。保護者が幼稚園での生活に不安を抱いていると，子どもはそのことに大きく影響を受けます。不安で泣きながら登園してくる子もいれば，ありったけの力でしがみつき保護者から離れない子ども，靴箱のところで緊張で動けなくなっている子どもなど，さまざまな緊張と不安の表現が3歳児の保育室周辺にあふれます。

　その一方で，初めてみる物やコト，人に次々と興味をもち，自分の思いのまま手あたりしだいにかかわるといった不安定な姿もみられます。たとえば自分ももっているおもちゃがあるのにまわりにいる子どもがもっているものが気になり，何も言わずに力づくで相手のもっていたおもちゃを取ってしまうということもあります。また，相手やまわりのようすを感じることなく，自分の思いだけで行動してしまう

こともあります。保育者はその子どもの行動の意味や思いを理解しようとしますが，子どもたちどうしや保護者には起こったことしか見えません。

そんな朝のようすを見ると，当然，親は不安を募らせるものです。不安定が不安を呼び，伝染していく悪循環が起こります。そうならないためにも，さまざまに表わされる親子の不安な思いをまずはすべて受けとめ，家庭から離れて初めて出合う社会としての幼稚園が安心の場となるように，親にも子どもにも一つひとつていねいにかかわっていくことがたいへん重要になります。

(4) 現代の子どもの姿からみる保育の課題

現代の子どもたちは，自分の身のまわりの始末を自分でしようとしなかったり，衣服の着脱などといった基本的生活習慣が身についていなかったりする実態があります。遊びや生活のなかで，自分の思いと違うことがあるときに，きつい言葉だけで相手に訴えようとしたり，時には手が出てしまったりなど，何が何でも自分の思いを通そうとする姿がみられます。また，自分と違う思いに向き合うことができず避けて通ったり，自分の思いを主張せずに相手に合わせることで安定したりといった姿もみられます。保育者はそういった子どもたちの姿を否定したり，保護者の育て方がわるいと批判したりするのではなく，一人ひとりの今の姿を細かくとらえ，必要な援助を積み重ねていくことをたいせつにします。保護者には，他者とともに生きることが楽しいと思える，自立した子どもを育てていく使命があります。

子どもが保育者や他の子どもと集団で生活する楽しさを感じながら，自分のことが自分でできる喜びを感じ，「基本的生活習慣を身につけていくこと」，また安心して幼稚園生活を送るなかで，自分は何がしたいのか，自分はどう思うのか，「自己を確立していくこと」，友だちのなかで自分のしたいことを楽しみ「自信をもってさまざまに自己を発揮していくこと」，自分の思いと違うことがあるときに葛藤を経験し「人とかかわる経験を重ね，折り合い，気持ちを調整する力を身につけていくこと」は，現代の保育において取り組むべき重要な課題といえます。

ここに水を入れるとここから出たよ

キュウリ食べて

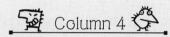
Column 4
「また来たい」と思える子育てひろば

　核家族化や少子化のなかで，乳幼児にふれたことのないまま親になる人が多くいます。地域のつながりが希薄になった今，子育てへの不安や悩みを抱える親が子どもを遊ばせながら気軽に相談できる場所が必要です。そのため，保育所や児童館等での地域子育て支援拠点事業，幼稚園での未就園児への子育て支援など，親子の遊び場や，育児相談できる場がひろがってきています。

　しかし，ただ場が開かれていればいいのではありません。だれでも新しい場に足を踏み入れるのは勇気がいるものです。中には子育てに自信がもてずにいたり，ついカッとなってわが子をたたいてしまい，「自分は親失格だ」と思っている人もいるかもしれません。そんな親が一歩を踏み出して来てくれたら，支援者はその一歩をたいせつに受けとめ，安心して過ごせるように心を砕くことがまずは重要です。行ってみたけど楽しくなかった，自分の子育てを否定された，ではもう2度と足を踏み入れようとは思いません。親が心に抱えた重たい荷物をドサッと下ろしてホッとできるように，帰るときには「また来たい」と思えるように，あたたかい場をつくっていくことがたいせつです。多様な親子を肯定的・受容的に受けとめ，親子が育つ力を信じて支える高い専門性が必要とされています。

2. 子ども・保護者・保育者が育ち合う

(1) 親子の不安をしっかりと受けとめる

　幼稚園に子どもを通わせる親子にとって，幼稚園は初めて出合う社会となります。親子が入園前からさまざまに抱える不安や戸惑いをまずはすべて受けとめることから始めます。

　子どもは不安な気持ちを泣いて主張したり，表情で表わしたり，動かずに体を硬くしたり，さまざまな方法で表わします。保育者はその行動や表現から思いを読み取り，子どもが安心できるように「泣いていいよ」「お母さんがいいね」などと，自分の思いを表現しようとしていることを受けとめ，その思いに共感していきます。泣きたいときは泣いていい。話したくないときは話さなくていい。動きたくないときは動かなくていい。泣いている子どもの気持ちをごまかしたり無理矢理こちらのほうへ向かせたりするようなことはしません。そのままの子どもの気持ちを横で感じとり，そっと支えてくれる保育者がいることで，子どもは少しずつ「幼稚園にも，自分の思いをわかってくれる人がいる」「自分が言いたいこと，思っていること，したいことは表わしていいんだ」と感じるようになります。しだいに幼稚園に親し

みを感じ，安心して過ごすようになります。
　そして保護者もまた，泣いたり登園を渋ったりするわが子に戸惑い，不安を感じます。保護者にとっても子どもの入園後は，ずっといっしょに過ごしてきた子どもと離れ，ぽっかりと心に穴が空くような時間が生まれ，不安定になる時期でもあります。毎日朝泣き続ける子どもを見て不安になるのは自然なことです。保護者の不安を受けとめ支えていくことも，保育者の大事な役割です。保育者は「泣くなどさまざまな方法で自分の思いを表わすことが大事である」「保護者が不安になると子どもも不安になること」「ずっとは続かないから子どもの力を信じて待つこと」など，ていねいに伝えていきます。
　子どもは幼稚園に親しみを感じ，安心して過ごせるようになると，保育室に置いてある物や小さな生き物などに興味をもち動き始めます。他の子どもがしていることを見ることも，遊びへ向かうたいせつな一歩です。保育者は子どもの気持ちが外に向き始めたことを感じながら，一人ひとりがスムーズに遊び始められるように環境を整えたり，最初のきっかけづくりをしたりして，幼稚園で楽しく遊ぶ生活へと導いていきます。そのような支えを得て，子どもが「幼稚園は楽しい」と感じるようになると，保護者の表情も安心へと変わっていきます。保護者も幼稚園に親しみを感じ，安心して幼稚園にわが子を通わせることができるようになるのです。

(2) この子に合った教育をともに考える
　幼稚園の集団生活や家庭での生活で，子どもは本当にさまざまな姿を見せます。そのさまざまな子どもの姿に，いったいどのような思いがあり，どのようにかかわっていくことがその子にとって最良なのか考えていくことは容易ではありません。その時々に保護者と保育者が目の前の子どもを中心に据えて，その子にとってどうしていくことが発達にふさわしい経験となっていくのか，保育者が寄り添い，支え，いっしょに考えていくその姿勢こそが，親子に伝わり安心へと導きます。何がその子にとって最もふさわしいか，答えは見つからないかもしれません。それでも，こうかな？　ああかな？　もしかしたらこんなことかな？　とその子どもの行動に表わされてくる「本当の気持ち」を想像し，少しでもその子に近づいていきたいとともに思うものとして，保護者との関係を築いていきたいものです。
　しかしそれは，一朝一夕にできるものではありません。日々，保護者と会話を交わし，相互に理解し合えるようにすることはもちろん重要ですが，それだけではないようです。保育者は毎日，子どもとかかわりながら，今の子どもの発達をとらえ，一歩先を見据えて繊細なかかわりを積み重ね，悩みながらも楽しんで子どもの成長を支えようとします。そんな保育者の姿を知り，子どもがそんな保育者の支えを得て大きく成長する姿を感じることが，保護者の子どもを見る目を育て，育ちを支えるあり方を変えていく大きな原動力となります。

私たちは前述した現代の子どもと保育の課題を見据え，他者とともに生きることが楽しいと思える，自立した子どもを育てていくにはどうしたらよいのか，日々の保育実践からとらえる研究を行ないました。そのなかで，子どもが他者との間で気持ちを調整する力を育むには，「自分と向き合う」ということが大事であることがわかりました。第2節でエピソードを紹介しますが，子どもの発達を長い見通しをもってとらえ，一人ひとりに願いをもってかかわっていると，子どもがみずから「向き合う時」というのをとらえることができます。そういった保育者の子どもの見方とかかわりが，幼稚園生活を通して保護者に伝わっていくこともわかってきました。

　基本的生活習慣の確立は毎日の積み重ねで，保護者にとってもどのようなことから取り組んでいけばよいのか悩むところです。限られた時間のなかで「大人がやってしまったほうが早い」と，助けているつもりで大人がしてしまうことも少なくありません。子ども自身が自分でする必要感を感じることなく生活してしまっていることもみられます。幼稚園のなかで，まわりの友だちの刺激を受けたり，自分がしたいことから必要感を感じたりなど，保育者がとらえた「子どもが向き合う今」を家庭に伝えることで，家庭でもどのようなことを大事にしていけばよいのか，保護者もまた，子どもの姿から感じることができます。

　たとえば，幼稚園生活において服が汚れてもなかなか自分から着替えができなかった子どもに，プールに入りたいという気持ちが生まれると，そのことが自分で着替えをしようと意欲的に取り組むきっかけとなります。保育者は子どもの「プールに入りたい」という気持ちを逃さず，機会をとらえて子どもが自分から必要感を感じ，今のその子の発達課題に向き合うことができるようにしていきます。子どもの興味のあることをとらえ，「変身」「服のトンネル」など，楽しみながら着替えを自分でしようとするような言葉かけをします。家庭生活ではつい時間がなく，保護者が着させてしまうかもしれませんが，幼稚園では着替えも自分と向き合う大事な発達の契機ととらえ，時間をかけながら自分でしようとする気持ちを支えるのです。そして，「できた」喜びをいっしょに味わい，子どもが「できた」自分を嬉しく感じ，自信につなげられるようにしていきます。プールに入りたい気持ちをもって自分で着替えができるようになると，そのことが嬉しく自信となりさまざまな遊びにも積極的になる姿がみられます。

　このような幼稚園での姿や保育者のかかわりを家庭にも伝え，保護者とも子どもの成長をともに喜びます。そのことがさらに子どもにとって自信となり，さまざまなことに意欲的になり生活経験を広げていきます。家庭の生活でもまた，幼稚園で今向き合っていることを同じようにいっしょに支えたり，認めたりしていくように保護者が変わってくるのです。

　また，逆に，家庭での姿を保護者が幼稚園に伝えてくれたことで，保育者が「向き合う今」をとらえることができたということもありました。4歳児になると，大

好きな友だちができ，その友だちといっしょにいることが嬉しいようすがみられます。保育者も大好きな友だちといっしょにいたいことはわかっていましたが，表情やようすから，本当は別にしたい遊びがあるのではないかなと感じていました。家庭で子どもが母親にそのことを口にし，母親も保育者にそのことを伝えました。日ごろから気になり，その機会をうかがっていた保育者は子どもたちが互いに思いを出し合い，相手の思いを知る，いいきっかけになると考え，伝え合うことができるようにていねいにかかわっていきました。

　子どもの生活は幼稚園，家庭と連続しています。保護者とともにということは，保護者の思いをどんなことも聞き入れていくということではありません。また，幼稚園が家庭に要求するということでもありません。幼稚園の集団のなかで見せる子どもの姿と家庭で見せる子ども姿を共有しながら，幼稚園ではその子がどのような経験をしているのか，何を願うのかをていねいに伝えていくことで，その子にとってその経験にはどのような意味があるのか，ともに考えていきたいと思います。

　お互いがそれぞれの姿を共有していくことで子ども理解が広がったり深まったりしていきます。保育者と保護者とが，お互いを認め合い，信頼関係を築いていくことが子どもの成長には不可欠です。

　さらに，遊びが広がると，保護者は自分の子どもが友だちに嫌な思いをさせたり，させられたりといった友だちとのかかわりに不安を感じることも少なくありません。幼児期は，大人からみると負の経験だと思われることも含めてさまざまなことをくり返し経験する時期です。多くのまわり道をしながら子どもたちがみずからふさわしい発達へと向かっていきます。保育者や保護者，まわりの大人たちはその経験を「賢く見守る」ことが大事です。

　幼稚園での出来事や，降園後の出来事など，保護者が子どもたちのようすから不安に思われることは多々あります。そのようなときには，幼稚園でどのような指導をしているのか，きちんと説明します。また，指導してもすぐにはなかなか解決しないが，見通しをもってかかわっていること，子ども自身が感じている気持ちを第一にかかわっていくことなどを伝えます。

　幼児期にふさわしい発達には，大人にとって負の経験だと思われることも大事なこととして経験できる雰囲気や関係性が幼稚園や地域にあることが大事です。子どもはさまざまなことを経験しながら大きくなっていきます。その経験を大人たちが支えるのです。みんながみんなの子どもの成長を喜ぶことができる，そのような関係を保護者の間にもつくりたいと思っています。

（3）アンケートからみる保護者の育ち

　中京もえぎ幼稚園では，保護者に幼稚園についてのアンケートを年2回実施し，その結果をもとに学校運営協議会にも意見を聞く外部評価ならびに関係者評価を行

なっています。2014（平成26）年度の後期に実施したアンケートの自由記述には，保護者の意見として次のようなものがありました。

［3歳児の保護者より］
- 同年齢の友だちとかかわりが少ないまま入園し，少し不安もあったが，少しずつ友だちとかかわりが増し，一年を通し，隣のクラスを含めたくさんのお友だちの話をするようになった。安心してのびのび生活できていると思う。
- 初めての集団生活でどうなる事かと不安だったが，先生や友だちとのかかわりを通してたくさんのことを学び，とても成長した。
- 友だちといっしょに過ごすことは楽しいが，思い通りにいかないこともあり我慢することがたくさんあることも学べた。

［4歳児の保護者より］
- 子どもが幼稚園のようすをよく話してくれるようになった。先生からもお迎え時に話があるので，よりわかりやすく理解できる。
- 生活発表会の5歳児の成長の姿に驚いた。子どもが自分のもっている力で着実に育っていけるということを実感した。もっと子ども自身がもっている力を信じていきたい。
- 幼稚園で，季節の行事など，さまざまに経験させてもらい，親子で楽しんでいる。
- 幼稚園でいろいろなことに興味が向くように働きかけてもらっていることが，苦手なことにも背を向けず取り組む姿や失敗しても成功した喜びを子どもなりに感じ取り自信をもつことにつながっている。

［5歳児の保護者より］
- 幼稚園で心いっぱいにたくわえた意欲ややり抜く力，創り出す力を小学校でも十分に発揮してほしい。
- やりたいことを見つける力，想像したことを形にできる環境で子どもの個性をのばすことができた。
- 自分の考えを伝えることができるようになり，人の気持ちを考えることも少しずつできてきている。先生方がじっくり話を聞いてくださっているからこそだと思っている。
- 担任の先生はもちろん，園全体で子どもを見守り支えてくれた。5歳児になって仲間で遊ぶ楽しさや他の人を思う気持ちが強くなり，とても成長した。
- のびのび自発的に行動するようになった。親の知らなかった子どもの本質をうまく伸ばしていただいた。

以上の意見から，保護者は子どもが幼稚園で3歳児から5歳児に成長するにつれ，わが子の成長から友だちや集団の育ち，保育者のかかわりや子どもの発達の見通し，

子どもにふさわしい環境や生活についてなど，幼稚園生活のなかでさまざまに見方を広げ，学んでいっていることがわかります。

まず，3歳児のときは保護者も最初は不安であったこと，日々の幼稚園生活のなかで子どもがしだいに遊ぶようになった姿や，幼稚園でのことを楽しそうに話す姿から，保育者や友だちとのかかわりのなかでさまざまなことを学んでいると解釈していることがわかります。また，楽しいことばかりではなく，友だちとの間では思い通りにいかず我慢することも重要な経験であるととらえられています。

4歳児の保護者は，幼稚園のさまざまな行事に参加することを通して，子どもの成長を感じたり，年長児の姿にふれることで成長の見通しや期待感をもったりしていることがわかります。好きな遊びだけでなく，興味や関心がひろがるように保育者が働きかけていることも理解されており，そのなかで，苦手なことにもみずから取り組む力や乗り越えることで自信をもってきている子どもの育ちをみとっていることがわかります。

5歳児の保護者は，幼稚園生活で育まれた自発性，創造性，表現力，共感性など豊かな力を感じとり，それらの力を小学校以降の生活でも十分に発揮してほしいといった，これからの育ちへの期待を書いています。さらに嬉しいことに，子どもの本質を見抜き育む保育者の専門性にまで言及されています。

子どもの入園後は家庭での親子の生活とは異なり，子どもどうしのかかわりが多くあり，保護者はそれまで目にすることのなかったわが子の姿にふれることになります。戸惑いや不安が多い日々も，保育者から見た子どもの姿を知ったり，だんだんと楽しそうに過ごすようになってきたわが子の姿を感じたりするなかで，幼稚園生活の意味や子どもが内側から育っていくことが理解されていきます。このように，保護者も幼稚園生活を送るなかで子どもや保育者からさまざまなことを学びます。そして，また，保育者も子どもの成長や保護者とのかかわりからさまざまなことを学びます。子どももまた，保護者や保育者のかかわりで自信をもって生活するようになります。子ども，保護者，保育者は三位一体となって学び合いながら育ち合っていきます。

ママティーチャーと縄跳び

よく手が出る子どもの保護者が，クラスの保護者の輪に入れずにいます。

　保護者どうしのあたたかいまなざしや関係性，取り巻く雰囲気が子ども一人ひとりを，そしてみんなを育てていきます。わが子の育ちと同時に友だちの育ち，みんなの育ちを同じように喜ぶことができる関係性のなかでこそ，幼児期の子どもたちにふさわしい発達の経験が保障されると思われます。保護者どうしがそのような関係を構築するにはどうしたらよいのでしょうか。

　幼稚園での子どものようすや不安など，まずはどんなことでも話せる信頼関係を築くことが大事です。「叩かれている」など，保護者が訴える不安に誠実に耳を傾け，子どもと保護者の気持ちを受けとめます。さらに，幼稚園での指導をていねいに伝えます。しかし，子どもの行動は指導したからといってすぐに改善されるものではありません。時間がかかるが見通しをもって指導しているということ，取り巻く大人たちがあたたかく見守ることが子どもの成長には不可欠であるということを伝えます。

　また，保育者が互いの保護者をつなぎながら，保護者どうしが思いを伝え合うことができるようにします。中京もえぎ幼稚園など京都市立幼稚園では，登降園は保護者が送り迎えをします。毎日顔を合わすなかで，保護者どうしのコミュニケーションもとりやすい環境です。しかし近年預かり保育の利用者が増えたり，家族形態の多様化などにより，保護者どうしが顔を合わせたり担任と直接話したりできる機会が少ない保護者もあり，どのようにしていくのがいいのか試行錯誤しているところです。行事のときの保護者の来園をとらえるなど，コミュニケーションを深めていくことを大事にしています。子どもにとって，自分の大好きなお家の人が自分が手を出してしまったことで悲しい思いをしたり，友だちのお家の人に謝ったりしていることを知ることは，とても大事なことです。そのようなお家の方の思いを知ることで，子どもは「手を出すことはよくないこと」ということを感じていくのでしょう。幼児期には経験より先にルールやきまりとして覚えていくのではないのです。経験しながら知ったり，感じたりしていきます。

　保護者はさまざまな考えをもっています。子育て経験や，子育て観なども多様です。幼稚園で大事にしていることをホームページやお便りなどで知らせることや，パパママティチャーの保育参加，行事などの保護者ボランティア，参観日などでさまざまな子どもたちのようすを見てもらい，幼児期の発達を保護者に伝えることも大事です。また，学級懇談会などで，さまざまな保護者の思いを交流することもたいせつにします。子育て経験豊富な先輩のお母さんからの見通しをもった話などは，とても勇気づけられたり参考になったりすることが多くあるものです。

第2節　保育実践研究からみえた「7つの折り合う姿」の発達と保育者の援助

1．自己調整力の育ちを「折り合う姿」という視点からとらえる

(1) 自己発揮と自己抑制の調和のとれた自律性：折り合いへの着目

　中京もえぎ幼稚園は，2013，2014（平成25，26）年度の2年間，国立教育政策研究所の教育課程研究指定校事業を受けて研究を行ないました。研究課題は「幼稚園教育要領を踏まえ，子どもの自立心と共に，自己発揮と自己抑制の調和のとれた自律性を育てるための教育課程の編成，指導方法等の工夫改善に関する実践研究」です。この研究課題を本園の子どもの実態に照らして考えたとき，「自己発揮と自己抑制の調和のとれた自律性」を育むことはたいへん重要なことだと思われました。

　幼児期の子どもたちは，自分の思いと違うことがあると，向き合うことができず，別のことに気持ちをすり替えようとすることで，やり過ごそうとし，折り合うことができにくいこともあります。虚勢をはり，自分の素直な思いをだすことができず，相手と対立することでしか自己を主張することができなかったり，気持ちをかたくなにして，ありのままの気持ちを出すことができなかったりする姿もみられます。言葉のみが先行してしまい，本意とは違う表現をしてしまっているのではないか，心を動かして心底楽しんだり揺さぶられるような経験が不足したりしているのではないかと思われる姿もあります。子どもにはこのような姿でしか自分を表現できなかったり，向き合ったりできない時期，状況，場面などがあります。

　そのような子どもが保育者とどのようにして折り合い，安心して自分の素直な思いを出すことができるようになるのか，保育者とともに自分の気持ちに向き合い，葛藤し乗り越えることができるようになるのか，友だちのなかでどのようにかかわりを深めていくのか，どのようにしてみんなのなかで自分の力を発揮する喜びを感じるようになるのか知りたい。また，このような他者との間で複雑に揺れ動く子どもに，どのような保育者の援助や環境構成が大事になるのか，探りたいと思いました。そう考えた私たちは，本園の研究テーマを「子どもが自己を発揮しながら人と折り合いをつけ，気持ちを調整する力が育つための保育者の援助や環境の在り方を考える～自立心・自律性が育つようにするための教育課程の編成を通して～」とし，研究を進めることにしました。子どもが保育者から友だちへとどのように「折り合う」相手を広げながら気持ちを調整する力を育んでいくのか，子どもの発達の道筋を探り，保育者の援助や環境構成について明らかにしていく取り組みを始めました。

　私たちは，エピソード記録を書き，それを学年の保育者でカンファレンスを行う

学年会や全保育者で共有する園内研修で検討し，考察を重ねました。子どもの折り合おうとする姿に着目し，2年間で140のエピソードについて考察し，子どもの心の揺れ動きや葛藤のようすをとらえてきました。

　2年間の研究のなかで見えてきたことは，「折り合う」ということの具体的様相およびその発達的変化と，環境構成と保育者の援助です。

(2) 折り合いとは何か

　私たちは当初，「折り合い」というと，"トラブルのなかで解決策を見つけていくときに自分の思いとまわりの思いをすり合わせていくこと"という狭いとらえをしていました。当初，それぞれの保育者が書いたエピソードをもち寄ると，トラブルの場面が多く，そこに保育者がどのようにかかわったかといった考察が多くみられました。しかし，なぜ，トラブルになるのか。子ども一人ひとりの背景やそのときの子どもの心の揺れ動きに迫って考えていくと，トラブル以前に子ども自身が自分の思いをしっかりもち，自分の思いを素直にありのまま出すことや自分はこれでいいのだという自己肯定感をもつことなど，心の育ちこそが大事ではないかと気づきました。研究を進めていくなかで，収集されるエピソードはトラブルの場面ではなく，子どもが自分のことを自分でしようとする喜びを感じる自立に向かう姿や，友だちとのなかで葛藤する姿，目的を同じにしながら友だちと遊びを進めていく姿などへと変わっていきました。子どもたちがそのなかでどのように自分の思いを出すようになっていくのか，どのように友だちとのかかわりのなかで心を動かしつながっていくのか，どのように自分と向き合い，自己を確立していくのかについて考察をしてきました。研究を進めるなかで，「自己発揮しながら人と折り合いをつけ気持ちを調整する」ことは次のように考えられるのではないかと思いいたりました。

・他の子どものなかで自分がどのように生活していくとよいかに気づくこと
・遊びに夢中になり探究し，集団のなかでも自分の力を発揮すること
・学級や仲間のなかで自己が認められ，集団のなかで自分の存在感をもつこと

　子どもは自己発揮と他者との間の折り合いをくり返しながら，自己肯定感や有用感を高めていきます。また，「折り合う」ことに着目すると，折り合うことがむずかしい時期があり，「折り合えないこと」に保育者とともに向き合おうとすることに大きな意味があることがわかりました。さらに葛藤を乗り越えるには保育者との信頼関係や子どもどうしのかかわりの広がりが深く関係していることがわかりました。つまり，これらの育ちには，子どもが現代の地域や家庭での生活では出合うことがむずかしい，園生活のなかでこそ出合うさまざまなことがらと，保育者の専門的援助が非常に重要なのです。

さらに，自己調整力が育つ過程は，次のような「7つの折り合う姿」で発達の道筋を表わすことができるのではないか，とエピソードより導き出しました。「気持ちを調整する発達の視点」「保育者の援助」「環境構成」を表2-1のようにとらえました。

表2-1 「7つの折り合う姿」と保育者の援助

折り合う姿	発達の視点	保育者の援助	環境構成
①保育者と折り合う	○自分なりの思いを保育者にまるごと受けとめてもらう ○身のまわりのことを自分でできる自信をもつ	○子どもや保護者の不安な気持ちを受けとめ，親子ともに安心・安定していけるよう気持ちをわかち合い，支え，あたたかく見守り，受けとめる	○楽しい雰囲気を感じながら，いっしょに遊ぶことができる，保育者の近くで安心して遊ぶことができる場をつくる
②遊びたい場で保育者のまわりにいる子どもと保育者とともに折り合う	○したい遊びや遊びたい友だちを見つける ○まわりの子どものようすや思い，表情に関心を寄せたり雰囲気を感じたりする	○保育者に困りごとを言葉で伝えようとしていることを受けとめ，相手に自分で伝えることができるように支える。言葉が足りず伝わらないところは補いながらつないでいく	○なりたいものになりきって遊べるように必要な物を用意する。また，保育者も仲間になって遊び，まわりのやりたい子どもが入りやすい雰囲気をつくる
③遊びを共有した友だちとのかかわりを深めながら，保育者とともに折り合う	○保育者に見守られつつ自分の思いを自分なりに伝えようとする ○相手が納得することで自分も納得する	○相手との思いの違いを知り，相手の表情や言葉を読み取り，自分はどうしたいのか考えようとする間を大事に声をかける	○物や人が行き来して遊びが広がったりつながったりすることができるように，自分たちのイメージでつくったりかいたりする場とごっこ遊びの場を近くに置く
④大好きな友だちといっしょに遊びを続けるために友だちと折り合う	○大好きな友だちに思いを伝えたり，相手の思いを知ったりする	○子どものようすや言動から一瞬を逃さずに本当の気持ちを探り，その思いを受け入れる	○クラス全体で遊びの話をする時間をもち，友だちの思いを知る機会をもつ
⑤かかわりを広げることで自分自身と折り合う	○相手の思いを感じたり自分の思いを受けとめてもらったりして前に進もうとする	○だれといっしょに遊びたいか，したい遊びが何なのかなど，子どもの思いを問い，いっしょに考える	○自分のやりたいときに目的をもって遊べるように縄跳びや一本歯下駄，竹馬など，発達にあった挑戦する遊びを取り入れる
⑥さらにかかわりを広げながら保育者に支えられ友だちと折り合う	○友だちとのイメージの違いを了解し納得して，また遊びを続ける	○それぞれのイメージを共有できるように保育者が思いをくみ取り代弁し，互いの思いをつなぐ	○子どものイメージが実現できる材料をいっしょに用意したり，引き続き遊ぶことができるように場を残したりする
⑦みんなのなかで折り合う	○仲間であることを感じながら，友だちにかかわり受け入れたり受け入れられたりする	○子どもどうしでさまざまに見通しをもちながら生活や遊びを進めていくことができるように時間をとって見守り，協力している姿を認めていく	○ルールのある遊びをみんなで楽しむ機会を学級全体でもつ

①保育者と折り合う

　子どもは新しい幼稚園生活で不安な気持ちを保育者に受けとめてもらうことや保育者といっしょにいることで安心し，幼稚園や保育者に親しみをもち，自分の思いを出すことができるようになります。そのうちで幼稚園生活のなかで自分の楽しみとなる時間ができていきます。また，この時期，基本的生活習慣の形成が大きな発達課題です。子どもは排泄や体重測定，かたづけや着替え，弁当など，幼稚園での生活のしかたや身のまわりのことに保育者とともに向き合い，自分でできる喜びを感じ，自信をもつようです。とくに排泄は，子どもにとって自立と自律に大きく影響を与えます。さらに，さまざまな生活の場面で子どもの思うようにいかないことがありますが，子どもが，自分なりに納得することが大事です。

　■援助：保育者は子どもや保護者の不安な気持ちを受けとめ，親子ともに安心・安定していけるよう気持ちをわかち合い，支え，あたたかく見守り，受けとめます。また，生活習慣を身につけていくときに，3歳児は，遊びと生活とが未分化であるため，その子の興味に合わせて，遊びながら楽しく保育者といっしょにできることを示していくことが有効です。とくに排泄の自立に向けては，母親といっしょにやってみることを提案するなどして抵抗感をなくすことや，細かい手順をていねいに知らせたりすること，幼稚園にしかないようなさまざまな形状のトイレを知らせていくことも大事です。また，子どもが自分の思うようにいかない場面でも，自分なりに納得できるよう，気持ちを整理しようとしていることに寄り添いじっくりと待ちます。

　■環境：楽しい雰囲気を感じながら，保育者といっしょに遊ぶことができる場や，保育者の近くで安心して遊ぶことができる場をつくります。そして，保護者と保育者が同じ場で子どものようすを見て話し合い，共感できる，ゆったりとした雰囲気や時間をとるようにします。生活習慣の自立に向けては，子どもが自分自身で身のまわりのことができる環境を整えること，自分でしようとするその時をとらえたいせつにすることと長い時間をかけてゆっくり進める期間が必要です。排泄についてはトイレの環境を見直し，子どもにとって入りやすい明るい雰囲気をつくるよう心がけます。

　また，転入児などのエピソードから，年齢にかかわらず子どもは入園すると「保育者と折り合う」ことから始まることがわかりました。「保育者と折り合う」時期をじっくり大事にすることで，その後，子どもはみずから歩みだし，この時期の保育者とのかかわりやつながりを支えにしたりモデルにしたりしていきます。

②**遊びたい場で保育者のまわりにいる子どもと保育者とともに折り合う**

　保育者とともにしたい遊びを見つけることで，その遊びを通して大好きな友だち

や遊びたい友だちができ，保育者から友だちへ関心が広がる時期です。いっしょに遊ぶなかで他の子どものさまざまな面に気づき，友だちのようすや思い，表情に関心を寄せたり雰囲気を感じたりします。また，友だちに自分の思いを受け入れてもらえる経験や自分の思い通りにならない経験をします。そのなかで，保育者に困りごとや自分なりの考えを言葉で伝えようとしたり，保育者といっしょに思いを伝えようとしたりします。さらに，自分の思いを出しながらまわりの友だちの思いも感じていくようになります。

何がみえる？

- ■援助：保育者の子どもへのかかわりをモデルとし，相手の表情やようすから自分なりにさまざまに考えようとするので，その気持ちを受けとめ思いをめぐらせているのを待つこと，その思いを互いに伝え，つなぐことが大事です。また，困りごとや自分なりの考えやなど言葉で伝えようとしていることを受けとめ，相手に自分で伝えることができるように支え，言葉が足りず伝わらないことは補いながらつないでいきます。また，友だちの困りごとに関心をもちなんとかしようとするまわりの子どもの気持ちを大事に，当事者どうしの話をていねいに聞く援助が必要です。
- ■環境：子どもどうしがかかわって遊ぶことや集って遊ぶことができるよう工夫します。たとえば，なりたいものになりきって遊べるように必要な物を用意したり，また，保育者も仲間になって遊び，やりたい子どもが入りやすい雰囲気をつくったりします。

③遊びを共有した友だちとのかかわりを深めながら，保育者とともに折り合う

この時期には自分の気持ちを友だちに伝えながら，友だちの思いにも気づき，互いに思いを伝え合うようになります。保育者に見守られつつ自分の思いを自分なりに伝えようとしたり，相手が納得することで自分も納得したりします。気の合う友だちといっしょにやりたい思いや遊びたい友だちと遊ぼうと目的をもって登園します。少し困難なことも大好きな友だちといっしょなら向き合うことができます。

- ■援助：相手との思いの違いを知り，相手の表情や言葉を読み取り，自分はどうしたいのか考えようと向き合っている間を大事に声をかけるよう心がけます。自分も相手も納得したことを感じることができるよう，思いを尋ねたり代弁したりして，互いをつないでいくことも大事になります。
- ■環境：子どもどうしがかかわりを深められるように環境を構成します。たとえば，物や人が行き来して遊びが広がったりつながったりすることができるよう

に，自分たちのイメージでつくったりかいたりする場とごっこ遊びの場を近くに置くなどの工夫をします。また，遊びの続きができるように明日必要になりそうな材料を用意したり，共通のイメージをもちながら遊べるように写真等を遊びの場に飾ったりしておきます。

④大好きな友だちといっしょに遊びを続けるために友だちと折り合う

　この時期，子どもは相手が大好きな友だちだからこそ，自分の思いと相手の思いとの違いに悩み，そのことに向き合おうとします。④⑤の時期は，自分を見つめる大事な時期といえます。気の合う友だちに同調し，自分の本意とは違う思いで合わせたり，親しい友だちだからこそ，自分の思いを安心して主張したりします。また大好きな友だちから認められることが自信となります。また，みずからの行為をふり返り大好きな友だちとの関係を維持するために，解決策を探ろうとします。友だちとのトラブルの際に，頭ではわかっているが，感情では気持ちがおさまらないということもみられます。

　■援助：保育者は子どものようすや言動から一瞬を逃さずに本当の気持ちを探り，その思いを受け入れるよう留意します。また，思いがぶつかることを肯定的にとらえ，自分の本当の気持ちを伝えることがいいことだと子どもが実感できるように，本当の思いをふり返り，相手に伝えようと動き出すのを待ったり後押ししたりしてともに子どもの気持ちに向き合います。また，少し前のことや先のこと，理由など説明し，相手が納得できるような提案を伝えたり，相手もそれに対して思いを伝えようとするので，互いに思いを出し合うことができるように保育者がそれぞれの思いを確認したり，言葉が足りないところを補い，伝えてつないでいきます。

　■環境：友だちの思いを大事にしようとするあまり，自分の本当の気持ちを表現できずに揺れている思いなど，家庭で子どもが保護者に話す思いを聞いて共有しておきます。そして，クラス全体で遊びの話をする時間をもち，友だちの思

だるまさんがころんだ！

○○ちゃんがうごいた！

いを知る機会をもつこともたいせつです。

⑤かかわりを広げることで自分自身と折り合う

　大好きな友だちと葛藤し，折り合うことを経験した子どもはさらにかかわりを広げていきます。気になる友だちを誘うなど，遊びたい友だちやしたい遊びがさまざまに広がり，自分は本当はどうしたいのか迷うことも生じます。そんなとき，友だちの姿を見て次の目標をもち，やりたいことに向き合い，自分と対峙し，乗り越え，喜びを感じていきます。新たな自分に出会い，自己肯定感が高まります。

　■援助：だれといっしょに遊びたいか，したい遊びが何なのかなど，子どもの思いを問い，いっしょに考えたり，遊びのなかで他の子どもに目を向け，刺激を受けて自分の目的をもてるように，声をかけたりして自分に向き合えるよう援助します。また，子どもの目標をもち，挑戦したい気持ちを受けとめます。保育者自身も覚悟を決めて，子ども自身ががんばっている自分に自信をもつことができるようにとことん気持ちを支え，励まします。

　■環境：他の子どもの遊びのようすが見えやすいような遊びの場を設けたり，自分のやりたいときに目的をもって遊べるように発達に合った挑戦する遊びを取り入れたりします。また，それぞれの子どもの気持ちが向き意欲がわくまでまち，満足いくまで挑戦することができる時間と場所を保障することも必要です。

⑥さらにかかわりを広げながら保育者に支えられ友だちと折り合う

　さらにかかわりを広げることで葛藤も複雑になってきます。友だちと遊びのなかでのイメージの違いがあってもその違いを了解し納得して，また遊びを続けようとするようになります。また，相手に自分の思いを伝えることで良さを認められ，自分の思いを認めてもらうことで，相手の思いも受け入れようとしたりします。また，自分の思いを通すことが相手にとってはどうなのかということは頭ではわかっているけれど，感情的に受け入れることがなかなかむずかしいなど，自分の複雑な気持ちを保育者に受けとめてもらうことで友だちの提案を受け入れようとしたり，クラスの友だちの思いを感じて自分の言動をふり返ったりします。このようにして，同じ目的に向かって友だちの思いを感じながら遊びを進めていこうとします。物に対峙したり，長い期間をかけて挑戦したりして，向き合うことができ

人形劇，かくれんぼしよう

る自己を確立していきます。
- ■援助：複雑になってくるそれぞれのイメージを共有できるように見守りながら，保育者が思いをくみ取り代弁し，互いの思いをつないでいくようにします。また，クラスのみんなでいっしょに考える機会をもち，さまざまな思いにふれ，心動かし感じていることを見守り，次の行動を自分なりに考えていることを認めていきます。
- ■環境：幼児のイメージが実現できる材料をいっしょに用意したり，引き続き遊ぶことができるようにその日遊んだ場を残したりすることも必要に応じて行います。また，友だちといっしょに自分と向き合い挑戦する遊びを継続していくと同時に，チームの一体感を感じたり多くの友だちのなかで自分の力を発揮したりできるように，チーム対抗の遊びを取り入れます。

⑦みんなのなかで折り合う

　この時期，仲間であることを感じながら友だちにかかわり，受け入れたり受け入れられたりしていきます。トラブルの場面でもたくさんの友だちがかかわり懸命に仲裁しようとしたり，友だちが楽しめることを考えながら自分も楽しんだりします。友だちから認められることで自分の気持ちに向き合い，次に向かって行動したり，自分の思いを考え直したり，考え直したことを友だちに伝えようとしたりします。子どもたちはこれまでのかかわりだけでなく，ふだんかかわることがあまりないような友だちとでも，自分のさまざまな思いを表わし，友だちの思いを支えに葛藤を乗り越えようとしていきます。
- ■援助：保育者は，子どもどうしでさまざまに見通しをもちながら生活や遊びを進めていくことができるように，時間をとって見守り，協力している姿を認めていきます。
- ■環境：子どもたち自身が相談したり，たくさんの人数でも思いを伝え合うことができる時間を十分にとることや，学級や学年のみんなで目的をもって遊ぶことができるようなルールのある遊びや，楽器遊びや劇ごっこのような遊びに取り組んでいくことも大事になります。

　次に，具体的なエピソードとともに「7つの折り合う姿」を見ていきます。

折り合う姿

1 保育者と折り合う：「ぼくかっこいい」できる自分への自信

　コウタは入園当初は，やや緊張気味なようすで，内にある思いを表情に表わしたり話しをしたりすることもあまりありませんでしたが，大好きな電車のおもちゃで遊ぶことや園庭の滑り台をくり返し楽しんで過ごしていました。生活習慣の面では個別にかかわりながら言葉をかけていました。しかし，言葉をかけてもあまり自分で意識をもっているようすがなく，日々の生活のなかでくり返し，ていねいにかかわりながら，意識をもてるようにすることを大事にしました。園生活に必要な生活習慣を身につけられるように登園時の持ち物の始末も一つひとついっしょに確認をしながら，やってみたり，園庭に出るときは靴を履き替えることをくり返し伝えたり，靴が左右反対になっていることもあったので，気づけるように声をかけていきました。着替えも保育者の声かけでやろうとしていましたが，自分でうまく着替えができないせいか，なかなか気持ちを向けることがむずかしいようでした。

> **エピソード**　コウタ　3歳　着替えをしようね　　　　　　　　　（6月3日）
>
> 　コウタは水遊びを楽しんだあと，びしょびしょになった服を着たままウロウロしていました。その姿に気づいた保育者が「コウタちゃん，着替えるよ」と声をかけました。しかし，コウタは着替えよりも遊びたいようすで自分の着替えが置いてある棚に行こうとしません。「濡れたままだったら気持ちわるいよ，きれいにしよう」と保育者が声をかけていっしょに棚まで行きました。棚には自分の着替えの入ったカゴがあるので，「コウタちゃんの服はどこかな？」と，声をかけましたが，コウタは自分の着替えが入っているカゴを取り出すことをしようとしません。保育者が棚のコウタのカゴを出し，カゴから服を取り出して「これコウタちゃんの服だね。かっこいいのに変身しよう」と話すと着替えるということがわかったようすでした。それでも自分ではまだ服を脱いで着ようとする気持ちがなく，保育者の前で立ったままです。「濡れた服を脱ごうね」「ここもってね」「お顔でてきたかな？」「手も出てきたかな？」とコウタの気持ちが持続するように，一つずつの行程をていねいに示しながらいっしょに着替えていきました。

　それから暑い日が続き，コウタは水遊びや泥遊びを毎日楽しんでいました。自然

に着替える機会も増えてきて，その度に同じように保育者といっしょに着替えをしていました。

> **エピソード**　コウタ　3歳　着替えができたよ　　　（6月10日〜7月10日）

●6月10日（火）
　この日も水遊びをして，服が濡れてしまいました。すると，保育室に帰ってきたコウタは自分で棚からカゴを取り出し「濡れたから着替える」とみずから着替えをしようとしました。それでもまだ自分1人では着替えられないようすで突っ立っているので，保育者がそばに行き，いっしょにしました。保育者がズボンをもち，「足のトンネルに通して…」「足が出てきたね」とコウタに伝わるように言葉をかけました。「トンネルどこ？」「トンネル出てきた？」と言っていると，①トンネルのフレーズが気に入ったコウタは，②着替えに気持ちが向き，③足をズボンに通そうとし，④自分でやろうという気持ちがみられました。手助けしながらも着替えが終わると「着替えられた」とできたことを実感して，嬉しそうな笑顔を見せました。

●6月19日（木）
　幼稚園のプール開き。この日から必然的に毎日のように水着の着替えが必要になりました。プールに入る前の着替えもプールが終わった後の着替えも，保育者のそばにみずからプールバッグをもってきて「コウタちゃんも着替える」。自分で着替えようとしていました。「足のトンネル通す？」「通すよ，出てきたかな？」「靴下のトンネルする？」「靴下はトンネルじゃなくて，靴下のおうちに足を入れようか」。そんなやりとりを楽しみながら，一所懸命おぼつかない手で着替えをしていました。保育者は今までのようには手伝わず，「コウタちゃん，ズボン引っ張って」「シャツをかぶって」と声をかけ見守りながら応援していました。

●6月24日（火）
　シャツのすそがはみでていたりするもののほぼ初めて自分の力で着替えをすることができました。「やったね。コウタちゃん」と2人でハイタッチして喜び合いました。コウタは「かっこいい？」と保育者の前に立ち，満面の笑みを浮かべていました。一度自分で着替えることができると着替えが楽しくなってきたようです。

●6月26日（木）
　咳が続きプールに入れない日がありました。しかしコウタは「コウタちゃん，着替える」とプールバッグをみずからもってきて，着替えようとしていました。保育者は「コウタちゃん，咳でコンコンマンがいるから，早く薬でやっつけて治ったらまた水着に着替えようね」とコウタが納得できるように声をかけるものの「服，脱ぐ」と言って，なかなかあきらめきれないようすでした。「コウタちゃん，着替えたかったの？」と聞くと，「着替えたい」と言い続けたので，コウタの気持ちを尊重して「じゃあ，ズボン脱いで，水遊びしようか？」と提案すると，嬉しそうな表情に一変し，ズボンを脱いで，着替え始めました。この日はプールの横で水遊びを楽しみました。

●6月27日（金）
　プールでの水遊びの季節と同じくして，幼稚園では七夕を楽しむ生活をしていま

した。この日の前日には，親子で笹飾りをつくりました。テーブルに材料を準備して「昨日，お母さんときれいな笹飾りつくったから，今度は先生とつくってみる？」と子どもたちに声をかけると，数人の子どもが集まってきました。そのなかでいちばんにやってきたのが，コウタでした。「コウタちゃんもつくる」と来たものの，周囲の子どもたちに圧倒されて，戸惑っているようすでした。それでも保育者の横に座り，じっと見ていたので「コウタちゃんもつくろうか？」と保育者から声をかけて個別につくり方を見せました。「コウタちゃんもやってみる？」と尋ねると，自分で材料にのりをつけました。クレパスで絵をかいて「コウタちゃんもできた」と保育者の目に前に差し出しました。「コウタちゃん，ステキだね，いいのができたね」と言うと，つくった笹飾りをもって周囲の友だちにも「コウタちゃん，できた」と得意気に見せて回っていました。

● 7月10日（木）

　保育室前で3人の子どもが，フープを並べて竹ぽっくりで歩くことを楽しんでいました。そこへ「コウタちゃんもする」と竹ぽっくりをもってコウタがやってきました。竹ぽっくりは6月下旬の日曜参観の日に親子でつくったのですが，コウタはまだ興味がないようすで，それまで遊んでいた姿をほとんど目にしていませんでした。やはりまだ1人では乗れないので，保育者に竹ぽっくりを差し出し援助を求めてきました。いっしょに縄をもち，竹ぽっくりに足を乗せて「イチ，ニ，イチ，ニ」と掛け声をかけながら遊んでいました。10分ほどくり返していると納得したのか，自分で「おしまいにする」と竹ぽっくりをかたづけに行ったので，「コウタちゃん，がんばったね」と声をかけると満足そうな笑顔を見せていました。その2日後もまた，友だちが竹ぽっくりで遊んでいると同じように「コウタちゃんもする」と竹ぽっくりをもってきて，楽しんでいました。

考察

　基本的な生活習慣の確立は，子どもたちが安心，安定して生活していくためにたいへん重要なことです。入園前の子どもたちを取り巻く生活環境はさまざまなので，生活習慣への意識は個人差が大きくなるのですが，園生活においては自分のことは自分でやっていかなければなりません。排泄，着替え，昼食の準備に後かたづけ，これらは家庭では保護者がしてしまっていることも多くあります。保育者は，子どもたちが幼稚園でそれら一つひとつを自分でしようとする気持ちをもち，できるようになることで，安心，安定して過ごすことができると考えています。また，生活習慣を身につけていく過程で，保育者とともに向き合っていくことは保育者との関係をつくっていくうえでもとても大事なことです。日々くり返し保育者といっしょに向き合うことで，子ども自身が「できる自分」を実感し，自信をもつようになります。

　水の冷たさが心地よく感じるこの時期に，園庭での水遊びだけでなく，プール遊びを保育のなかに取り入れることで，子どもたちも「プールでの水遊びが楽しい」

「プールに入りたいから水着にも着替える」という思いが自然にもてる環境になっています。コウタは入園時から少しずつ、毎日の生活を積み重ねながら、いろいろな生活習慣を身につけていきました。当初はみずからその必要性を感じることは少なく、保育者側から声をかけてすることがほとんどでした。カゴをみずからもってくること、具体的な着替える手順がわかり楽しくなってきたこと、みずから「着替える」と言葉にして伝えることなど、日に日に自分でできる喜びを感じ、自分ですることへの意識が芽ばえてきました。保育者は、コウタに伝わるよう言葉かけを工夫し、本児にあったペースでめあてをいっしょにもち、それをくり返すことで、一つひとつクリアしていき、できたことをともに喜び合いました。コウタにとってできた実感を味わうことは、小さな自信の積み重ねになっていきました。その過程を保育者がいっしょに寄り添いながら、見守っていくことで保育者との信頼関係も大きくなりました。コウタの姿を認め、褒めることがコウタの支えにもなっていきました。その自信が、自分でやってみよう、やってみたいと次の意欲につながり、着替えも楽しく感じられるようになっていったようです。自信が生まれてくると、遊びや生活全般、友だちとのかかわりにも変化がみられるようになりました。

実践事例から学ぶポイント解説

家庭から園への移行時にはさまざまな子どもの姿がみられます。とくに生活習慣については、家庭と園の状況が大きく異なり、子どもは戸惑います。自分と同じような子どもが10人、20人といるのに、大人は1人だったり、トイレには見たことのない子ども用便器がズラッと並んでいたりします。保育者にとっては日常的な光景であっても、子どもの視点に立てば一種異様な光景でもあるでしょう。家庭での経験も大きな影響を与えますが、園生活に戸惑ったり不安に感じたり抵抗感を感じたりして、「幼稚園ではしない」という姿を見せることもあります。しない・できないという姿を「困ったな」と否定的にとらえるのではなく、今の子どもの姿から必要な援助をていねいに行なっていくことが重要になります。

それは、子どもにとって、生活習慣の自立は自己の安定をもたらし、しだいに自信が培われ、関心や経験の広がりへ導いてくれるたいせつなものだからです。自立には主体が動くことが必要です。しかし、他者がさせると自立しないからと放っておいてよいということではありません。この事例では、保育者が、着替えると気持ちがよいと気づけるようにうながしたり、関心がもちやすいようにその子どもの好きなイメージを用いて声かけをしたりすることで、コウタが主体として取り組むようになっています。また、好きな遊びを楽しむなかで必要感を感じ、主体的に着替えに向かうようになったことも重要です。主体的にやってみて気持ちよさやできた喜びを味わい、保育者に認められることで自信をもったことが、園にある多様な環境にふれ、主体的に遊ぶ姿へとつながっているのです。

遊びたい場で保育者のまわりにいる子どもと，保育者とともに折り合う：まずは相手に思いを受けとめてもらうことから

　ショウタは5歳児に兄がいる3歳児です。ショウタは入園前から兄の送迎のため，母親といっしょに幼稚園に来る機会があり，幼稚園の雰囲気に慣れていました。3歳児クラスに入園後，1学期から三輪車やスケーターに乗って遊ぶことが好きでした。2人乗りの三輪車に1人で乗って，園庭を走り回って遊んでいる姿がよくみられました。

　また，ショウタは保育者と1対1で遊びたい，自分だけを見ていてほしい，自分だけにかかわってほしいという思いがとても強く，自分にかかわってくれると感じた保育者を見つけると，しっかりと保育者の手を握り，自分のしたい砂遊びや虫探しに引っ張っていくのでした。そして，そのときにまわりの子どもが自分や保育者にかかわりにくると，少し緊張した表情を見せ，自分と保育者の間に他の子どもが入ってくることに嫌悪感をもつようすでした。ショウタは保育者にかかわってほしい気持ちの表われからか，クラスみんなで手を洗ったり，うがいをしたりしているときには，他の子どもが洗面所に行ったあと，最後まで保育室に残り，保育者が「いっしょに行こう」と誘いに行くまで待っていることも多々ありました。そこで，1クラス2人担任の利点を生かし，担任のどちらかがショウタにしっかりとかかわる時間をもつことを心がけるようにしました。

　2学期になり，運動会が近づいてくると，学年みんなで活動する時間が多くなり，保育者はショウタとじっくり遊ぶ時間があまりもてていないと感じ，反省していました。そこでこの日，保育者はショウタの好きな遊びをじっくり，いっしょに楽しもうと考えました。

エピソード　ショウタ　3歳　「これに入れる？」「うん，ありがと」(10月17日)

　砂場で遊ぼうとしているショウタを見つけ，保育者は砂場へ行きました。そしてショウタに「何をつくっているの？」と尋ねました。ショウタは何の遊びを始めようかと考えていました。ショウタの近くに転がっていた赤い円錐のおもちゃから，ショウタはアイスクリームのコーンをイメージし，「アイスクリームつくってるの」と答えました。この赤い円錐のおもちゃは，円錐の中が空洞になっており，そこに砂をいっぱいつめて，ショウタはアイスクリームをつくったのでした。保育者が「アイスクリーム大好き！　何の味がありますか？」と尋ねると，「チョコレート」とショウタは笑顔で答えました。保育者は砂場に座り込み，ショウタのアイスクリーム屋さんごっこのお客さんになり，チョコレートアイスを食べました。ショウタは砂場のおもちゃ

置き場から赤い円錐のおもちゃをいっぱいもってきました。そして，アイスクリームコーンにして，砂をいっぱい入れ，チョコレート味のほかにイチゴ味や苦いお茶の味等，いろいろなアイスクリームをつくりました。お客さん役になった保育者は，喜んで食べる真似をしました。ショウタの思いつく味のアイスクリームを一通り食べたあと，保育者が「チョコチップはありますか？」と注文してみると，ショウタは少し考えたあと，いいアイデアを思いついたようです。「ちょっと（材料を）買ってきます」と言い，バケツをもってスケーターに乗りました。園庭を一周し，砂場の横の少し砂がこんもりしているところからスコップで砂をすくい，もっていたバケツに入れて，もどってきました。買い物に行ってきたイメージのようです。そして，赤いコーンにバケツの砂を入れ，「はい，チョコチップできました」と保育者に渡しました。ショウタからアイスクリームを受け取った保育者は，「おいしいですね，これ好きなんです」と言いながらアイスクリームを食べる真似をして，ショウタとアイスクリーム屋さんごっこを楽しみました。ショウタは赤い円錐のおもちゃをまわりにいっぱい置き，たくさんのアイスクリームがつくれるよう準備をしました。

　すると，アイスクリーム屋さんから離れたところで，少し前から1人で砂遊びを始めていた同じクラスのカンナが，耳に入ってきた「アイスクリーム」という言葉に興味をもち「カンナもアイスクリーム」と言いました。カンナは手にスコップをもって，アイスクリームをつくりたいようすでした。「カンナちゃんもアイスクリームつくるの？」と保育者が尋ねると，「うん」とうなずきました。しかし，カンナはどうやってアイスクリームをつくったらいいのかわからないようすで止まってしまいました。すると，ショウタが自分のまわりに置いていた赤い円錐のおもちゃを1つカンナに渡し，「これに入れる？」とやさしく提案しました。「うん，ありがと」とカンナはショウタの提案を快く受け入れました。「どういたしまして」とショウタはとても嬉しそうな表情で，少し照れながら言い，保育者のほうを見ました。その姿を嬉しく思い，保育者は「カンナちゃんもアイスクリームつくるんだって，うれしいね」とショウタに声をかけました。カンナは赤い円錐のおもちゃに砂を入れ，アイスクリームを1つつくると，満足したようすで食べ，その後他の遊びに行きました。ショウタと保育者はその後も，アイスクリームをつくったり食べたりして，アイスクリーム屋さんごっこを楽しみました。

考察

　ショウタは保育者と1対1で遊ぶことでとても安定するようすがみられます。この日，保育者が砂場にどっかりと座り，ショウタとアイスクリーム屋さんごっこをじっくりと楽しもうとしたことで，ショウタは安心して自分の思いを出し，自分の考えた遊びを始めました。保育者がしっかりと側にいるという安心感をもったショウタは，保育者の「チョコチップはありますか？」という提案にも喜んで応えようとしました。このときの，園庭をスケーターで一周してくるという行動は，保育者が絶対に自分のそばにいるという安心があったからこそ，買い物に出かけるという自分なりのイメージが素直に出せ，行動に移せたのでしょう。

それまでのショウタは，空き容器や紙などの材料を「ショウタが使うから」と言って，自分のロッカーの上に取り置きすることが多かったのです。それは，ショウタが自分を守ろうとする気持ちの表われだと思い，受けとめるようにしていました。この日もショウタは，赤い円錐のおもちゃを全部自分のそばに置いていました。自分がいっぱい使いたいという思いと，他の人には使ってほしくない，立ち入ってほしくないという思いの両方があったのではないかと保育者は推測し，他に使いたい子どももいないようなので，ショウタの思いを受けとめました。

　ショウタが，カンナのアイスクリームをつくりたい思いを察し，赤いコーンにアイスクリームを入れるという自分のアイデアを提案したことは，安心して遊んでいたショウタが，カンナを受け入れようと心を動かしたからであると思われます。カンナがアイスクリーム屋さんの遊びをしたいと思ったことは，ショウタにとっては自分の遊びを友だちに認められたことになり，自分の遊びに自信がもてたのではないでしょうか。保育者だけではなく，友だちに遊びを認めてもらうことがショウタの心を動かしたのだと考えられます。

　また，カンナが同じクラスの一員であることをショウタは知っています。今まで，ショウタとカンナがいっしょに遊ぶという姿はあまりみられませんでした。しかし，穏やかに遊ぶカンナの姿を今までに見ていた経験からショウタは，カンナに対して，意地悪を言ったりしない，嫌なことをしない，安全なやさしい友だちだというイメージをもっていたのでしょう。ショウタが安心して歩み寄ったのに対して，カンナが自分の提案を快く受け入れてくれたことは，ショウタにとっては，嬉しく心があたたかくなるような経験になったと感じられます。友だちに自分の思いを受け入れてもらったという嬉しい経験が，今後，友だちにかかわっていきたいという意欲につながると思われます。ショウタはまだまだ保育者との直接的なかかわりをたくさん必要としていますが，保育者がかかわって遊ぶなかでかかわってきた友だちとつなぐ援助を継続していくことで，ショウタは友だちとつながっていく嬉しさや楽しさを体感し，かかわりのきっかけをつかんでいくのではないかと考えています。

📖 実践事例から学ぶポイント解説

　入園後，保育者は，まずは子どもが園に安心していられるように，子どもとの間で信頼関係を築くことに心を砕きます。毎朝笑顔であいさつするところから，今日のこの子はどうかなと，繊細に見取り，必要なかかわりを重ねていきます。そうするなかで，子どもは保育者のことが大好きになり，頼りにし，保育者を拠点として幼稚園で安心して生活することができるようになります。

　この事例では，ショウタが保育者と1対1で遊ぶことを求めたり，工作材料を自分の物としてロッカーに取り置きしたり，赤い円錐のおもちゃを独り占めする姿を，保育者はショウタが園生活を安心して送るうえで重要なことと受けとめ，たいせつ

にしています。保育者や保護者との関係はだれもがたいせつに考えるものですが，物も大人が考えるより子どもにとっては重要であることが少なくありません。家庭からもってきたタオルを幼稚園のタオル掛けにかけ毎日もち帰ることは，家庭の一部を幼稚園にもち込むことで家庭と幼稚園の生活をつなぎます。自分の物をしまうロッカーが自分のための場所として毎日変わらずにあることは，安定感をもたらします。幼稚園にあるものを自分の物として主張して認められたり，自分がつくった物を大事に受けとめられたりすることは，物を通して自分の存在がたいせつにされていると感じることにつながります。ショウタは，自分のためにどっかりと砂場に腰を下ろして遊んでくれる保育者と，期待感いっぱいにもってきたたくさんの赤い円錐のおもちゃに支えられ，保育者から離れて探索に行ったり，カンナが遊びに入ってくることを受け入れたりできています。まだまだ保育者が拠点となり支えることが必要ですが，子どもは気持ちが安定すると，外界に関心が向き，かかわる相手や活動をひろげ，いっそう園生活を楽しむことができるようになっていきます。

　カンナがどうしたらいいかわからないようすで止まってしまうと，ショウタが自分からカンナに赤い円錐のおもちゃを渡し，「これに入れる？」と提案しているところは重要な場面です。保育者はカンナの止まってしまったようすも，その止まってしまったカンナを見ているショウタのようすも両方感じながら，「どうするかな」と少し見守っていたのでしょう。この間（ま）がショウタの提案につながっている重要なものに思えます。そして，カンナがお礼を言うとショウタは「どういたしまして」と言い，少し照れながらも嬉しそうに保育者のほうを見ています。気持ちがつながっている保育者に今の気持ちを受けとめてもらいたかったのでしょう。保育者がこのときしっかりとショウタの気持ちを受けとめ，言葉にして返していることが，友だちの気持ちを受け入れて遊ぶことの楽しさをいっそう感じることにつながっている重要な援助であると思われます。子どもとの生活はいつ新たな展開が起こるかわからないものです。自分の解釈や予測のなかに保育を閉じてしまうことなく，いつ新たな展開を起こすかもしれない子どもの可能性に気持ちを開いていたいものです。

こっちにもかけてね

とろとろいっぱいありますよ

3 遊びを共有した友だちとのかかわりを深めながら，保育者とともに折り合う：「なんで行っちゃうの？」こじれた友だちとの間

　ヒデオは，小学生の姉と兄のいる3人きょうだいの末っ子で，だれにでも親しみをもってかかわっていく明るく元気な子どもです。3歳児のときは，砂場や三輪車で思いきり体を動かしたり，気の合う友だちとの消防隊ごっこや鬼ごっこでは，イメージや簡単なルールのなかで遊んだりすることも楽しんでいました。ただ，鬼に捕まったり追いかけられたりすると，「嫌だ！」「もう！」と怒ったり泣いたりして遊びをやめることがありました。そして，3歳の終わりごろから，4歳児で仲のよいヤスオのしていることや遊具に興味をもち，4歳児の保育室に遊びに行く姿が多くみられるようになりました。

　ヒデオは4歳児に進級し，クラス替えはありましたが，憧れの保育室になったことを喜び，新しい名札，マークを嬉しそうに見せてまわっていました。空き箱や積木で自分の考えたものをつくったり，クラスで集まるときには前に出てきて友だちを笑わせたりするなど，張り切って過ごしていました。そしてまもなく，5歳児になったヤスオたちのしている忍者ごっこやお店屋さんごっこに入れてもらって遊ぶ日が続くようになりました。年上の友だちに遊んでもらう楽しさや自分の思いを聞いてもらえる心地よさや安心感があるようで，好きな遊びの時間のほとんどを5歳児の保育室や遊戯室で過ごしていました。

　保育者はそんなヒデオの思いや楽しんでいる姿を受けとめながらも，「5歳児に遊んでもらうだけでなく，自分でやりたいことを見つけてじっくりと遊んでほしい」「気の合う友だちや新しいクラスの友だちと思いを出し合いながら楽しんでほしい」と願っていました。

> **エピソード**　ヒデオ　4歳　いっしょに遊びたいのに…　　　　　　（5月9日）

　前日までヤスオたちとの忍者ごっこをしていたヒデオは，朝の支度をすませると，トイレットペーパーの芯をつなげたり重ねたりして，剣をつくっています。でき上がるとそれをもって，この日はめずらしく園庭に出ていきました。ところが，しばらくしてテラス側の保育室の入り口のところに立って，ヒデオが「あ～ん」と大きな声で涙を流しながら泣いています。

　保育室でお家ごっこをしていた保育者と子どもたちは驚いて，ヒデオのほうを見ました。タカトは「どうしたのかな」と保育者に心配そうに言います。「どうしたんだろうね。聞いてみよう」といっしょにヒデオに近づきました。タカトが「どうしたの？」とヒデオに声をかけると，「あのね。いっしょに遊びたいのにサトシくんと

ケイゴくんが行っちゃう」と泣きながら答えます。保育室にいた他の子どもたちもヒデオのようすを心配そうに見ています。

　保育者は悲しそうな表情で，「いっしょに遊びたいのに2人が行っちゃったから悲しいんだね。サトシくんとケイゴくんは知ってる？」と聞くと，ヒデオは泣きながら首を横に振っています。「いっしょに遊ぼうって言ってみる？　先生もいっしょに行くから」と声をかけると，ヒデオは大きくうなずきました。

　保育者と手をつなぎ，築山の小屋にいるサトシとケイゴの近くまで行きましたが，ヒデオは何も言えずに立っています。保育者はヒデオが言いだすきっかけをつくろうと，小屋の窓のところに近づいて，なかにいるサトシとケイゴに「ヒデオくん，聞いてほしいことがあるんだって」と声をかけました。するとヒデオも小屋のほうに少し近づいて，ふぅっと息を吸い込むと，「ねえサトシくん，ケイゴくん，いっしょに遊びたいのに何で2人で行っちゃうの！」と言いました。

　ケイゴは保育者のほうを見ながら，ちょっと困ったように「ヒデオくんが自分の剣，三輪車で引きそうになったのを僕たちがちょっと笑った顔で見ただけやのに怒って叩くから」と答え，サトシも続けて「そうや，叩いたんや」と言います。ヒデオは口をゆがめて黙っています。保育者がヒデオに「ヒデオくん，叩いちゃったの？」と問いかけると困った顔をしてうなずきました。

　保育者はヒデオの思いをさらに聞こうと思い，「ケイゴくんとサトシくんはヒデオくんが叩くのがイヤだったみたい。笑おうとしたから叩いちゃったの？」と聞くと，ヒデオは泣きそうな声で首を横に振り，「違う。サトシくんが僕がつくった忍者の剣，変な剣って言うんだもん」と言いました。保育者はサトシに「サトシくん，そんなこと言ったの？」と静かに尋ねると，サトシは気まずそうに笑っています。

　保育者はヒデオが自分の剣を大事に思う気持ちをサトシとケイゴに伝えたいと思い，「ヒデオくんは昨日大きい組さんといっしょに忍者ごっこしていて，今日は自分で剣つくったんだよね。大事な剣，変って言われたらイヤだね」と言いました。それを聞いたサトシは，「でも，叩くことないやん。だから遊びたくないんや」と怒っています。続けてケイゴも「叩いたら遊びたくない」と言います。保育者は黙ってヒデオのほうを見ました。ヒデオはそれは困るという表情で，「ごめんね。もう叩かないからいっしょに遊ぼう」と2人に訴えています。

　ケイゴがゆっくりと「いいけど，もう叩かんといてな」と答えました。その言葉を聞いたヒデオは，ほっとしたように涙をこすりながら笑いました。そのようすを見て保育者も嬉しくなり，「よかったね。3人とも自分の思っていることお話しできてすごいね。ヒデオくんは叩いたら楽しく遊べないってことにも気づいたね」と言いました。ヒデオは「ケイゴくん，サトシくん，忍者ごっこしよう」といつもの明るい声で誘いかけていました。

・・

🔍 考察

　ヒデオは，3歳児のときから自分の思いをわかってほしいときに大きい声を出し，泣くことでアピールしようとすることがありました。大きい組の遊びは魅力的で，また，自分より年上の仲間と遊ぶなかでは自分の思いが通ることや大目にみてもら

うことも多く，いごこちがよかったのでしょう。

子どもたちは，3歳児での生活から「幼稚園で困ったときは先生が助けてくれる」ということを感じるようになっており，ヒデオにとっても，昨年度からのもち上がりの担任である保育者は，安心して自分の思いを出せる存在です。

保育者は最初，大声で泣いているヒデオを見たとき，その理由がわかりませんでした。タカトのように泣いている友だちを心配する姿を嬉しく思いました。ヒデオは遊びたい友だちが行ってしまう悲しさや不満を，保育者や心配する友だちに泣きながらもなんとか伝えようとしています。そこで，保育者はまずその思いを受けとめ，自分の気持ちを気の合う友だちであるケイゴとサトシに伝えられるように援助したいと思いました。

保育者はケイゴ，サトシとヒデオの間に腰を低くして座り，ヒデオが自分で言い出すきっかけをつくったり見守ったりして，自分の嫌だったことやこうしたいという思いを自分なりの言葉で伝えられるようにかかわりました。

4歳児になると，トラブルの内容が少しずつ複雑になってきます。ケイゴはヒデオが怒って叩いた理由を，「自分たちが笑った顔で（ヒデオのことを）見たから」と自分なりに相手の怒った理由を考えて答えています。ヒデオはいっしょに遊びたい友だちが行ってしまうのは，自分が叩いてしまったからということに気づきますが，どうして叩いたのか，その理由を友だちに伝えるには，保育者の支えが必要です。

子どもの言葉をそのままくり返したり，伝わりにくいところを補ったりして，"子どもどうしの思いをつなぐこと"や"状況を整理していくこと"は，保育者の大事な援助です。その際，子ども自身が気持ちを落ち着けてふり返ったり，互いの思いを知り，考えたりするために，その子なりの思いを受けとめながら，"ゆっくりと時間をかけて話を聞くこと"がたいせつです。

この時期はまだ，自分がしたことより相手にされたことを大きくとらえる傾向が強いのですが，このようにして，保育者とともに相手の話を聞きながら，自分の思いをわかってもらえた嬉しさを味わったり，相手の思いを知ったり，「どうしてそうなったのか」「自分はどうしたらいいのか」を考えたりする経験を積み重ねることが，子どもたちの"気持ちを調整する力"を育んでいくのだと考えます。

子どもどうしのトラブルが起きたとき，保育者は早く解決しようと急いだり，大人の価値観や思い込みで判断してしまったりするのではなく，子どもたちが相手の言葉を聞いているときの表情や考えている間（ま）などをたいせつに，心の動きや感じていることに寄り添いながら，ていねいにかかわっていきたいと思います。

📖 実践事例から学ぶポイント解説

現在，同年齢の子どもが出会い，遊ぶ場所は，幼稚園や保育所，認定こども園といった園生活がそのほとんどとなってきています。小さな子どもは，大人や自分よ

り大きいお兄さんやお姉さんが甘えさせてくれる存在であることをよく知っています。年齢別のクラスでは遊ばないけれど，職員室に入り浸り，ずっと大人相手に話し込む子どもや，ヒデオのように年上のクラスの子どもに遊んでもらい，同年齢の子どもとぶつかり合って葛藤を感じることなく日々を過ごしている子どもがよく見受けられるようになってきました。

　そういった子どもにこそ同年齢の子どもとのかかわりを経験してほしいと保育者は願いますが，子どもの側にその気持ちがなければうまくはいきません。園内の安心できる関係もたいせつにしながら，機会をみて同年齢の子どもとかかわることが楽しいと感じる経験ができるように，昼食やお帰りの時間など，クラスで集まる時間の工夫を考えることもたいせつになります。

　ヒデオの場合は，3歳のころに気の合う友だちとの遊びを楽しむ姿もあり，5月9日のこの事例では自分のクラスで剣を製作したあと，それをもって同年齢の気の合う友だちと遊びたいと思ったようです。しかし，すぐにはうまくいかず，泣いて保育室に帰ってきます。ここは保育者の出番です。ヒデオが自分の発達課題に立ち向かっていこうとしている「今このとき」を逃してはなりません。大声で泣くほど嫌な気持ちや納得いかない気持ちをまずは保育者がしっかりと受けとめ，そして，きちんと相手に対して表現できるように支えることがたいせつになります。

　ただ，子どもの気持ちがぶつかり合っているときというのは，当然お互いに思いがあり，事情があります。保育者はまず話しがしやすい雰囲気をつくったり，きっかけをつくったりして，子どもが主体として相手に自分の気持ちを表現できるようにしていきます。絡まり合ってこんがらがったそれぞれの思いは，保育者が一つひとつ解きほぐしてもう一度伝えたり，確認したりしていきます。自分の剣を変な剣と言われて怒っていたことをヒデオが伝えると，保育者は「そんなこと言ったの？」と静かに尋ねています。ヒデオが叩いたから遊びたくないと言って怒っているサトシやケイゴの気持ちが表現されると，保育者は黙ってヒデオのほうを見ます。保育者の静かな援助と寄り添いによって，それぞれの子どもは相手の口調や表情を受けて，自分のしてしまったことのまずさを心と体いっぱいに感じています。子ども自身が気まずさを感じたり，それでもいっしょに遊びたいと思い直したりすることが重要な経験です。保育者が裁判官となって「どっちもわるいからどっちもごめんなさいを言おう」などと裁くのではなく，一筋縄ではいかない複雑な思いのやりとりを解きほぐし，それぞれの子どもがじっくりと今の感情と向き合い，相手への気持ちをもって，どうすべきか一所懸命に考えることができるように支える援助が，次への展開をつくっていくのです。

大好きな友だちといっしょに遊びを続けるために友だちと折り合う：大好きな友だちに「リスごっこあきた」と言われて

　リョウタとケイスケは進級前からも仲がよく，お互いに頼りにしているところもあり，よくいっしょに過ごしていました。とくに大型固定遊具や雲梯ですばやく動いたりいろいろな技を考えて遊んだり，「○○っき」という話し方をする遊びを「リスごっこ」とよんで，4歳児クラスに進級してから毎日のように遊んでいました。
　進級当初はお互いにリスごっこが好きで，いきいきと園庭で遊んでいたのですが，このごろはリスごっこをしているリョウタとケイスケの表情が以前のように楽しそうでなくなってきているように担任には思えました。動きも前ほどすばやく動いたり，自分たちなりにリスのイメージをもってなりきって遊んでいるようにも見えなくなってきました。そのようなようすから担任は，リスごっこのなかで何を楽しんでいるのだろうか，ケイスケにとって本当にしたい遊びではないのではないか，という疑問を抱くようになってきました。リョウタにとっても，リスごっこは本当にしたい遊びというよりも，ケイスケと2人だけでいっしょにいることのできる，安心できる遊びだからしたいのではないかと思うようになりました。そこで，この日はリョウタとケイスケといっしょに遊ぼうと担任は決めていました。

> **エピソード**　ケイスケ　4歳　「今日は氷鬼したいねん」　　　（11月4日）
>
> 　この日，登園したケイスケを担任が玄関で迎えると，ケイスケの母が，家でケイスケが「リスごっこ」ではなく氷鬼や鬼ごっこもしたいと言っていたということを伝えてくれました。保育者は，ケイスケに対して，その思いを大好きな友だちに自分の言葉で表わしてほしいと思うとともに，リョウタに対して，大好きな友だちであるケイスケが抱いている本当の思いを聞いてほしいと思いました。
> 　登園後の持ち物の始末が終わったケイスケが赤白帽子をかぶって園庭に出ようとしていました。「今日はなにして遊ぶの？」と保育者がケイスケに何気ない風に聞くと，ケイスケはリョウタが隣にいることを気にしながら「んーわからへん」と気まずそうに答えました。早くケイスケとリスごっこがしたいリョウタは「ケイスケくん早く行こう」とケイスケを急かしながら，先にテラスに行き，靴を履き替えました。保育者がケイスケに「ケイスケくんのお母さんが，ケイスケは氷鬼や鬼ごっこしたいってお家で言ってたって教えてくれたんだよ」と伝えると，ケイスケは「うん。そうやった。氷鬼したいねん」と落ち着いた声で言いました。
> 　靴を履き替えたリョウタがテラスから「ケイスケくん，はやく行くっきよ！」とリスごっこの話し方で呼びかけます。保育者がケイスケに「リョウタくんはリスごっこしたいみたいだね」と言うと，ケイスケは「でもケイスケくん，リスごっこはも

うしたくないねんけどなあ」と言います。保育者が「そうか。違うことして遊びたいときもあるよね。ケイスケくんの思ってること，リョウタくんに伝えてみたらどうかなあ」と言うとケイスケは少し考えてから「いっしょに氷鬼しよって言おうかな」と小さい声で言いました。

　そこで，ケイスケと保育者はいっしょにテラスで待つリョウタのところへ行きました。ケイスケが「リョウタくん，リスごっこじゃなくて氷鬼したいねんケイスケくん」と伝えました。それを聞いたリョウタは「えー。リスごっこがいいのになあ」と残念そうに言いました。それでもケイスケは「でもずっとリスごっこばっか飽きた」とまっすぐリョウタを見て伝えました。だんだんリョウタが悲しそうな表情になってきました。保育者が「ケイスケくん，リョウタくんといっしょに遊びたい気持ちはとってもあるんだよね。でも，リスごっこはもうたくさんしたし，次は氷鬼もして遊びたいって思ってるんだって」とリョウタに伝えました。リョウタは保育者の言葉を聞いて少し考えてから「リョウタも，ケイスケくんと遊びたい」と言いました。ケイスケは「ケイスケくんも。でも，リスごっこじゃなくていっしょに氷鬼したい」ともう一度自分の思いをリョウタに伝えます。それを聞き，リョウタが「じゃあ，リス氷鬼ならいいよ」と言ったのですが，すかさずケイスケが「それやったらリスごっこといっしょやん」と言い，譲りません。リョウタは困った表情になりました。ケイスケがもう一度「今日は氷鬼したいねん」と真っすぐに伝えます。リョウタが「じゃあ今日は氷鬼して，また今度リスごっこにするのでいいやんなあ」とケイスケに聞くと，ケイスケは「うん。いいよ。また今度ってこと」と答えました。保育者が「今日はいっしょに氷鬼して，また今度リスごっこすることにするの？」と聞くと，2人ともすっきりとした表情でうなずきました。その顔を見て保育者が「よかったね。2人ともじょうずにお話しできたねえ。また新しい楽しいことしていっしょに遊べるわ」と言うと，リョウタが「先生もいっしょにしようよ。鬼して」と言いました。保育者が「いいよ。でも，ぜったい捕まえるからなあ」とおどろかすように言うと，リョウタとケイスケは「きゃあ」と言いながら2人で走って逃げていきました。

考察

　リョウタは日ごろの姿から，ケイスケのことを心の支えとして生活しているようすがありました。ケイスケにとっても大好きな遊びたい友だちでした。お互いにいっしょに遊びたい気持ちがあるのですが，今回はしたい遊びが違いました。これまでなかなか友だちに自分の思いを伝えようとすることが少なかったケイスケでしたが，大好きな友だちだからこそ，自分の思いを伝えてみてほしいと思いました。そしてリョウタにもケイスケの思いを知り，どうするか考えてほしいと願いました。ケイスケには自分の思いを伝

リスごっこ　すばやく動くよ

えようと思うことができるように，リョウタにはケイスケの思いを聞くことができるように，そしていっしょに遊びたい思いは2人とも同じであることを感じることができるように，お互いの思いを整理して伝えられるようにしようと思いました。

リョウタは，自分とは違う思いと出合うと今までは「もうリョウタはいい」と場を離れようとしたり，怒って話を聞くことができなかったりするようなときもありました。しかし，ケイスケはリョウタにとって大好きな友だちであり，今回いっしょに遊ぶためには向き合わざるをえない相手でした。そのように思える大好きな友だちがいることで，相手の気持ちを受け入れようとする経験ができたのだと思います。

実践事例から学ぶポイント解説

4歳児になるとそれまでの園生活を基盤として，いっそう友だちと遊ぶことが楽しくなり，特定の仲のよい友だちができ，いつもいっしょにいる姿がみられるようになります。保育者は大好きな友だちができて遊びを楽しむ姿を喜び，十分に遊び込めるような環境を整えていくなどの援助をします。また4歳児はイメージのなかで遊ぶことがとても楽しい年代でもあります。友だちとイメージを共有して遊ぶことで，いっそう仲間関係が親密になっていきます。

そういった大好きな友だちとの間で生じる思いのすれ違いや悩みは，お互いの思いが正面からぶつかり合っていたこれまでの葛藤とはまた異なった様相をみせるようになります。相手の思いを感じとることができるしいっしょにいたいからこそ，うまく自分の気持ちを伝えられないなど，複雑な状況が生じます。保育者はそれぞれの遊びのなかでのようすを注意深く見取り，それぞれが自己を発揮しながら遊ぶことができているかとらえていく必要があります。

この事例では，遊びのなかでみられる子どものようすが前ほど楽しそうでないと保育者は感じとり，それぞれが本当にしたい遊びは何かを知るために，今日はリョウタとケイスケといっしょに遊ぼうと心に決めて保育に入っています。朝，母親から家庭でのようすを聞き，後押しされたかたちになりましたが，あくまで保育者の課題感が保育をつくるのです。同じ遊びをしていても，子どもは日々違っています。今日はどこにおもしろさを感じて遊んでいるのか，そのおもしろさを基盤としてさらにどのようなことがしたいのか，保育者が知ろうとすることが重要になります。そのためには，いっしょに身体と心を動かして遊ぶことです。そのなかで微妙に揺れ動く気持ちや，うまく表現できずに心にたまっている思いを感じとり，ケイスケが自分で自分の思いをまずは保育者に表現できるように何気なく問いかけたり，表現されてきた思いを肯定的に受けとめたりします。ケイスケ自身が自分の気持ちを言葉にすること，言葉にすることで動き出すことを援助しています。

また，一方のリョウタは，大好きな友だちから自分の思いとは異なる思いを伝えられると戸惑ったり悲しくなったりするかもしれません。しかし，ここはそれぞれ

が自己を発揮しながら他者の気持ちを受けとめ楽しく遊ぶことができるようになるために,たいへん重要な支えどころです。ケイスケが自分で「リスごっこばっか飽きた」と言うことができたことは大事なことですが,少し表現がきついのでリョウタの表情は曇っていきます。そこで保育者は「いっしょに遊びたい気持ちはとってもあるんだよ

ギッコンバッタン そっちを押して

ね」と言葉足らずな部分を伝えます。子どもは何かを否定されると自分をまるごと否定されたと思ってしまうことがあります。そうではなく,あなたのことは大好きなんだときちんと伝えたうえで,違う思いをもっていることをきちんと伝えられるように支えることが重要です。思いがきちんと伝われば,いっしょに遊びたい気持ちをもって,相手の思いを受けとめようとし,どうしたら楽しく遊べるか考えられるようになります。「今日もいっしょに遊びたい」と思う仲間関係の育ちが,相手との間で気持ちを調整する際に必要となるのです。

Column 5 「気になる子ども」という見方

「気になる子ども」とはいったいどのような子どものことでしょうか。落ち着きのない子ども? よく手が出る子ども? 園では一言も発しない子ども?「気になる子ども」と称される子どもの実態は実に多様で,他の子どもと同様に,じっくりかかわったりていねいに見取ったりしなければとらえられません。「気になる子ども」という見方をすることは,その子どもの全体像ではなく,「保育者にとって気になる行動」に意識を向かわせます。つまり,本人にとってその行動はどういう意味があるのか,生活全体から見てとらえようとするよりも,保育者にとって都合のわるいところを「気にする見方」,子ども不在の否定的な見方に陥りがちなのです。人は自分がどう見られているかに敏感です。保育者が「気にする見方」で見ているとき,その否定的な視線を子どもは敏感に感じとり,いっそう関係が築きにくくなります。「この子,気になるな」と思ったら,なぜ自分にとって気になるのか,その場面や行動を客観的にとらえ直すことです。小さな変化を見逃さないよう,その子の全体像を見るように意識しながら記録をとり,みずからのかかわりをふり返ることがたいへん重要です。その子が他者との間で少しでも生きやすくなるように,徹底的にその子どもの味方になって考えることが,子どもの可能性をひらいていくのです。

5 折り合う かかわりを広げることで自分自身と折り合う：できない自分とは向き合わないほうが楽だけど

　5歳児クラスになって3か月経ち，新しい環境にも慣れて少し落ち着いてきた7月。七夕が近づいてきたので，笹飾りにはどんな飾りをつくろうかと担任は考えていました。5歳児クラスなので，少しむずかしい飾りを取り入れてじっくりと取り組む経験をしてほしい。そこで，「少しがんばればつくることができるので今の子どもたちが挑戦するのにちょうどいい」と，網飾りをつくることにしました。網飾りは，折り紙よりも少し大きくて薄い紙に折り目をつけて，細かくていねいに交互にはさみを入れてつくるので，じっくりとていねいな作業が必要です。そのため，なかなか進まないことが予想されたので，保育者が一人ひとりをていねいに見ながら助けられるよう，そして子どもたちが友だちのようすを見ながらもつくることができるように，10人程度ずつ声をかけてつくることにしました。

　声をかけると集まったなかにカズマもいました。5歳児になってカズマは友だちも増え，ダイナミックに，とても積極的に遊ぶようになってきていました。しかし，できないことがあるとあきらめてしまったり，友だちに無理を通そうとしたりすることがときおりありました。保育者は，したいと思ったことをあきらめずに最後までやり通してほしい，自分自身と向き合って自分なりに行動して満足する経験をしてほしいと願っていました。そうすれば，カズマはさらにより遊びに深く向かえると思ったのです。これは，網飾りをつくることを通して，カズマが自分と向き合ったエピソードです。

エピソード　　カズマ　5歳　網飾りと向き合う　　　　（7月3日，4日）

●7月3日（木）
　カズマは，網飾りをつくるとわかるとすぐにはさみをもってきて，紙を受け取ると「もうやっていい？」と，着々と進めていました。「俺，めっちゃ早いで！」と意気揚々と折りたたんだ紙に最後まではさみを入れたのはいいのですが，切り込みが細すぎたのが仇となり2つにちぎれてしまいました。さらに，細すぎて折りたたんだ紙を開くのがむずかしくなり，元に戻そうと自分でやってみたものの，さらによじれてしまっていました。自分の手に負えなくなったカズマが保育者に「先生！手伝って〜！」と助けを求めにきました。ちょうど保育者は他の子の手伝いが終わったところだったので，「よっしゃおいで！　これはな，まず元の形に戻して…う〜ん，むずかしいな…」と保育者も唸りながら修復しました。そして目処が立ったので最後の箇所はカズマといっしょにしようと思い，「カズマくん，ここもって！」と保育者が顔をあげてカズマを見ると，カズマはまったく違う方向を見て，自分の網飾り

はまったく見ていませんでした。他の子どもたちが保育者に助けを求めてきたときには、元に戻したい一心でじっと保育者のようすを見ていたのに、カズマは保育者に任せっきりで自分で最後までなんとかしようという意思がないように思えました。カズマには常々自分と向き合ってほしいと思っていたので今回がその機会ととらえ、「カズマくん、もう全部先生にやってもらおうと思ってるんやったら自分でやったら？　先生は、自分でやってみてどうしてもできひんかった子は一所懸命手伝うねんけど、自分で最後までやろうって思わへん子は手伝わへん。はい」とカズマに網飾りを返しました。「え〜！　手伝って！」と何度も保育者に言いにきましたが、「自分でやってみ」と自分の場へ戻しました。

　少し離れた場所から見ていると、渋々自分で取り組み始めましたが、カズマは網飾りをただ見ているだけで何かをしているようすではありませんでした。そしてまわりの子どもたちが降園準備をするようすを気にして「もうこれでいい」ともってきました。しかし、さっきと何も変わっていません。保育者は、カズマにはじっくりと取り組んでほしいと願っていたのですが、カズマがこれで納得しているのか探りたいと思い、「うん、ほんまにこれでいいって思ってるんやったらいいよ」と伝えると、飾りをもってまたもどっていきました。カズマも納得しているわけではないようです。保育者はけっして美しい完成形を望んでいるのではなく、でき上がりはどうあれ自分なりに真剣に考えて自分で納得したものをつくってほしいと願っていたのです。

　降園準備が終わったクラスの子どもたちといっしょに保育者は絵本を見ていました。カズマはこちらに背を向けて網飾りをつくっていました。保育者はそのようすがずっと気になりながらも絵本を読んでいました。降園するころにカズマはようやく網飾りをもってきました。紙はくっついたままで広がっていませんが、ちぎれた箇所はテープでくっつけてあり、逆さ向きにではありますがこよりもつけてあります。カズマなりに一所懸命考えてつくったことが伝わってきました。そんな思いを認めたいと思い、保育者が「カズマくん、自分で考えて、自分でやったんやろ？　すごいやんか。明日、もう一枚残ってるし、またやろな」と伝えましたが、カズマは網飾りのでき上がりに納得していないようすで、なかなか降園準備に向かいませんでした。降園時、母親に今日の一連のことを伝えたかったのですが、タイミングが合わずに伝えられませんでした。

●7月4日（金）

　保育者はカズマと話した通り、登園してすぐに網飾りをつくれるようにしたいと思いました。しかし、カズマが集中して自分と向き合って網飾りをつくるためには、そのための環境構成が必要だと感じました。そこで、子どもたちが登園する前に、網飾りの紙を置いた机を壁のほうに向けて配置し、カズマの登園を待っていました。しかし、カズマはなかなか登園しません。すると、カズマの母から「少し遅れます」と電話がかかってきました。もしかして、と思い、20分遅れて登園してきた際に母親に聞くと、やはり「七夕飾りをつくるのがイヤだって、登園を渋ってたんです」とのことでした。そこで母親に昨日の説明をして、カズマに自分自身と向き合ってほしいと願っているという話をすると、母親は「なるほど」とつぶやき、「じゃあ、つくったら見せてね」と帰っていきました。泣いて嫌がるカズマを保育者が受け取り、

カズマが落ち着いてから、「もし、網飾りをもう1つつくってみようと思うのなら、ここに材料も場所も用意してあるからつくったらいいし、もし先生が手伝うことがあればお弁当食べ終わるまでに言いにきてね」と伝え、それ以上は何も言わずにカズマが来るのをずっと待っていました。しかし、午前中カズマは保育者の姿を避けており、何も言ってこず、網飾りもつくっていませんでした。

そっと網飾りを広げる

　弁当を食べ終わってかたづけていると、カズマとすれ違いました。カズマから言ってきてほしいと思っているので保育者から声をかけるのはどうしようかと思いましたが、時間的には今が最後のチャンスだと思い、カズマに「どうする？　もう今しかないで」と伝えました。すると、カズマは「やる」とはっきりと言いました。保育者も「じゃ、やろう」と力を込めて返しました。

　カズマは自分のはさみを取ってきて、朝から設置しておいた場に座りました。すると、何も言わずにどんどん折り進めました。保育者はいつでも手伝えるようにすぐ横に座っていたのですが、こちらが心配になるぐらいにどんどんつくり進めていきます。しかし、カズマは今、しっかりと自分と向き合って着々と網飾りをつくり進めているのだから、保育者が近くにいることで頼りたい気持ちが出てはいけないと思いました。それでも、何か助けが必要なときにはすぐカズマから声をかけられるよう、保育者は同じ保育室内の少し離れた場所でカズマのようすに意識を集中させながら弁当後の机のかたづけなどをしながら見守っていました。すると、「あっ！」と声が聞こえました。すぐに近くへ行くと、はさみの初めの3回目あたりで、5ミリほどを切り落としてしまったらしいことがわかりました。カズマは泣きそうになっています。保育者は助けたい思いも自分の力で乗り越えてほしい思いもあります。保育者自身も葛藤しながら、しばらく声をかけずにうしろから見守っていました。すると、気を取り直して続きを始めたので、保育者もほっとしてまた少し離れました。その後も、カズマは黙々とつくり続けました。

　少しすると、どうやらはさみで切り込みを入れ終わり、紙を広げる段階にあるようです。ようやくそのとき、「先生、ここもって」と声をかけられました。保育者は待っていましたと思いながら、しかし冷静に「よっしゃ」と網飾りの端をあくまで補助的にほんの少しだけもつようにしました。カズマはそっと、紙を広げて、さらに千枚通しで穴を開けてこよりをつけ、保育者のほうをじっと見て、何も言わずにこちらに見せました。保育者が思わず「やったね！」と小声で喜ぶと、カズマはほっとしながらも充実感のある顔で「やった」と小さく喜びました。

考察

　カズマは取り組み始めたときには意気揚々としていたので、つくりたい気持ちがあったのだと思います。しかし、うまくいかないことであきらめてしまいそうにな

ります。そこで，保育者はそんなカズマの意欲を支え，自分と向き合って自分の力で乗り越える経験をしてほしいと願いました。たいせつなのは，つくり方の技術を身につけることだけではなく，最後までやり遂げようという思いです。出来栄えがどうあれ，自分と向き合い自分の力でやり遂げたという満足感を感じてほしいのです。他と比べて「できる」ことをねらうのではなく，自分のなかでの満足を「できた」と感じることで，自分自身と折り合えるのだと思います。

とはいえ，子どもが自分だけで自分と向き合うことはなかなかむずかしいことです。このエピソードでもカズマが自分と向き合えるようになるまでがとてもたいへんでした。しかし，保育者が幼児一人ひとりと向き合う覚悟をもち，幼児自身が自分と向き合えるような援助と環境構成をすることで，自分と向き合えるようになったのです。援助しながらも，保育者も「今は助けたほうがいいのかな」と助けたい気持ちと「少しようすを見よう」とカズマを信じる気持ちの間で，カズマとともに葛藤しながら，カズマの葛藤を支えてきました。

5歳児の後半になると，徐々にかかわる友だちの範囲も広がっていき，折り合う相手も親しい友だちからクラスや学年の友だちへと広がり，自分たちで遊びを進めていきます。友だちとかかわりながら自分たちで遊びを進めるなかで，相手の思いを知り，そして自分の思いを自覚し，見つめ直し，相手の思いとの違いに葛藤し，そして自分と折り合うことで，気持ちを調整するのです。つまり，相手と向き合うことは同時に自分と向き合っているということなのです。だからこそ，7月の今のうちに，自分と向き合って自分を深く見つめ直すことで自分をより確かなものにしておくことが，今後よりかかわりを広げていくための土台となるのではないかと考えました。そのために，今回のような自分と向き合う経験が大切だと思います。できない自分とは向き合わないほうが楽です。それでも保育者は，カズマがより友だち関係や遊びを広げ深めていくために必要な力を身につけてほしいと願ったのでした。

こうしてカズマは，網飾りと向き合うことを通して，自分と向き合ったのでした。

ここ持ってて

いっしょに作ろう

実践事例から学ぶポイント解説

　園生活には季節の行事にからめて製作の経験が含ませてあることが多いものです。保育者から提案する製作活動は，そのときの子どもの発達の様相にふさわしいむずかしさやおもしろさが考慮された内容になっていますが，それはけっして手先の器用さや先行経験だけではなく，内面の発達との関連も重要です。この事例では，七夕の網飾りの製作を通して，5歳児の子どもたちにじっくりとていねいに取り組む経験をしてほしいと保育者は願っています。じっくりとていねいに取り組むには，根気強さや集中力といった内面の強さが必要です。また，1人ではむずかしいときには助けてほしいと言えることや，手助けしてもらいながらも投げ出さずにやり抜こうとすること，仲間と助け合ったりコツを教え合ったりすることなど，他者との間でそれぞれが自分の力を精いっぱい発揮する内容が含まれていました。そういった学年の子どもたちの育ちへの願いが，一人ひとりの子どもの今の実態に即して実践されていきます。この事例のカズマに対して，保育者は，ふだんの遊びの姿から「したいと思ったことをあきらめずに最後までやり通してほしい，自分と向き合って自分で自分なりに行動して満足する経験をしてほしい」という願いをもち，かかわっています。

　しかし，保育者の願いとは裏腹にカズマは自分の網飾りを保育者に修復してもらっている間，それをまったく見ていないことに保育者は気づきます。その姿に「最後までやり通す」「自分と向き合う」「自分なりに行動して満足する」ということに対する課題感があらためて浮き彫りになります。この瞬間，保育者はこの網飾り製作を通して自分と向き合う経験をしてほしいと考え，「自分でやってみ」と返すのです。

　この一見突き放すような行為が保育者の専門的な援助となるには，カズマと保育者の間にしっかりとした信頼関係が構築されており，カズマのこれまでの成長過程や今の遊びからみえる発達課題等が保育者に理解されており，活動を通して期待される育ちが願いとともに考えられていることが必要です。また，保育者のこの行為

みて，こんなになった

ここにドアをつけよう

が子どもにとってどう受けとめられていくのか，きちんと見取り，意味のある経験になるように援助していく必要があります。

このエピソードでは，カズマ本人だけでなく，保育者の葛藤も強く感じられます。保育者の願いとカズマの思いとの間で，どこまで向き合うことを求め，どこからどの程度援助すべきなのか，そのときそのときのカズマのようすに保育者自身が揺れながら，今しかできない判断を積み重ねていくのです。「もうこれでいい」ともってきたカズマに「これでいいの？」と聞くのではなく，「うん，ほんまにこれでいいって思ってるんやったらいいよ」と伝えています。「これでいいの？」という言葉には，つくった物に対して否定的な思いを保育者がもっているのではないかと感じさせるニュアンスがあります。しかし，「うん」といったん受けとめた後で「ほんまにこれでいいと思ってるんやったら」と伝えることで，カズマがどう思っているのかということを自分で考えるようにうながす言葉かけになっています。また，保育者が大事だと思っているのは，カズマ自身が納得しているかどうかだということも伝わってきます。渋々取り組み始めるも何かしているようすではないことを，保育者は他の子どもを援助しながら見ていました。「自分でやってみ」と返したことが，カズマの「自分でやる」という目に見える行動にはつながっていないことがわかります。しかし，問題は，カズマの内面の動きとして向き合うことにつながっているのかどうか，ということなのです。そこで「ほんまにこれでいいと思ってるんやったら」と，もう一度カズマの心にアプローチしているのでしょう。

もしかしたら，カズマにとって保育者は，簡単には通してくれない，大きく立ちはだかる壁のように感じられたかもしれません。しかし，その壁があることによって，カズマは自分の課題に向き合うことを経験し，その後つくり上げた作品に対して納得いかない感じを抱えて帰るのです。保育者は自分で考えてやったことを認めていますが，カズマ自身のなかに言葉にならないような，もやもやとした気分が滞留していることが感じられます。このすっきりしない感じを抱えた経験が，あきらめてやめてしまうことにつながるか，乗り越えようとする動機づけとなっていくか，非常に重要な分岐点です。

次の日，カズマは登園を渋ります。保護者はおそらくもやもやを抱えて帰ったカズマと，ともにもやもやしながら過ごし，それでもなんとか幼稚園に連れてきてくれています。つまり，保護者にもカズマの姿に直面して向き合うことが求められているのです。保護者が保育者を信頼していなければできないことかもしれません。何か意味のあることなんだろうと保育者を信じて幼稚園にやってきて，そこで保育者の話しに「なるほど」とつぶやくのです。年長児の保護者のたくましさが感じられます。しかし，カズマには逃げ道がなくなったように感じられたかもしれません。5歳児になって自信をもってダイナミックに遊ぶようになっていたカズマが，朝から泣いて嫌がるのは，よほどのことだったでしょう。保育者はカズマが落ち着いて

から「もしつくってみようと思うなら」とカズマの意思で決めることを伝えたうえで，材料と場所のこと，そして手伝ってほしいと思ったら自分で言いにくるように伝えます。カズマは午前中保育者を避けるように過ごします。それはきっとカズマ自身が向き合いたくない自分に引っかかり続けているからでしょう。そこで保育者が「どうする？　もう今しかないで」と声をかけると，カズマははっきりと「やる」と答えるのです。

　保育者は子どもの内にある葛藤を感じながら子どもが主体として動き出すことを信じて待ち，いつどの程度背中を押すのか，微妙なさじ加減を判断しています。カズマは保育者に少しだけ背中を押されて，自分ではさみを取り出し，保育者が考えて設定した場に座って取り組みだします。それは，渋々やっていた姿，座っているけど何もしていない姿，登園を渋って泣く姿とはもう違っています。きちんと気持ちを向けて，課題に取り組んでいる姿です。保育者は自分のいる位置がカズマにどう影響するかを考えながら，全身のセンサーをカズマの背中に向けて見守っていたことでしょう。「あっ！」というカズマの声にハッと近づいていき，どうすべきか葛藤しています。が，助けたい気持ちをグッと抑えて見守っていると，カズマは自分で乗り越えていくのです。そして，やっと「先生，ここもって」とカズマから声がかかります。それは最初，自分の物を保育者に任せきりにした態度とは異なり，「ここをもつ」ことを頼み，自分でやろうとする姿です。保育者はその言葉を受けて，最後まで自分の力で乗り越えられたと感じられるように，ほんの少しだけ補助をします。薄い紙を慎重に広げていくのは，微妙な力加減の作業で集中を持続させる力が必要です。このとき，カズマも保育者も手先に視線を集中して，緊張感のなかで２人の気持ちが一体化しているように感じられます。カズマができ上がった網飾りを何もいわずに保育者に見せると，保育者は自分のことのように嬉しく感じ，思わず「やったね！」と言い，カズマはほっとした充実感のある顔で「やった」と喜ぶのです。

　こういった微妙なさじ加減の援助が可能になるのは，「あのときのあの援助は子どもにとってどう響いたのか」ということをとらえ続けて，こう言ってみたらどうだったか，こうしてみたらどうだったかとシミュレーションし，次の日の保育を創り続けてきた保育者の自己研鑽の歴史があるからでしょう。子どもの心と保育者の援助のあり方を問い続ける保育者によって，みずから課題を乗り越えていく子どもが育まれていくのです。

竹馬　長い距離乗れるようになったよ

「自己抑制」について，きまりを守らせることを意識するあまり，厳格な保育になってしまっていないかが不安です。

　保育者や大人がルールやきまりを与え，それを守らせる厳格な保育で「自己抑制」の気持ちは育つのでしょうか。子どもたち自身がきまりの必要性に気づき，それを守る気持ちよさに気づき，守れたことを誇らしく自信に思う，そういった態度や気持ちを育むことが「自己抑制」を育むことではないでしょうか。そのためには，子どもたちだけでは気づくことができない相手の思いを保育者が媒介となって伝えつなぐ援助や，保育者が子どもたちの仲間となって遊びを深め環境を充実させていくこと，きまりの必要性に気づきそれをみずから守ろうとする態度を認めていくことなどが大事なかかわりになると考えられます。

　「自己抑制」というと，我慢することやきまりを守らせることをイメージしてしまいます。私たちも研究を始めた当初は，自己発揮と自己抑制の調和というものをどのようにとらえたらよいのかわからずにいました。

　子どもの姿をエピソードにとり，子どもたちがどのように折り合い，気持ちを調整していくのか見ていったところ，「折り合う」ということについて，「みんなのなかでどのように生活していくとよいかに気づくこと」「みんなのなかで自分の力が生かされることに喜びを感じること」ではないかと考えました。「自己抑制」は我慢したり，きまりを守らせたりすることではなく，「みんなのなかで自己発揮しながら気持ちよく生活すること」ではないかと考えます。みんなのなかで自己発揮することは自分の喜びでもあり，同時にみんなの喜びでもあることを感じていきます。修了を控えた5歳児の終わりごろになると自分の力がみんなのなかで生かされることに喜びを感じていきます。

　第2章の実践のなかで具体的なエピソードとともに詳しく述べていますが，相手の思いに気づいたり，集団の思いを感じたりして「自己」を「抑制」するには，まずは自分のありのままの思いを出すことが大事です。さらに「自分はどうしたいのか」といったたしかな思いをもつことができるように自分自身と向き合い「自己」を確立していきます。自分の思いを受けとめてもらった喜びから，子どもは相手の思いもたいせつにしようと思います。

　さらに，子どもどうしのかかわりが広がったり深まったりし，遊びが充実してくると，「自分はこうしたいけど，こうしたほうがみんなでもっと楽しいかな」ということに気づいていきます。さらにさまざまな思いが集まり，みんなで遊びをより楽しくするためにはルールやきまりが必要になることに気づいてきます。自分たちで必要性を感じきまりを守ろうとする気持ちを育みたいものです。

6 さらにかかわりを広げながら保育者に支えられ友だちと折り合う：友だちとの思いのズレから自分に気づく

　ユイトは，ごっこ遊びが好きで，お店屋さんになったり，忍者になったり，オリンピック選手になったりと自分なりのイメージをもって遊びを楽しむ姿がよく見られました。ただ，いっしょによく遊んでいる友だちと，遊びのイメージが合わないことがあっても，自分の思いを出しきれずにしかたなく友だちに合わせて遊んでしまうことも少なくありませんでした。そして，途中でつまらなくなってその遊びから抜けてしまったり，泣いてしまったりすることがありました。

　保育者は，ユイトに，自分の思いを我慢することなくありのまま相手に伝え，自分のやりたい遊びをやりきって満足感を得てほしいと願っていました。

　春の連休が明けたころ，子どもたちは，幼稚園のあちらこちらでさまざまなごっこ遊びを気の合う友だちといっしょに楽しんでいました。遊戯室に忍者屋敷をつくったり，ホールでお店屋さんを開いたりとそれぞれの遊びのグループができていました。

> **エピソード**　ユイト　5歳　ほんとじゃなくて…遊びで　　　　（5月8日）

　この日，保育室に積み木を組み合わせてお城をつくって遊んでいたユイト，ユウ，ハルヒコ。積み木のお城には坂道をつくったり，橋をつくったり，トンネルをつくったりと，自分たちなりの工夫を凝らして，それを完成させるために互いにアイデアを出したり協力したりしていました。だんだんとお城もでき上がってきてその完成を喜ぶ3人。坂道ではいろんな物を転がしたり，橋は何度も自分たちで渡ってみて強度を確かめたりして楽しむ姿がみられており，保育者もそのようすを見守りつつ，自分たちでやり遂げた満足げな彼らのようすを嬉しく思っていました。

　しばらくすると，3人は2階の保育室から移動して1階の玄関ホールで鬼ごっこをしていました。ところが，鬼ごっこをしているユイトの顔が楽しそうではありません。保育者は，ユイトと目が合い，気になったので「お城はどうなっちゃったの？鬼ごっこすることにしたの？」と声をかけると，ユイトは口をつむり困った顔をして黙り込みました。

　ユイトと保育者が話をしている姿を見て，ハルヒコがやってくると「ユイトくんが急にお城のトンネルから出て僕たちを追いかけ始めたんだよ。バブちゃんなのに」保育者「バブちゃんって何？」。ハルヒコ「お城のトンネルに住んでる赤ちゃん」。保育者「そうなんだ。バブちゃんは出てきたら追いかけるの？」。ハルヒコ「出てきてほしくなかったんだけど，出てきたから逃げたの」と話しました。すると，ユイトが「だって，ずっとトンネルにいたら空気がなくなって苦しくなるから空気を吸

いに外に出てきたの」。保育者「なるほどね。トンネルにずっといたら苦しいんだね」。それを聞いたユウは「そんなん，積み木に隙間が空いてるから空気吸えるよ」。ハルヒコ「そうだよ。空いてるところから空気入ってくるよ」とユイトに話しました。そう言われたユイトは「そうじゃなくて，ほんとじゃなくて…」と涙を我慢して言葉に詰まりました。保育者はそのようすを見て，「ユイトくんは，遊びでトンネルには空気が入ってこないってことにしたいんだ」とユイトに投げかけました。ユイトはそれを聞いて少し明るい表情を浮かべ「そう。遊びで空気を吸いに外に時々出て行きたいの」と自分の思いを話しました。ハルヒコは納得したようすで「ああ，そういうことか」と言いましたが，ユウはまだ納得できずに「え。なかでも空気吸えるで」と言いました。そんなユウの姿を見てハルヒコが「ユイトくんは，時々空気を吸いに外に出てくるんだって」とユイトの思いを再度ユウに伝えました。納得したとまではいかなかったものの，ユウも遊びを続けたい思いで受け入れたという感じでした。

　このやりとりのあと，3人は再び保育室のお城にもどり，ユイトはトンネルに住むバブちゃんになり，橋の上にはハルヒコとユウがいて時々空気を吸いに出てくるバブちゃんを見ては，「キャー」と言いながら逃げ回っていました。このときのユイトの顔は先ほどと違って嬉しそうでした。

考察

　5歳児クラスに進級してから，さまざまなごっこ遊びが展開されているところではありますが，遊びのイメージや思いの違いが自分たちの力だけではわかり合うことができずに，遊びが深まらなかったり，思いが出しきれずに楽しめなかったりすることが多々あります。

　このお城ごっこで，ユイトは，バブちゃんという自分の好きな役になって，自分のイメージをストーリー的に展開して楽しもうとしていました。それに対して，ユウやハルヒコは，積み木でお城をつくること自体が楽しくそれができ上がったことを喜んでいて，そこから遊びの物語を展開させようとしていたわけではなかったよ

つみき　ここはやねにしよう

忍者は屋根で修行だよ

うに感じます。そのために，互いの思いにズレが生じていました。ユイトは，そのことをうまく言葉にできず相手に伝えられないまま，友だちに合わせて鬼ごっこをすることに満足感を得られなかったのでしょう。保育者と目が合ったときは，無言の訴えだったように感じました。

　ほんの少し前まで積み木でお城をつくりつつ3人で楽しそうにやりとりをしていたのに，場所を移動して鬼ごっこに変わってしまった遊びの姿に，保育者は違和感をもち，追いかけているユイトの表情に注目をしました。そこで，ユイトの表情が曇っていることが気にかかり，「ユイトは本当にこの鬼ごっこを楽しんでいるのか？」ということを確かめようと「鬼ごっこすることにしたの？」と声をかけました。そして，ユイトが黙り込んだようすから，自分の思いを抱えたまま相手に伝えられずにいる気持ちを保育者は受けとめました。このままでは，ユイトの気持ちが満足することなく，したい遊びに向かえなくなってしまいそうだと保育者は思いました。そこで，保育者が仲介に入り互いの思いを伝えて，イメージを整理しました。ユイトは，そのことで安心し自分では言葉で表現しづらかったことを保育者の手を借りつつも友だちに伝えることができ，気持ちがすっきりしたようでした。

　その後の3人の鬼ごっこは，追いかけるユイトと，逃げるハルヒコとユウで見た目には変わっていません。しかし，遊びのイメージを共有したうえで鬼ごっこをすることで，3人がいっしょになって楽しんでいるように感じられました。とくに，ユイトは自分の思いをわかってもらえたことで安心し，ただ追いかけるのではなく自分なりのイメージでバブちゃん役を楽しみながら追いかけて遊んでいたように感じられました。

　ユイトに限らず，子どもの遊びのようすから「イメージ」という目に見えないものを共有するむずかしさで困っている場面を見かけます。保育者が援助に入ることもこの時期にはよくありますが，5歳児にもなれば，遊びを自分たちで進めていくおもしろさを感じていくので，なんでもかんでも保育者が遊びに入って整理していくものではありません。自分たちで進めていく遊びを大事に見守りつつも，ここぞ

ここにはこれをつける？

汽車を連結しよう

という時に保育者のもつ子どもたちへの育ちの願いを後押しできるよう，そのきっかけをうまくつかんでいかねばならないと思います。

そのために，自分がやりたい遊びへの思いや，それを好きな友だちといっしょに行なうため，イメージを共有しようと相手になんとか伝えようとする力を身につけたり，自分のやりたいことを最後まであきらめないでやりきろうとする気持ちをもてるように援助していくことを常に頭に置いて，子どもを見ていくことがたいせつだと考えます。

📖 実践事例から学ぶポイント解説

5歳児になると，それぞれの子どもがイメージをしっかりともって遊びを展開していく姿がみられます。また，これまでの園生活のなかで友だちと遊ぶことが楽しくなっています。そこで5歳児クラスでは，ある1人のイメージでだれかが遊びをリードし，他の子どもが追随するようなかたちではなく，それぞれのイメージが交流し，重なり合い，一つの大きなイメージとなって目標が共有されて遊び込んでいくことをめざしていきます。そのためには，友だちといっしょに遊びたい思いをもっていることを基盤として，それぞれの遊びのもつイメージを言葉にして伝えたり，相手のイメージを聞いて想像して理解したり，それぞれのイメージを重ね合わせて一つのものをつくり上げるためにアイデアを出し合ったりすることが必要になります。当然，意見が合わなかったり，言葉が足りず思いが伝えられなかったり，相手に遠慮して自分の気持ちや思いを表現できなかったり，ぶつかり合うとあきらめてしまったり怒ってやめてしまったりと，一つのものをつくり上げるには乗り越えなければならないことがたくさんあります。保育者はその一つひとつを自分たちの力で乗り越えられるか，それぞれの自己主張のしかたや相手の意見の受けとめ方をていねいに見取り，必要な援助をその都度瞬発的に判断していくことになります。

この事例では，保育室で積み木のお城を組んで遊んでいたときには，それぞれがアイデアを出し合って工夫して遊んでいたようすがあり，それを保育者は見守っていました。しかし，しばらく経ったあと，同じメンバーが玄関ホールで鬼ごっこをしているところに出くわします。それだけでも，いったいどんな展開でこうなったのかと保育者は知りたいと思うところですが，ユイトの表情が楽しそうでないところに引っかかります。その姿からは，ユイトのやりたかった遊びとやっていることが違ってきているのではないか，自分の思いをうまく伝えられず納得いかな

大きな木を運ぶぞ

いまま遊びが展開してしまっているのではないかということが推測されます。そこで，ふだん保育者が感じているユイトに対する発達への願い「自分の思いを我慢することなくありのままに相手に伝え，自分のやりたい遊びをやりきって満足感を得てほしい」ということが，今この瞬間の援助を生み出していくのです。

　ユイトは保育者の言葉を受けて，困った顔をして黙り込みます。思いを言葉にして伝えることがむずかしいようです。すると，ハルヒコがハルヒコから見た状況を説明しだします。それに反論するようにユイトは自分の思いを言葉にしていますが，ユイトの言ったことに対してハルヒコとユウはまったく違う観点から考えを言っています。相手の思いを理解しよう，受け入れようとすることがうまくできないようです。ここで，ユイトのイメージとハルヒコ・ユウのイメージをそれぞれが理解し合うことのないまま，たまたま生じた動きのなかで遊びが展開し，ズレがしだいに大きくなってしまっていたことが明らかになります。ハルヒコとユウの発言を受けて言葉に詰まるユイトの姿に，保育者は思いをくみ取り，一歩踏み込んで，こういうことかと投げかけます。すると，ユイトはやっと自分の思いを言葉にすることができました。「ああ，そういうことか」とハルヒコが受けとめ，今度はハルヒコがユウに説明をします。ユイトは自分の言葉を大好きな友だちに受けとめてもらい，イメージを理解してもらったことで，自分の思いを言葉にする意味や価値を感じられたのではないでしょうか。

　子どもの発達は毎日の積み重ねのなかで少しずつうながされていくものです。今日のこの援助が劇的に子どもを変えた，ということも時にはありますが，日常的には少しずつ前に進んでは元にもどるような日もありながら，長期的にみると子どもが育っていることを実感するといったものです。ユイトが自分の思いを他者との間で主張したり，友だちとの間でズレが生じたときにどうすればいいか考えて妥協案を導き出したりするまでには，まだ時間がかかり，保育者の援助も必要かもしれません。しかし，保育者が今のユイトの発達課題をとらえ，援助が必要なときを逃さ

体重測定のお手伝い　靴下はこうだよ

むしさんいるかな？

ずに見取り，その瞬間に必要な援助を繰り出すことが重要なのです。

　それは，ハルヒコやユウに対しても同じことです。ユイトの表情がどうもおかしいとき，何かあったのか考えたり声をかけたりすることができるようになるためには，相手への共感性の育ちが必要です。また，ハルヒコの「出てきてほしくなかったんだけど」という思いとユイトの思いのズレについても，お互いが納得して遊びを進められるようになるためにはどうすればよかったのか，考えるポイントの一つでしょう。重要なのはそこにある子どもどうしの思いのやりとりです。遊びのなかでそれぞれがどんな思いをもち，どこまで実現できているかを読み取る力が保育者には求められています。

Column 6
アプローチ期に小学校への不安を安心に変える

　幼児期に自己を十分に発揮しながら，他者と気持ちよく遊ぶために自分の気持ちを調整することができるようになった子どもであれば，どんな環境変化を受けても大丈夫，と言いたいところですが，はたしてどうでしょうか。たとえば，大学入学時，知っている人がまったく見当たらず，場所や物の使い方もわからない新たな場で，最初から十分に自己発揮できる人はどれくらいいるでしょうか。幼児期の力は，周囲の人との信頼関係と安定した場によって支えられて発達していきます。主に年長児の後半くらいから小学校への移行へ向けた準備を進めていく期間のことをアプローチ期とよびますが，子どもが幼児期に培った力を十分に発揮できるようアプローチ期の間に具体的な支援を行うことは，協同的に学び合う小学校生活へ向かうためにたいへん重要なことです。

　たとえば，小学校の給食は，楽しみな子もいれば不安な子もいます。入学前に給食参観や給食参加を取り入れる幼小交流も増えてきました。「全部食べられるかな？」「残したら怒られるってほんとかな？」と不安に思っている子どもも多くいます。そこで小学校の先生に「食べられなかったら無理して食べなくてもいいんだよ」「量が多かったら少なくしてくださいって調節していいんだよ」とやさしく言ってもらえると，緊張していた子どもの顔がホッとした表情になっていきます。新たな場や人に対する安心感が，子どもの興味・関心をひろげ，自ら積極的に学ぼうとする意欲的な小学校生活の土台となるのです。保育者と小学校教員が情報や方法を共有し協働するなかで，子どもたちが感じている不安を一つずつ安心に変え，小学校が楽しみになる年長児後半の生活をつくっていくことがたいせつです。

7 みんなのなかで折り合う：友だちの思いとともに探究するおもしろさへ

　2学期の後半ごろになると，5歳児ではさまざまに遊びが深まったり広がったりしてきます。自分たちで楽器遊びのステージをつくったり，より本物らしくケーキをつくるケーキ屋さんや，園で経験した焼き芋を再現した焼き芋屋さんをしたりなど，さまざまに遊びが繰り広げられていきます。それぞれが，自分たちのしていることを年少組にお客さんになって来てもらうことを楽しんでいました。クニオやヒロシ，マサト，タカオたちも，自分たちでやりたい気持ちはあるようでしたが，どこの遊びにも入りきれないようすでした。

　そこで，担任はクニオたちが1学期から継続して楽しんでいる釘打ちの遊びで何か楽しむことはできないかと思い，大きな長い板を一枚用意しました。

　クニオは進級当初，積み木に細い板を立てかけ，斜面をつくりペットボトルのふたやテープの使い終わった芯などを転がして遊んでいました。クニオは転がす途中に箱やプリンカップなどの廃材の障害物を置き，「おじゃま虫」とよび，転がりにくくするということを楽しんでいました。しかし，自分の思いだけで「おじゃま虫」の障害物をつくり，とにかくたくさん「おじゃま虫」があることで転がるおもしろさがなくなってしまい，転がして遊びたい友だちとの間でトラブルになることがありました。保育者がそれぞれのしたいことを聞きながら，自分たちで伝えることができるようにつなぎ，どうしたらお互いが楽しむことができるか，子どもとともに考えてきました。

　大きな長い一枚の板で友だちといっしょに同じ目的をもって相談しながら楽しんでほしい。クニオには自分のしたいことを発揮しながらも友だちの思いやまわりの雰囲気を感じながら楽しんでいってほしいと願っていました。

> **エピソード**　クニオ　5歳　「おじゃま虫」の置き方　　　（11月26日）

　細長い大きな板を用意すると，「やりたい」と何人もの子どもが集まってきました。釘を打っている間に，「ドングリ転がしにする」とヨウコが言うと，そのアイデアに，そこにいたみんなが「それいい！」と，自然に共感して，同じ目的をもって遊びが始まりました。しばらく釘を打つと，「そろそろ転がそう」とヨウコが言い，「そうやな」と，板を斜めに立てかけて，ドングリを転がし始めました。

　ヒロシは，「いくよ」と，ドングリを1つずつ転がしました。友だちが「オッケー」「ちょっと待ってー」と合図をし，転がってくるドングリの行方をみんなで追いました。ドングリが板から落ちると，「あーあ」と残念がったり，落ちずに板の最後ま

で転がったときには「やった！ 下まで行った」と喜んだりして，ドングリの動きに注目して楽しんでいました。子どもたちは，コースアウトせずに板の坂道を転がりきることができるように，段ボールや積木を板の縁につけていきました。ドングリを転がしては，「ここは大丈夫」「今度はそっちや」と，友だちと考えコースの両側に壁が少しずつできていきました。

しばらくすると，クニオが，そばにあった材料から割り箸を選び，板に打ち付けた釘に渡して障害物をつくりました。1学期にしていた「おじゃま虫」の経験を思い出したのでしょう。その割り箸の障害物を「おじゃま虫！」と呼びま

転がすよ，いいよ

した。そこにドングリを転がすと，ドングリが今までとは違った転がり方をするようになりました。いっしょに遊んでいたマサト，タカオも，「おぉー」と声を出して楽しみ，その転がり方をおもしろがっていました。その雰囲気を感じて，クニオはもっていた数本の割り箸を次々に釘に渡して置きました。ドングリを転がすと，その割り箸の障害物をドングリが勢いよく越えていき，そのようすに驚いたり，喜んだりして何度も楽しみました。

しばらく続けていると，クニオは次にハンカチを使って「おじゃま虫」をつくることを思いつきました。初めはたたんだままコースに置きました。「行くよ～」「いいよ～」とドングリを転がしました。ところが，ドングリはハンカチを越えることはできず，止まってしまいました。次にクニオはハンカチを広げて置きました。次は転がるかと，みんなで見ていましたが，やっぱりドングリはハンカチにひっかかって転がりませんでした。これまでの楽しい雰囲気が一転しました。おもしろくなくなったマサトが，「転がらへん」と少し強い口調で言いました。すると，クニオもそれを聞くか聞かぬかのうちに，自分でも楽しくなくなった雰囲気を感じて，パッとハンカチを小さくたたんでコースの端に置きました。ひっかかっていたドングリが下まで転がるようになりました。その後，何度もくり返し，「おしい！」「下までいったで～」と再び楽しい雰囲気になりました。

さらにクニオはドングリの転がり方を見て，割り箸を減らしたり，置き方を変えたりし，「これでやってみて」と，友だちに伝えながら，「おじゃま虫」を置いていました。自分なりに，おもしろい転がり方で，でもドングリが止まったりコースアウトしたりしないような「おじゃま虫」の置き方を調整していました。「（スタートしても）いいで」と伝え，何度もくり返していました。マサトも，クニオのしていることを見て，割り箸をもち出し，「おじゃま虫，こっちもあるよ～」と，「おじゃま虫」を増やしていきました。

🔍 考察

　1学期の転がす遊びでは自分がしたいように自分の思いだけで「おじゃま虫」を楽しんでいたクニオ。この日は，「転がらへん」という言葉を聞いたり，その場の雰囲気から相手の思いに気づき，遊びを楽しくするという共通の思いをもって遊んでいました。そのようすにクニオの大きな成長を感じました。クニオは「じゃあこうしよう」と提案し，やりとりしながら，よりおもしろくしようという思いで障害物をつくっていたので，転がす子どもも期待をもって待ち，楽しむことができました。

　みんなでドングリの行方を見守り，一喜一憂しながらいっしょに楽しんでいる空間を子どもたちがつくっていきました。自分たちで遊びを進めていこうとする雰囲気やそれが存分にできる時間や場を確保することは大事です。子どもの興味に合わせて材料を提案していくこと，割り箸や木片，紐など，やってみたいときに自由に使える材料を豊富に用意しておくことも大事な環境といえます。

　またこの日は，転がす人，「おじゃま虫」を置く人などを役割分担したり，交代したりしています。思ったことを言葉で伝え合ったり，どうなるのだろうかとみんなが同じ思いでドングリの細やかな動きに注目したりしています。一人の楽しみが，集団の楽しみになり，自分と同じ思いを共有できる仲間がいることを感じていきます。自分の思いを通すだけで満足するのではなく，自分の思いがみんなからも認められ，自分の考えやその子どもらしい力が集団のなかで生かされていくことに喜びを感じるようになります。

📖 実践事例から学ぶポイント解説

　年長児にもなると長期にわたり継続する遊びがみられるようになります。そのなかで出合う不思議さやおもしろさを自由な発想で探究し，仲間とともに楽しさを深めながら多様な発見をし，また発見したことを遊びに生かしていくという探究の循環は，年長児らしい発達をうながす非常に重要な経験です。

にじいろの電車にしよう

いっしょに行こう

このエピソードでは板に釘を打つという挑戦的な内容に年長児が関心をもち，遊びに取り込んでいます。それまでは危険だからと遠ざけてきたような道具も，きちんと保育者が危険性を説明し，使い方を具体的に伝えることで，年長児は自分たちで気をつけて使えるようになります。楽しく遊ぶためのルールややってはいけないことが，遊びのなかで多様な経験を積んできたことで，子どもたちのなかに育っているのです。そのことが，自分の身を守るための責任ある態度の育成にもつながっていると思われます。

　さて，進級当初は同じ転がし遊びでもそれぞれがやりたいようにやっており，一枚の板の上で思いがぶつかってうまく遊べていなかったようです。クニオの場合はおじゃま虫をいっぱいつけたいからつけたことが，他の子の「転がしたいのに転がらない」という不満につながり，ぶつかり，遊びがつまらなくなってしまっていました。そんなことをくり返すうちに，楽しく遊びたいからこそちょっと我慢したり，相手の気持ちを受けとめたりすることを学んでいきました。そのためには，保育者が子どもの思いの間をつなぎ，どうしたら互いに楽しく遊べるかともに考える援助が必要でした。つまり，進級当初は折り合う姿⑥のように「保育者に支えられて友だちと折り合う姿」がみられていたわけです。しかし，そういった援助の積み重ねによって，子どもたち自身が相手との間で自分の気持ちを調整しながら遊ぶことができる⑦「みんなのなかで折り合う姿」へと育ってきていることが読み取れます。

　この事例では転がってくるドングリの行方をみんなで追い，板から落ちると残念がり，最後まで転がると喜び，といった感じで「板の最後までドングリを転がす」ということが共通の目標となっています。自分たちの遊びのなかから自然と生まれてきた目標のために，工夫を考え合うようになるのです。コースアウトしないように板の縁に段ボールや積み木をつけていき，「今度はそっちや」と声をかけあっています。それぞれが勝手に考えたコースをつくっていたころとは大きな違いです。共通のイメージに向かって，今必要なことを分担して協力し合うことができています。

作戦会議　なるほどそうか

帽子とり　すばやく逃げるよ

さらに興味深いところは、クニオがおじゃま虫をつくるところです。うまく下までドングリが転がるようになると、ただ転がすだけではつまらなくなってくるものです。さらに遊びをおもしろくするための工夫は、これまでの経験から引き出されてきます。しかし、その塩梅が重要です。1学期のようにたくさんおじゃま虫をつけてしまっては、遊びがつまらなくなることがわかっています。クニオは転がることをじゃまするおじゃま虫ではなく、転がり方に変化をつけるおじゃま虫をコースに加えます。すると、友だちが「おぉー」と声を出して楽しむ姿につながり、さらにクニオは工夫してドングリが乗り越えていくおじゃま虫をつくっていきます。

　しかし、ここで問題のハンカチがでてきます。クニオはハンカチをおじゃま虫として置くというチャレンジをしてみたわけです。しかし、ドングリはハンカチを越えられずに止まってしまいます。これではだめだとクニオはハンカチを広げてみます。折りたたんだ状態の高さが転がらない理由なのではないかと考えたのでしょう。しかし、広げても転がらないドングリを見て、マサトが「転がらへん」と少し強い口調で言うと、クニオはパッとハンカチをどけて再び転がるようにするのです。

　このクニオの姿には、みんなで楽しく遊ぶために自分の思いを少し抑えるという自己調整力の育ちを感じます。自分のよさを集団のなかで発揮しながら、自分勝手ではなくみんなと楽しむために、周囲の友だちの反応を見たり感じたりして、今自分はどうすべきか考えて動くことができています。自分なりにおもしろい転がり方でありながら、ドングリが止まったりコースアウトしないようなおじゃま虫の工夫を重ねていくのです。

　ここでたいへん重要になるのは、相手の思いを感じて、相手の思うようなことを実現しようとすることが自己調整力ではないということです。おもしろさを探究することを核として、自分の思いと相手の思いの間で、どうすればよいか調整する力が、幼児期に育みたい自己調整力なのです。

　このような自己調整力がそれぞれの子どもに育ってくると、遊びの探究が深まっていきます。ぶつかり合うのではなく、より楽しくなるような工夫をし合うことへ向かっていきます。そうなると、保育者の援助は子どもどうしの思いを仲介したりすることよりも、いろいろなことを試したり工夫したりすることができる時間と物の環境設定の工夫へとシフトしていきます。このエピソードでは、ドングリという完全な球ではないものを転がし、どう転がるか予測のむずかしさを楽しみ、遊び込んでいます。それぞれがこれまでの経験やアイデアを生かし、ドングリ転がしを楽しめる程度まで釘を打ちつけたり、縁に段ボールをつけたりと、板に手を加えています。そのなかで、「こんなこともできる」と自分のよさを感じるとともに、「なるほど、それもおもしろい」と相手のよさも感じ、お互いのよさを生かし合う集団へと育っていきます。仲間と探究することを楽しめる環境を得て、子どもたちはますます自己を発揮しながら他者とともに探究する生活を深めていくのです。

こういった力は小学校での生活につながっていきます。小学校ではまた新たに多くの子どもとの出会いがあります。かかわりを通して相手を知り，自分の思いを伝えながら相手の思いを聞き，お互いの思いを重ねながら共通の目標をもって活動を進めていくことが，小学校の学級活動でも学習活動でも重要です。たとえば，多くの小学校では入学後に学校探検という活動を生活科の授業で行ないます。学校のなかにどんな教室があり，どこにどんな大人がいるのか，その人たちは何をしているのか，探検して発見したことを共有し，さらに関心をもって知ろうとしたり，教え合ったりしていくことが活動の中心です。幼児期に培われた他者と協同しながら探究する力が学ぶ力の基盤となり，新たな環境と刺激のなかで学童期の認知的スキルと社会情動的スキルの発達の両面を支えていくでしょう。

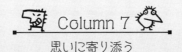

Column 7
思いに寄り添う

　本書には「子どもの思い」という言葉が数多く出てきます。子どもの思いは，表情や身体の動き，言葉や絵などに，あるときはかすかに，あるときははっきりと表われてきますが，どの表現にどういう思いが表わされていると明らかにすることは到底できないものです。保育者は常に「こうなのではないか？」「いや，もしかしたらこうかな？」と自らの心をセンサーにして，最後まではっきりとはわからない子どもの思いに近づいていこうとします。子ども自身もはっきりと言語化できない，なんとも不確かなその「思い」が，保育においては非常に重要なのです。

　子どもが周囲の人や物に囲まれて，何とはなしに抱くその「思い」に，その子にとっての人や物という環境の意味が生じ，独自のかかわりの種が生まれていきます。それは，他からまったく独立したものとしては生じないように見えます。保育者が入園当初の子どもを見て「いったいどんな思いをもっているかまったくわからない」と言うことがあります。しかし，そのときすでに保育者は「どんな思いがそこにあるのかな」と子どもの内面に近づいていこうとしているのです。子どものほうはそんな保育者の思いを無自覚に感じとり，少しずつ保育者に思いを寄せることが生じます。最初は無色透明のように感じられたつかみどころのないその子の思いが，少しずつ色を帯び，意味が感じられ，かかわりの種へと育っていくことが起こるのです。到底言葉にすることができないような感覚としての「思い」に，かかわりの種があり，保育の核となるものが潜んでいるのです。

2. 折り合うこころを育む3つの援助：何をどう見守り，待つのか

　子どもは「7つの折り合う姿」の発達のなかで，保育者から大好きな友だち，クラスや園のさまざまな子どもたちへとかかわりを広げていきます。私たちは「折り合えない」ことを大事に見取り，葛藤を味わうなかで子どもたちがどのような心の揺れを経験し，どのように気持ちを調整する力を育むのか探ってきました。自分の思いを素直に出せない，友だちとの思いに戸惑う，自分に正面から向き合うことができない，そんな「折り合えない」時期や状況の子どもたちが，保育者の支えにより，自分の思いをさまざまに表現し（「思いを出す」），保育者から大好きな友だち，みんなへとつながりを広げ（「つながる」），自分はどうしたいのかを考え自分自身と向き合っていきます（「向き合う」）。さらに自分の思いを伝えようとし，そのことでつながり，また新たに自分自身をふり返るということをくり返します。気持ちを調整する力を育むには，「思いを出す」「つながる」「向き合う」という3つの要素が大事であることがわかりました。

　また，「折り合い」には，常に子ども自身が，葛藤の場面で，自分はどのようにしたいのかと自問自答し，自分自身と向き合うことが必要になります。そのためには，自分と向き合うことができる自立心が必要であり，自分はこうしたい，自分はこれでいいのだという自己肯定感や，自分でできた喜びやその挑戦の過程を自分で認めることができる自信，新たなる自分にみずから向かっていこうとする意欲が大事です。自分に向き合い自分を確立していくことと多様な関係性のなかで自己発揮していくことが両輪となり，子どもの折り合う心の育ちがかたちづくられていきます。

　援助について考えてみると，「見守る」「待つ」といった援助のたいせつさを改めて感じました。見えにくい教育といわれる保育者の援助について，何をどう「見守り」「待つ」のか明らかにしたいと考えました。子どもが折り合いをつけるまで，心のなかでどのような気持ちで葛藤を味わい，向き合い，乗り越えようとしているのか，少しでもわかりたい，近づきたいと，保育者がともに寄り添い，ともに心を揺らし，保育者自身も向き合っていきます。そのなかで，保育者は見通しをもちながら願いをもって，長い時間をかけて「見守る」援助や「待つ」援助を行なっていることがわかりました。その「見守る」「待つ」という援助が具体的にはどのようになされていたか，エピソードを分析すると，「受けとめる」「つなぐ」「ともに向き合う」という3つの要素が導き出されました。

　その願いとは，「思いを出す」ことができるようになってほしい，「つながる」ことができるようになってほしい，「向き合う」ことができるようになってほしい，という発達の3つの視点で整理されます。たとえば「思いを出す」ことができるようになってほしいと願うとき，子どもの傍らでその表情やようすをていねいに読み

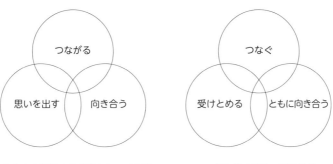

図 2-1　気持ちを調整する力を育む保育における 3 つの要素の関連図

表 2-2　気持ちを調整する力を育む保育における 3 つの要素

気持ちを調整する発達の視点の 3 つの要素	保育者の援助・環境構成の 3 つの要素 （○保育者の援助　□環境構成）
「思いを出す」 新しい環境（人・もの・こと）に保育者とともに折り合うなかで，保育者や幼稚園に親しみをもち，自分の思いを出すこと	「受けとめる」 ○表情やようすから思いを読み取り受けとめる援助 □幼児のかかわりの広がりに合わせた保育者との距離
「つながる」 自分の思いを言葉で表わしながら，相手との思いの違いを感じ，相手の思いも推し量りながら自分はどうしたいのか考え，伝えていくこと	「つなぐ」 ○思いを言葉で伝えたり，知ったりできるように代弁しつなぐ援助 □幼児どうしのかかわりが生まれる遊具や材料の配置や数
「向き合う」 基本的生活習慣を獲得したりさまざまな遊びに自分で挑戦したりする過程などで，その時々の自分自身と向き合い，自信をつけ，自己を確立していくこと	「ともに向き合う」 ○自分をふり返り，自分と向き合う幼児を支える援助 □自分自身がふり返ることができる時間や間，場所を確保すること

取り，まずはその気持ちを「受けとめる」援助を行なっていることがわかりました。また，「つながる」ことができるようになってほしいと願っているけれども子ども同士ではむずかしいときに，互いの思いを伝え合うことができるように代弁したり，思いを尋ねたりする「つなぐ」援助を行なっていました。そして「向き合う」ことができるようになってほしいと願うとき，保育者自身も葛藤しながらじっくりと子どもが自分と向き合えるように支えたり，そのための時間や場所を確保したりしていることがわかりました。

そういった表 2-2 の横のつながりだけでなく，自分の思いを出すことがむずかし

いときに，保育者が代弁して友だちの思いと「つなぐ」援助を行なっていたり，どんな思いでいるのかを子どもとじっくりふり返り「向き合う」援助を行なっていたりすることもわかりました。つまり，3つの発達の視点をもち，保育者は願いをもって「受けとめる」「つなぐ」「ともに向き合う」援助や環境構成を適宜組み合わせ，その瞬間瞬間かかわっていることがわかったのです。

　これら3つの要素は別々のものとしてはっきりと分類されるものではなく，一つの保育者の援助をとっても絡まり合いながら進行していきます。保育者が子どもを「受けとめる」ことは同時に子どもが伝えたい思いを育み，それを「つなぐ」ことでもあります。保育者がていねいに思いを聞こうとすることは，子どもが自分自身の思いをふり返り思いをめぐらせることになり，保育者やさまざまな人・ものと「ともに向き合う」ことでもあります。保育者は，子どもたちの「思いを受けとめ」ながら子どもと「他者とつなぎ」「ともに向き合って」います（図2-1，表2-2）。

　また，折り合う姿②，折り合う姿④，折り合う姿⑦のエピソードなどにみられるように，これまでの保育者の援助が活きてきていると思われる子どうしのかかわりの姿がみられました。子どもに思いをよせる保育者の姿をみて，子どもも同じように相手の気持ちに思いをよせようとします。保育者の保育の姿勢こそが子どもを育てているということもあらためてわかりました。

図2-2　折り合うこころとは

自己主張をあまりせず，他の子どもに軽んじられているように見える子どもがいます。本人はそれほど迷惑がっているようすではないのですが，どう介入すべきでしょうか。

　保育者はどのようなことで「他の子どもに軽んじられているように見える」ととらえたのでしょうか。毎日，ともに生活する担任だからこそわかる「なんとなく気になる」という保育者の思いはとても大事なものです。

　保育者は子ども一人ひとりのこれまでの実態や成長をふまえ，一人ひとりに願いをもってかかわっていきます。この子どもにはどのような願いをもつでしょうか。「自分の思いを友だちにも出してほしい」「遊びのなかでさまざまな感情を味わってほしい」，どのようなことを願い，今のこの子どもにとってどのようなことが必要な経験でそれを実現するにはどのような環境やかかわりが必要でしょうか。たとえば，「自分の思いを友だちにも出してほしい」という願いをその子どもにもったのであれば，いっしょに遊ぶなかで，その子自身が友だちに伝えたいという思いをもったときに支えたりつないだりする援助が必要だと思われます。「遊びのなかでさまざまな感情を味わってほしい」という願いをもっているのであれば，その子どもが興味関心をもち，心を動かして夢中になって遊ぶことができるような遊びの環境を用意することや，保育者自身がいっしょになって遊びを楽しみさまざまな感情体験をともにしながら共感し認めていくことが大事になるでしょう。

　さらに他の子どもとの関係は，保育者が子ども一人ひとりにどのようにかかわっているかが大きく関係しています。私たちの研究でも保育者のかかわりそのものが子どもたちのかかわりのモデルとなっていることが見えてきました。子どもはさまざまな方法で自己を表出します。「自己主張をあまりしない」という見方を少し変えることも必要だと思います。「内に秘めた強い思いをもっている」のかもしれません。「表情で表わそうとしている」のかもしれません。「自己をあまり主張しない」ことを肯定的にとらえ，「自己主張をあまりしないという自己主張を認める」こと，子どものありのままを受けとめ，願いをもって待つことが大事です。放っておくのではなく，願いをもち続けるのです。保育者が一人ひとりのどんな思いも大事にするという姿勢が子どもたちにも伝わり，「自己主張をあまりしない」ことも大事な自己主張で，さまざまな表現を大事にする仲間関係ができていきます。

　今は，子どもが困っているようすはないようですが，保育者が願いをもち，気にかけていると，その子が自分の思いを主張しようとしている機会や場面をとらえることができます。保育者はそのチャンスを逃さずに，相手に思いをつないだり伝えようとしたことを認め，その子の自己主張を支えたいものです。

第3節　折り合えないこととていねいに向き合う
　　　　　―ある子どもの育ちと保育者の援助―

1．折り合えないことをたいせつにする保育

　私たちは研究のなかで「折り合う」ことを目的にするのでなく，子どもがさまざまに心を揺らし「折り合おうとする」その過程を明らかにしたいと考えていました。子どもには，「折り合えない」次のような時期や場面があります。自分の思いを素直に出すことができない時期，友だちとの気持ちのすれ違いを感じて悶々と戸惑う場面，自分を客観視できるようになったことから弱くて情けない自分を感じて正面から向き合うことができない状況，そのようなとき，懸命に自分なりに向き合おうとすることこそが大事であることがわかりました。「折り合えない」ことに子ども自身が向き合い，そのことを保育者が支え，願いをもってかかわっていくことこそがたいせつです。そのような葛藤を乗り越えたり，乗り越えられなかったりと，葛藤を味わうことで「折り合う」心が育まれていきます。

　子ども一人ひとりを見ていると，それぞれに「向き合う時期」があり，その「いま」を保育者も子どもも双方がとらえ，子どもが自分と向き合いさまざまに成長していく姿を見ることができます。その一人ひとりの「いま」を保育者がどのようにとらえ，どのように援助していくのか，抽出児として学年に1人の子どもに焦点を当て，育ちを見てきました。

　研究していくなかで，1人に焦点を当てて見ていくことは，一見，その子の育ちのみを見ていくように思えます。しかし，集団で学級経営していくなかで，抽出児の育ちを見ていくということは同時に集団の育ちを見ることにつながることがわかりました。子どもたちは保育者のかかわりから人とのかかわりを学んでいきます。保育者がていねいにかかわる姿勢をもつことで，ある子どものとらえやていねいに感じとろうとする姿勢が他の子どもに伝わります。その子どもたちは保育者の姿をまねて，ていねいに友だちの気持ちを感じとろうとしたり，かかわろうとしたりするようになり，それが学級全体の雰囲気をつくり，集団を育てていくことにつながるのです。

　また，抽出児が園内のさまざまな環境で生活したり遊んだりしていくことで，「今日は，○○ちゃん，△組の保育室でこんなことして…」などと，1人の子どもを中心に教職員間で話が活発に行なわれるようになりました。さまざまな場面のようすや担任以外の保育者から子どもの姿の見取りを聞くことで，子ども理解が広がったり深まったりしました。また，担任が今，どのような願いをもっているのか共通

理解し，互いの思いを出し合うことで，教職員間の信頼関係も築いていくことができたように思います。このように抽出児を中心に据えてみたことで，すべての子どもをすべての教職員で育てていく風土がじわじわと広がっていきました。

保育者が「折り合おう」とすることをどのようにとらえ，子どもの姿から何を見取り，どのように子どもを理解し，一人ひとりの「向き合おうとする今」をとらえ，何をどう支え待ち，後押しするのか。保育者もともに心を揺らしながら折り合えないことにていねいに向き合ったエピソードを以下に紹介します。

2. ある子どもの育ちと保育者の援助

ここでは，アキという女児についてお話します。保育者は，アキを4歳児と5歳児の2年間担任しました。4歳児のはじめ，アキが自分の思いを素直に出せずに，あまのじゃくばかりをしていることが気になりました。自分の思いを出したい気持ちもあるのですが，大人の思いや考えを敏感に感じて理解していてそれに応えようとするあまり，自分で自分の思いを抑えすぎて自己発揮できていなかったのです。やってみたいことがあっても，自分の思いを出すと保育者に何か言われるのではないかと敏感に感じて自分からは「したい」と言えなかったり，逆に保育者がアキの気持ちを察して誘ってみても本当はやりたいのに「やりたくない」と言ったりすることがありました。そこで，アキにはまず保育者との信頼関係をつくり，自分の思いをそのまま出せるようになってほしいと願いました。そして保育者との関係を基盤に，友だちといっしょに遊びを思いきり楽しむ経験をしてほしいと思いました。そのためには，保育者はまずアキのどんなことでも否定せずにまるごと受けとめて信頼関係をつくっていくことにしました。毎日スキンシップをとったり，登園時に保育者が明るく迎えて一日が気持ちよく始められるようにしたり，冗談を言っていっしょに笑い合ってリラックスできるようにしたりしました。遊びのなかでは，アキの得意なことを探して良さを認め，夢中になって遊べるように遊びに積極的に誘うようにしました。また，アキの母親にも日々の姿を伝えて連携しながら，アキをいっしょに支えていきました。

5月，アキが初めて自分の思いを出せたエピソードです。

(1)「ようちえんなんか，くるもんか！」

> エピソード　アキ　4歳「ようちえんなんか，くるもんか！」　（5月7日）
>
> 弁当の準備中，保育者は子どもの手にアルコール消毒を順番にしていました。ア

キはまだ準備の途中だったので,保育者は何も言わずにアキを飛ばして先に次の子どもを消毒しました。するとアキは自分だけが消毒してもらえなかったと感じ,「もう,ようちえんなんかくるもんか！　明日からこぉへんからな！」と怒りました。今までアキは嫌なことがあっても怒ることはなく,「別にイヤじゃないもん」と気持ちをごまかしていました。それが今は,言い方はどうあれ,怒っているのです。感情と言動が一致しているアキの姿を見るのは初めてだったので,日ごろから思いをそのまま出してほしいと願っていた保育者は嬉しくなりました。そして思わず,「すごい！　思ってること言えたなぁ！　そうやってイヤなことは言ったらいいんやで！」と大いに認めました。アキは不思議そうな表情をしていました。そこで,保育者の思いも伝えました。「アキちゃんがまだ準備している最中だったから後でちゃんとアキちゃんにもしようと思っていたよ」。すると,アキは納得して,弁当の準備を終えて落ち着いて消毒してもらうのを待ちました。そして,消毒をしてもらって,アキもにこにこしてみんなでそろって弁当を食べました。

🔍 考察

アキは「イヤだ」「ダメ」などの否定的な感情を出すことはいけないことなのだと頭でわかっていて,抑えなくてはならないと思っているようなところがありました。しかし,保育者はアキに,どんな思いでもそのまま出したらいいし,保育者はちゃんとその思いを受けとめるよ,と伝えたいと日ごろから思っていました。どんな出し方であれ保育者に対して自分の思いを出したことを大いに受けとめ,思いを出せたこと自体を「これでいいんだよ」と伝えました。

また,アキは自分だけ消毒してもらえなかったことに関して,自分だけがクラスのなかで阻害されていて所属できていない不安感がとても強いためにあんなに怒ったのではないか,とも感じました。保育者はアキのことを丸ごと受け入れているよ,と合図を絶えず送り続けることで,今後安定して生活していくことになるだろう,と考えました。

📖 実践事例から学ぶポイント解説

担任は4月当初のアキの言動を「あまのじゃく」と感じています。おそらく身体の動きや視線や微妙な表情などから醸し出されるアキの心情を感じとり,言葉で表現されることとのズレを感じていたのでしょう。そのズレの感覚から,本当にアキが感じていること,思っていることをまずは素直に表現できるようになってほしいと,担任は願っています。大人を気にして抑制的である子どもは,自己発揮ができていないだけではなく,自己の存在感が不安定な状態です。しっかりと安心して自分らしく幼稚園にいることができていないのです。自分がどうしたいかより先に,自分にどうしてほしいと大人は思っているかを考えてしまうので,自分が見えなくなるのでしょう。アキが本当の自分を表出できるようになるためには,「どんなあ

なたでも受けとめる」という大人側の姿勢が必要です。

担任はこの日アキが「もう，ようちえんなんかくるもんか！」と言ったとき，「すごい！　思ってること言えたなぁ！　そうやってイヤなことは言ったらいいんやで！」と言っています。アキは相当驚いたことでしょう。アキとしては担任を悲しませる渾身の一撃だったと思われますが，担任はそのアキの一撃を喜んだのです。思っていることが言えるようになるためには，相手が自分を受けとめてくれると信じられる関係であることが必要です。とくに怒りの表現は相手との関係をあやうくする可能性のあるものです。その怒りの表現を担任が心から喜んだことで，「どんな私を表現してもこの先生は受けとめてくれるだろう」と，いっそう担任に信頼を寄せていく大きなきっかけになったのではないでしょうか。

(2) はじめての友だち，そして自分づくり

4月・5月ごろは，(1)のエピソードのように，どんな出し方であってもアキの思いをすべて受けとめるようにしてきました。保育者との信頼関係ができてきた6月ごろからは，保育者の思いをはっきりと伝えるようにしていました。すると，アキは自分の思いを主張しつつも，少しずつ保育者の思いも受け入れられるようになってきていました。

7月，アキにとって身近な祇園祭ごっこに興味をもって遊ぶようになりました。そのなかで気の合いそうな友だちを新しく見つけ，その友だちといっしょにいることを喜ぶようになりました。いっしょにいることで気持ちが安定して遊びに向かうようになり，遊びのなかでたくさんのアイデアを出すようになっていきました。遊ぶことを通して，気の合う友だちといっしょにいること，いっしょに遊ぶことの喜びを初めて感じたのだと思います。しかし，祇園祭ごっこが一段落すると，2人は自然と遊ばなくなってしまいました。

またこのころ，ほしい物や自分のしたいことを伝えるのはこれまで保育者だけだったのが，他の子どもにもはっきりと主張することも増えてきました。思いをぶつけあうけんかをするようにもなったのです。また，そのときにすぐに解決できないことがあっても，保育者がアキの思いを受けとめながらいろいろな方法を提案することで「また明日」と納得して，自分の気持ちに折り合いをつけられるようにもなってきました。

2学期になりました。10月初めに，他園からキョウカが転園してきました。保育者が転入したばかりのキョウカと関係をつくろういっしょに過ごしたり鬼ごっこに誘っていっしょに遊んだりしているうちに，アキもいっしょに遊ぶようになりました。2人はあっという間に親しくなり，アキとキョウカが2人だけで遊ぶようになっていきました。キョウカは活発でしっかりと自分の思いをもっていて保育者や友だちにもはっきりと伝えることができるので，ちょうど自分の思いを出せるようになっ

たアキととても気が合いました。大笑いしながらブランコの2人乗りをしたり，いっしょに縄跳びを跳んだり，弁当をいつも隣どうしで食べたり，クラスで集うときには手をつないで座ったりして，2人はいつもいっしょにいました。アキは今まででは考えられないぐらいよく笑い，毎日幼稚園生活を楽しんでいました。アキに大好きな友だちができたことを，保育者もアキの母親もともに心から喜んでいました。

そんななか，アキがキョウカとともに自分の思いを実現する喜びを感じたエピソードがありました。

エピソード　アキ　4歳　おいもありがとう　（10月21日，22日，24日）

● 10月21日（月）

クラスで子どもたちが集っていると，5歳児の子どもたちがみんなで保育室に来てくれました。明日，5歳児が自分たちで栽培したさつまいもを使って，おいもスープ（さつまいもの味噌汁）を調理する「おいもパーティー」を開催するというのです。「明日楽しみにしててね」と「おいもパーティー」の招待状をもってきてくれました。さっそく保育室に招待状を貼って，楽しみにしていました。

● 10月22日（火）

いよいよおいもパーティーの日です。4歳児の子どもたちは「早く食べたい！」と楽しみにしています。5歳児の子どもたちは，朝から準備をして弁当の時間に合わせておいもスープをもってきてくれました。みんなでお礼を言ってさっそく食べると，さつまいもの甘さが口に広がります。とても美味しいので，大きな鍋にたくさんあったスープがあっという間に全部なくなってしまいました。

おいもパーティーが終わったあと，パーティーをしてくれて嬉しかった思いを5歳児のお兄ちゃんお姉ちゃんに伝えたいと思ったクラスの子ども4人が「招待状もらったし，お手紙かきたい！」と発案しました。そこで保育者が画用紙とペンを用意すると，絵や文字を一所懸命書いて5歳児の保育室へ自分たちで手紙を届けに行きました。4人は「渡してきたよ！」と喜んで帰ってきました。アキは，手紙を書いているようすをちらちらと見ながらも，輪のなかには入りませんでした。

● 10月24日（木）

「おいもパーティー」の3日後のことです。登園時，保育者が保育室の前で子どもたちを出迎えていると，アキの母親が「先生，ちょっといいですか？」と保育者を呼び止めて1枚のA4サイズの紙を手渡してくれました。「これ，家でアキが書いたんです。でも，5歳児さんに渡すのは恥ずかしいって言うんです……」。見ると，それはおいもパーティーのお礼の手紙でした。その手紙には，笑顔の子ども2人の絵と，「おいもありがとう」と一所懸命書いた拙い平仮名の文字がありました。保育者はアキが嬉しかった気持ちを表現したいと思ったことが嬉しくて，「うわぁ～すごい！　預かります！」と母親に伝えました。そして，せっかくのアキの思いをすぐに5歳児の保育室へ届けに行ってほしいと思いました。しかし，今までのようすから考えると，アキだけでは緊張してしまうのではないか……。そこで，1人だけでは不安でも大好

きなキョウカといっしょなら行けるのではないかと思い，アキを呼んで，「アキちゃん！ キョウカちゃんといっしょに行っといで！」と，アキに2人で行くことを提案しました。するとアキは「えぇ～！」と嫌がりながらもキョウカと両手をつないでピョンピョンとジャンプをしています。ほどなく2人で「なんて言う？」「おいもありがとう，おいしかったよって言おう！」「そうやなぁ！」と相談が始まりました。しかしだんだん不安が強くなってきたのか，「行く？」「え～やめとく」「行こうよ！」と手紙を届けることを迷い始めたので，「そういや，5歳児さん，今日は朝から集まってなんかするらしいし，今のうち！ 2人で行っといで！」と手紙を渡してポンッと2人の背中を押しました。すると，キョウカとアキは手をつないで「きゃー！」と叫びながら2階にある5歳児の保育室をめざして走っていきました。すぐに助けられるように，保育者も少し離れてうしろからついて行きました。

　すると，すぐにアキは階段を上がる手前に5歳児担任のヤスコ先生がいるのを見つけました。そして，ポツリと「あ，ヤスコ先生や。手紙渡そ」とつぶやきました。保育者が「えっ，（渡すのは）先生でいいの？」と尋ねると，「うん」とうなずきます。保育者としては，おいもスープをつくってくれた5歳児の子どもに手紙を直接渡して，嬉しかった気持ちを伝えてほしいと思っていたので，すばやくヤスコ先生に耳打ちをしに行きました。保育者はアキに聞こえないように「アキちゃんがおいものお礼の手紙を家で書いてきたんです。5歳児の子どもに渡したいんですけど」と伝えました。すると，ヤスコ先生は「よしっ，わかった！」と小さくうなずいて，何も知らないような顔をしてアキに声をかけました。「アキちゃん，何もってんの？」。「おいもパーティーありがとう，の手紙」とアキ。「そうなん！ ありがとう。きっとおっきい組さん，喜ぶわ～」とアキはヤスコ先生と会話しながらいっしょに階段を上りました。そして，ヤスコ先生は「じゃ，部屋で待ってるしね」と一足先に5歳児の保育室へ向かいました。

　ほどなく，アキとキョウカも，5歳児の保育室の前に着きました。保育室では，まだ朝の準備をしている子どもがちらほらいたり，遊び始めようとしている子どももいるような状況でした。そのとき，待ち構えていたヤスコ先生がまわりにも聞こえるように，「アキちゃん，何か届けに来てくれたんやんな！ おいで～！」と声をかけてくれました。アキとキョウカは保育室のなかにはなかなか入らずに扉の前で2人で手をつないで黙っています。保育室前までは来てヤスコ先生が呼びかけてくれたものの，なかなか中には入れません。すると近くにいた5歳児のショウがアキのようすに気づいて，「どうしたん？」と近寄ってきました。保育者は，今が手紙を渡すチャンスだと思いましたがアキはなかなか手紙を渡せないようすだったので，「ショウくんが来てくれたで。手紙渡したら？」と後押ししました。それでも，アキもキョウカももじもじしていました。しかし，意を決したアキが小さい声で「おいもスープ，ありがとう」という言葉とともに手紙を渡しました。受け取ったショウは，折りたたんである手紙をていねいに広げ，書いてある文字を1文字ずつ拾いながら読みました。「お・い・も・あ・り・が・と・う。おいもありがとうやって～！」とショウは手紙を両手で掲げて5歳児のクラスの友だちに嬉しそうに見せました。ヤスコ先生も「ありがとうな。あとでみんなで見るね」と約束してくれました。

考察

　アキは，5歳児が招待状をもってきてくれたことやおいしい味噌汁をつくってもってきてくれたことが嬉しくて，5歳児に対して強い憧れをもったのでしょう。また，他の子どもがお礼の手紙を書いて届けに行ったことに刺激を受けていたのでしょう。いろいろな出来事に素直に心を動かしたアキは，自分も伝えたいという思いを強くもったのだと思います。だから，アキは「手紙を渡したい」という思いを素直にもって，幼稚園では手紙を書けなかったけれど家で書いたことに今までの姿との違いを感じました。今までのアキなら，自分の思いをもつこと，そして実現することに自信がもてずに「どっちみちできない」「やってもむだ」と思っていたと思います。しかし，今回は5歳児に憧れ，感動して心が動いた思いを素直に出したのです。

　とはいえ，それは1人で実現するのはなかなかむずかしいことです。家で手紙を書いたものの，渡すことはあきらめそうになっていました。しかし，保育者はその思いを伝えてほしい，そして伝わる喜びを感じてほしいと願っていました。そこで，大好きな友だちのキョウカといっしょに行くことを提案したことで，アキはキョウカと行くことが楽しみになり，2階へ手紙を渡しに行こうと思うようになったのでしょう。

　また，今回は母親と担任の連携や，保育者どうしの連携も重要でした。母親がアキの思いをくみ取り担任に手紙を託してくれたこと，そしてヤスコ先生に5歳児の子どもとつないでもらったことで，アキの思いを実現することができたのです。

　担任や大好きな友だち，母親，異学年の保育者や子どもなど，自分のまわりの人たちが自分の思いや行動を肯定的に受けとめてくれて，さらに実現できるように動いてくれたことで，自分だけではできなかったことも実現しました。こういう経験の積み重ねがまわりの人たちへの信頼をさらに深め，さらなる自己発揮へとつながるのではないでしょうか。このことが，ゆくゆくアキがしたいと思ったことに向けて自分で動き，友だちとともに実現できる力となっていくのでしょう。

実践事例から学ぶポイント解説

　アキは担任との信頼関係を基盤に気の合う友だちを見つけ，さらに園生活を楽しむようになっています。しかし，親しい間柄ではできることでも，あまり知らない相手とはむずかしいということは多くあります。アキにとって，自分の思いを素直に表現することは相手が違うとむずかしい課題です。また，ここでは特定のだれかというより，「おっきい組さん」といういろいろな個のイメージが混じり合うような集団が相手です。自分の思いは受けとめてもらえるか，不安や緊張はこれまでのものと違ったものだったでしょう。しかし，おいもパーティ当日に同じクラスの子どもが手紙を書き，渡しに行っているのをアキはちらちら見ていました。そして，

そのようすを保育者は知っていました。アキのなかで自分も伝えたい思いが強くあったからこそ，家に帰ってから他人の目を気にせずにすむ環境で，じっくり手紙を書いたのだと思われます。担任や親しい友だちではない相手に自分の思いを伝えたいと思ったアキに，保育者は大きな成長を感じます。子どもが主体としてそれまでの殻を破って一歩前に進もうとしたとき，保育者は次の発達への願いを持ち，具体的な援助を考えます。新たな場に出ていくとき，そのチャレンジを支えるのは，これまでに築いた親しい人との関係です。保育者も要所要所で支えますが，前面にはでていきません。あくまで5歳児担任に耳打ちしたり，5歳児が近づいてきてくれたタイミングを逃さないように声をかけたりして，アキが主体的に思いを伝えられるように環境を整え，援助しています。また，園の保育者全員がアキのことをよく理解していることがこの場の瞬間的な環境をアキにとってふさわしいものにしています。5歳児の保育者はアキがいっそう緊張するような場づくりはせず，きっかけになる声かけをして待ちます。心の準備ができ，アキが主体的に動き出すまでの間を大事にしています。子どもたちはそのなんともいえない間に敏感なものです。ここではショウが近寄って声をかけてくれます。アキの特徴を捉えた援助と環境に支えられ，アキはふだんかかわっている親しい間柄ではなく，あこがれを感じている5歳児へ自分のなかからわいてきた思いを主体的に伝えることができました。

(3) 安定と葛藤をくり返す子ども：支えつつ葛藤する保育者

　アキと親しくなったキョウカは，残念ながら再び転園してしまいました。キョウカが短期間しか在園しないことはアキも知っていて，心づもりをしていたようでした。アキはまた別の子ども，ノゾミと友だちになりました。そして，ノゾミと遊んでいるうちにお互いに大好きな友だちになり，いつもいっしょに遊ぶようになりました。次は，アキがノゾミといっしょに生活発表会で自分と向き合い乗り越えたエピソードです。

> **エピソード**　アキ　4歳　魔女ごっこの始まり　　　　　（1月28日）
>
> 　1月の初めから，アキとノゾミが園庭で映画『魔女の宅急便』に出てくる魔女のイメージで，砂場の熊手をほうきに見立ててまたがって飛び回っているのを見ました。最近アキは『魔女の宅急便』が好きで家でよく見ていると言っていたので，それが遊びにも出てきたのでしょう。2人で「お届け物をしているの」と言ってはいるものの，実際に何かを届けているようすはありませんでした。
> 　この日も朝から熊手にまたがっていたのですがすぐにやめて，お化け探検をしようとしました。しかし，保育者はアキには，今までも遊んできたお化け探検ではなくせっかく遊びかけている魔女ごっこにアキの力を向けてほしいと思っていました。そこ

で保育者はアキに、「お化け探検は、前にいっぱいやったやん。今は魔女になりたいんやろ？」と投げかけてみました。するとアキはしばらく困った顔をしたまま黙り、そして「どうやってほうきをつくるかわからへん…」と、答えました。自分でほうきをつくって遊びたい気持ちはあるものの、どうすればいいのか自分たちだけでは進めることができなかったのです。そこで保育者もいっしょになって「どうしたらいいやろなぁ…」と考えました。しかし、アキが自分で考えたアイデアを試してほしいと思ったので、保育者はそのまま何も言わずに黙っていました。するとアキが突然、「そうや！　新聞もらってくる！」と職員室へ向かって走って行きました。そしてもどってきたアキは、新聞紙を棒状に細長く丸めて、その先に細くたくさん切った色画用紙をテープで止めて、ほうきをつくりました。そして「お届け物するねん。先生とか友だちに届けてくるわ！」と保育室の製作コーナーに行って、空き箱やひもでお届け物をつくり、ほうきにまたがって園内のいろいろな人に届けに行っていました。アキが遊びを考えて嬉しそうに忙しそうにほうきで飛び回る姿を見て、その成長に嬉しくなりました。

　さらに魔女ごっこが継続して盛り上がったり深まったりしていくためには遊びの拠点となる場所が必要だと保育者は考え、アキとノゾミと相談しながら保育室の一角をロッカーや棚で囲ってカーペットを敷いて、魔女の家をつくりました。すると、アキたちはそこを拠点として遊ぶようになりました。魔女の家ができると、アキとノゾミは毎朝登園してすぐに魔女の家に集まり、魔女に変身してほうきに乗り、お届け物をしたり魔法を考えたりして遊ぶことを楽しむようになっていきました。こうして、魔女ごっこがアキの大好きな遊びになっていきました。

エピソード　アキ　4歳　魔女ごっこを劇遊びに活かすまでの長い道のり
（2月10日）

　2月19日には生活発表会が予定されており、保護者や地域の方々に劇遊びや歌を通して子どもたちの1年間の成長を見てもらうことになっていました。今年はクラスで絵本『三びきのやぎのがらがらどん』をもとにした劇遊びに取り組み始めていました。この絵本は、やぎのがらがらどんが橋をわたろうとすると橋の下に怖いトロルが住んでいて、がらがらどんを食べようとしますが、がらがらどんはいろいろな理由を考えて橋を渡っていくという話です。

　劇遊びをするときには、子どもが楽しみながら劇に取り組めるように、もとになる絵本の流れやセリフなどを生かしながら、子ども一人ひとりがふだんの遊びのなかで好きなことややりたいことを柔軟に取り入れています。今回も、役柄やセリフなどを保育者がすべて決めてしまわずに、クラスの子どもたちと劇で遊びながら考えついたり相談したりして、つくっていっているところでした。

　保育者は、アキがどんなかたちで参加するといいのだろうかと悩んでいました。アキはこの1年で大きく成長しました。自分の思いを素直に出せなかった4月とは違って、今やいきいきとした表情で遊ぶことを楽しんでいます。保育者は、そんな

アキの姿を保護者の人たちにも見てもらいたいと考えました。しかし，人の目が気になって緊張しやすいアキです。成長したとはいえ，大勢の前では緊張することも考えられます。どうすれば緊張せずに出演できるでしょうか。そこで思いついたのは，いつも楽しんでいる魔女でなら気負わずに自然なかたちでいつもの自分のままで出演できるのではないか，さらに，1人では心細くてできないこともいつもいっしょに遊んでいる親しい友だちといっしょなら出演できるのではないか，ということです。きっと，アキもノゾミも好きな遊びのまま劇遊びにも参加できるので喜ぶはず，と思い，魔女ごっこをしている最中のアキとノゾミに提案してみることにしました。

　保育者「アキちゃん，ちょっといいこと考えたんだけどね。がらがらどんの絵本のなかでは，やぎが橋を渡ってるやん。でもさ，先生は，魔女も橋を渡ったらいいんちゃうかな，と思ってるねん。どう？」。すると，アキは「えー恥ずかしい！」と照れながらノゾミと顔を見合わせました。言葉ではこうは言っていますが，やりたい気持ちもあるような感触です。そこで保育者はもう一度思いをじっくりと伝えると，アキとノゾミは照れ笑いしながら一言も喋らずに魔女の家へ走り自分たちのほうきを取りに行ってすぐにもどってきました。どうやら，やる気になったようです。保育者は，よかった，と胸をなでおろしました。こうして，アキたちは劇遊びに魔女として参加することになりました。

　クラスの子どもたちみんなで遊戯室へ行き，劇遊びが始まりました。ノゾミとアキは袖で出番を待っている間中ずっといつでも飛べるようにほうきにまたがってしゃがんでいました。やる気は十分あるようです。劇は進んでいき，いよいよ魔女の出番になりました。保育者が2人に「今だ！　飛んでごらん！」と合図を送りましたが，2人ともほうきにまたがって立ってはいるのですが舞台の真ん中へは出てきません。やはりふだん自由に遊んでいる状況とは異なるので出にくいようです。保育者は今日が初めてだし，今回は無理に飛ばなくてもいいと思いました。保育者はアキに，「リリ（ノゾミの魔女での名前）から行くってこと？」と尋ねると，アキは「リリから…」と恥ずかしそうに小さい声で言いました。それを聞いてノゾミが先に行こうとした瞬間，アキが「キキ（アキの魔女での名前）が行く！」と，アキが先に飛びました。それを見て続いてノゾミも飛びました。アキとノゾミは何度も端から端へと飛んだあと，抱き合って喜んでいました。

　クラスの友だちの前で飛ぶことに緊張していたアキでしたが，魔女で飛びたいから出たい気持ちと，みんなに見られるから出たくない気持ちの間で葛藤していました。しかし，アキは飛びたい思いが強く，乗り越えることができたのでした。

　この日以来，劇遊びには毎回魔女が登場するようになりました。劇遊びをするときには自信をもってほうきをもってきて，自分の出番にやる気をもって備えていました。ふだんの遊びのときも，当初はほうきだけだった道具がどんどん増え，頭にはリボンをつけたリラジオをつくったりして，より魔女になりきっていきました。魔女の家も大事な道具を置いておく棚ができたり，魔女になりたい子どもも増えてきたので広くしたりして，充実していきました。劇遊びでの内容についても保育者と魔女たちで相談して，魔女はほうきに乗って橋の向こうに修行に行くことが目的で，得意の手放し乗りを披露すること，そしてほうきで飛んで橋をわたるので，トロルには見つからないということになりました。毎回，自分たちの出番になるの

楽しみにしていて,「みんなに見てもらいたい」という言葉が出るほど,劇遊びを楽しんでいました。

エピソード アキ　4歳　生活発表会当日　　　　　　　　　　　（2月19日）

　生活発表会の当日です。アキは朝からいつも通りにこやかに登園しました。登園して少しすると劇遊びの出番が近づいたので,アキとノゾミはいつも使っているほうきをもって2階の遊戯室へと向かいました。そして遊戯室に入場すると,アキとノゾミは舞台袖でいつでも飛べる恰好でいつものように座って準備していました。緊張もしていないようすで,いつも通りのようすです。客席を見ると,お客さんのなかにはアキの母親だけでなく父親もいました。
　そして,いよいよ劇遊びの本番が始まりました。他の子どもたちはいつもよりも緊張しているので,リラックスできるように声をかけたり,出番のタイミングを目で合図したり,忘れてしまったせりふを保育者がナレーションで足すなどしながら劇は順調に進んでいきました。
　そして,ついに魔女の出番になりました。保育者が「出番だよ」と目で合図をしようと思い魔女たちのほうを見ると,ノゾミは立っているのにアキは苦々しい顔をしていて,座り込んでいます。「もしかして,やっぱり緊張してしまったのか？」と内心焦りながら,保育者が落ち着いたそぶりで「どうしたん？」と声をかけると,アキはむすっとした表情で「やりたくない」と首を横に振ります。もちろん,大勢の前では緊張することは予想していました。だからこそ,夢中になっている大好きな遊びで大好きな友だちといっしょだったら,緊張も乗り越えられるのではないか,また,保育者が「これをやりなさい」と提示したことではなく,アキが好きなことだからこそがんばれるのではないかと思い,魔女で出演することを提案したのです。実際に,本番までは魔女になって大好きな友だちと出演していたので,本番で緊張することはあっても魔女として劇遊びには出るだろうと予想していました。しかし今,舞台袖から一歩も動こうとしません。保育者にとって予想外の事態にとても焦りました。しかも,アキが何に引っかかって嫌がっているのかもわからないので,その原因を探ってほんの少しでもいいので出演できる方法と箇所を探ってみようと判断しました。
　まずはノゾミだけでもいつも通り出演してほしいと思いました。ノゾミの保護者やお客さんにはノゾミの出番をいつも通り見てもらいたかったし,ノゾミが出演できればアキもいっしょに出演できるかもしれないと思ったのです。ノゾミはいつもと異なるアキのようすに少し困惑しているようです。ノゾミが少しでも安心できるようにと思い,保育者がナレーションでノゾミに,「リリは1人で行けますか？」と聞いてみました。するとノゾミはうなずいたので,「じゃあ,本当は2人で行きたいけど,今日はリリが1人で修行に行きます」となるべく劇遊びの内容とストーリーに合うように保育者がナレーションをしながらほうきで飛ぶときの曲をピアノで弾くと,ノゾミは1人で飛んでいきました。しかし,アキはノゾミのようすを見なが

ら飛ばずに立ちつくしています。1人で出演することに引っかかっているのではなさそうです。保育者はさっそく次の原因を探ります。アキはほうきに乗ることを見られることが引っかかっているのかもしれないと思いました。だから，歩いて橋の近くまで行くこと，しかも端から端までではなく真ん中までだったらどうかと思い，ナレーションで「真ん中まで行ってみましょう。歩いてでもいいですよ」と，アキに投げかけてみましたが，アキはやはりまったく動けませんでした。ほうきに引っかかっているのではないようです。保育者はだんだん焦ってきました。考えられる方法もなくなってきたうえに，時間をかけると余計にアキが動けなくなっていくからです。魔女として出演してほしかったけれどこのようすだとむずかしそうです。そこで，アキはアキとして，せめて歩くだけ，しかもノゾミと2人でといういちばん安心できる方法なら出演できるかと思い，保育者は2人に「2人で手をつないで行ってみましょ」とナレーションしました。しかしアキはやはり動けません。まったく動かないアキのようすを見かねて，ノゾミがアキに「はよ行くで」「いつもやってるやん」と小声でアキを励ましています。保育者は，ノゾミが言ってくれてる！ いいぞ！ アキの心に届け！ と願ってそのようすを見ていました。しかし，アキはノゾミと目も合わさず，アキが動く気配はまったくありません。こうなったら最後の手段です。保育者もいっしょに出演して，手をつなげば少しは（場に出るだけというかたちですが）出演できるかと思い，保育者はピアノから離れてアキのところへ行き，「じゃあ，いっしょに行こ」とノゾミとともにアキを誘いました。しかし，やはりアキは動きません。保育者は，さらに焦りました。しかし，アキが動きたくないのならば，今いる場所でせめてセリフだけでもと思いました。そして保育者はアキに，「じゃあ，ここで言おう。得意なこと，あるもんな～」とアキのほうを見ました。しかし何も言えないので，ノゾミに「じゃあ，リリ，言ってみる？」と誘ってみると，ノゾミは小さな声で「手放し乗り」と応えました。保育者は，アキがまったく出演できないままですが，これ以上手段がないのと，アキにとっても見ている保護者にとっても，アキがかたくなにやろうとしない姿を見せ続けるのはよくないと判断してあきらめ，劇遊びのストーリーにもどることにしました。保育者は「そう！ 魔女は手放し乗りが得意なんです！」とピアノに走ってもどって手放し乗りの曲をピアノで弾くと，ノゾミは1人で手放し乗りをして飛んでいきました。

　その後の出番もノゾミは1人でいつも通りに出演したのですが，アキは結局いっさい動かないまま，劇遊びの本番は終わりました。他の子どもが退場してもアキは座り込んだまま動きません。保育者が「じゃ，いっしょに走ろうか」とアキと手をつなぎ，退場することさえ嫌がるアキを無理矢理連れてようやく退場したのでした。

○本番が終わって，保育者の落胆といらだち
　保育者は，アキを前向きに受けとめてなんとか出演してほしいと思っていたので，劇遊びの最中ニコニコしていましたが，心のなかで焦っていました。しかも，退場すら嫌がるアキに保育者はいらだっていました。アキはこの1年間で大きく成長しました。保育者はずっとアキのことをたいせつに思い，どうすればよいのか日々のアキの姿の一瞬一瞬をとらえて考え，悩み，反省しながら次へとつなげて保育をしてきました。そしてアキも一つひとつのきっかけから少しずつ自分に自信をもち，友

だち関係をつくり，今やっとここまで育ってきたのです。アキの保護者も，そして他の保護者も「アキちゃん，すごく変わったよね」と驚くほどこの1年で成長したのです。だからこそ，この生活発表会ではそんな大きく成長したアキの姿をみんなに見てもらう大事な機会だととらえていました。アキは本当は出演していつも通りにできるのに，大勢の人の前だからその力を発揮しないなんてもったいない！ この1年間，保育者とアキでいっしょにがんばってきたのは何だったんだ！ というらだっていたのです。

　しかも，生活発表会は1年に1度しかありません。アキは「できなかった」ことをよく覚えているので，「自分は劇遊びに出られなかった」と思い続けて自信をもてずにこれからの1年間を過ごすのかと思うと，いたたまれない気持ちになっていました。

　アキはふだんあんなに楽しそうにやっていたしすごくやる気がありました。ふだんから嫌がっていたのなら保育者もここまで思わなかったと思いますが，いつもはやる気があって楽しんでいるのに，この日だけその姿を見せないなんて，裏切られたような気持ちになりました。

　劇遊びが終わって遊戯室から退場してすぐ，保育者はアキに向き合って，保育者のそんないらだっている気持ちをそのままぶつけました。「いつもやってるやんか！ なんでやらんかったん?!」「そんなん，あかんわ！」「あんなん，めっちゃかっこ悪い！ かっこいいとこ見せたいって言ってたやん！」「ほんまはできるのに！」。保育者は思いの丈を言葉にしてアキに向けました。アキは言い返したり怒ったり泣いたりすると思っていましたが，いらだっている保育者の言葉を何も言わずにじっと聞いていました。今まで保育者は期待の言葉をかけることでアキが大人の思いに応えようとして負担になり，魔女になって楽しむことよりも見てもらうことに意識がいきすぎてはいけないと思い，保育者がアキに期待している気持ちも言葉では伝えていませんでした。アキはそんな保育者の思いを初めて知り驚いたということもあったと思います。また，自分でもどうすればいいかもどかしさがあったのだと思います。それを保育者が同じようにもどかしく思っていることを感じていたのでしょう。

　そして，保育者の思いの丈を伝えたあと，保育者はまだしばらくアキを見つめていらだっていました。アキもずっと保育者を見つめていました。しかし，終わってしまったものはしかたないし，結局のところ保育者がアキの思いに沿えていなかったから出演できなかったのだろうと思いなおし，保育者はふうっと一息ついて，何も言わずにアキと手をつないでいっしょに保育室へと向かいました。

　保育室にもどったアキは，何事もなかったかのように，さっそくノゾミといつものように魔女ごっこを始めました。保育者は，「さっきまで劇ではやりたくないと言っていたのに魔女ごっこで遊ぶのは好きなんだ…」と思いながら，期待していたのにアキが出演できなかったことに落ち込んでしばらく何もできず，アキたちが魔女ごっこをする姿をぼんやりと見ていました。そして保育者が他の子どもとしばらく遊んでいるうちに次の歌の出番が近づいてきたので，子どもたちに声をかけて保育室に集めました。あいかわらず魔女になって遊んでいるアキにも次の出番が近づいていることを知らせに行きました。そして，保育者はふと思いついたのでアキに聞いてみました。「アキちゃんさぁ，歌の前に，飛ぶところだけやってみるか？」。すると，

アキは「うん，飛ぶ」と答えました。保育者はてっきりもう出演するのは嫌だと思っていたのでびっくりして，「ほんまに〜？　また，やりたくない！　って言うんちゃうんか？　ほんまにやるん？」と半信半疑で再度尋ねました。それでも何度聞いても「やる」と言うのです。保育者も気持ちを固め，「よし，そしたら飛んだらいい。準備しといて。ノゾミちゃんもいっしょに飛ぶか？」と隣にいるノゾミにも尋ねると，ノゾミも黙ってうなずきました。アキにも確認するために「よっしゃ，それでいいか？」とアキに聞くと，うなずきます。そして遊んでいるときに使っていたほうきをそのまま大事にもって遊戯室へと向かいました。

　前のクラスの演目が終わり，保育者だけ遊戯室に入ってそのかたづけの手伝いをしながら園長先生に小声で，「アキちゃんが飛びたいって言ってるんですけど，いいですか？」と聞きました。園長先生はもちろん先ほどのアキの姿を見ていましたし，ふだんからの保育者のアキに対する思いやどのようにかかわってきたかも知っています。園長先生はすぐに保育者の思いも状況も察して「いいよ」と言ってくれました。保育者は遊戯室の入り口で待っているアキとノゾミのところへ急いで行き，「園長先生も，いいって！　前で準備しといて」と伝えました。2人は落ち着いてうなずきました。まず，保育者が先に入り，お客さんに説明しました。「さっき飛べなかった魔女がもう一度飛びたいというので，見てもらっていいですか？」と言うと，大きな拍手が起こりました。

　アキとノゾミを呼んで，保育者はアキが今度こそは出演できるように，今回もなるべくいつも通りに，魔女の飛ぶ場面だけをしようと思っていました。保育者とアキとノゾミでいっしょに入場して，保育者が先にピアノのほうへ行くと，アキとノゾミはほうきをもっていつもの舞台袖でほうきにまたがってしゃがみ，飛ぶ準備をしました。その姿を見届けてから保育者はピアノに座り，2人に視線を送りながらうなずくと，2人ともこちらを見てしっかりとうなずきます。そして，保育者がいつも通りに「次に来たのは，魔女でした」とナレーションを始めました。すると，2人はいつも通りにすっと立ち上がり，そしてぱっと飛び立ちました。それに合わせて保育者は魔女がほうきで飛ぶ曲を弾きました。ついにアキは飛べたのです。2人の魔女は，舞台いっぱいに飛びました。飛んでいる2人の顔は，とても満足そうです。お客さんたちも飛んでいる間ずっと大きな拍手をしてくれています。保育者がほっとしてピアノを弾きながらちらっと客席を見ると，アキの父親は大きな拍手をしながらも目から涙が流れていました。

考察

　アキは，この1年間で自分のしたいことを見つけられるようになって，自信をもって遊びを進めるようになり，いろいろなものごとや人々，そして自分自身を肯定的に受け入れるようになりました。その結果，人との関係をつくれるようになってきていました。ここまで成長したアキの次の課題は，「見られる不安」を克服することでした。人の目を気にしすぎてかたくなになってしまったり楽しめなくなってしまったりすることがあったのです。なので保育者は，生活発表会がアキにとってそ

れを克服する大きなチャンスだととらえていました。とはいえ，生活発表会当日はお客さんがたくさんいるとだれであっても緊張するものです。だからこそ，アキがふだんから好きな遊びを劇遊びに取り入れて，しかも大好きな友だちといっしょに出演することで，不安を感じながらも少しでも安心してなるべくふだん通りに臨んでほしいと思って取り組んできました。そして，前日までは保育者が思っていた通りにアキは魔女になって出演することを楽しんでいたのです。保育者は，きっと当日もこの調子だったら大丈夫だと思っていました。そしてアキも，今まではやる気をもって出演していたことを考えると，当日も魔女として出演したいと思っていたのだと思います。しかし，実際に大勢のお客さんに「見られる不安」が，大きな負担となったのでしょう。保育者もその気持ちがよくわかりますし，少しでも負担の少ない方法で出演し，「見られる不安」を乗り越えてほしいと願い，さまざまな手段を試してみたのでした。しかし，アキにとっては少し手段を変えたからといって出演できる気持ちにはなれなかったのでしょう。

　保育者が再度挑戦することをふと思いついたのは，アキはやっぱり魔女ごっこ自体は大好きなのだと思ったことと，まだ生活発表会は終わってないことに気づいたからでした。アキにとっては終わったかもしれませんが，保育者は機会をつくれるのです。アキは今乗り越えることができるところまで育っている，あとはそのための機会ととらえたことをあきらめたくなかったのです。

　とはいえ，アキが嫌なのなら無理に再挑戦を押しつけるつもりはありませんでした。だから，それとなく聞いてみたのです。しかし，アキはもう一度やってみようという気持ちになっていることがわかり，アキの再び立ち上がる力を信じて，今がもう一押しするときだと判断したのでした。

　その後アキは，本当に飛びました。アキが気持ちを切り替えて再度挑戦したのは，舞台とお客さんがどんな雰囲気なのか一度見てわかったこと，ノゾミがいっしょにいてくれたことで安心して挑戦できたこともありますが，アキがいつも通りに出演できなかったことに自分自身で悔しい思いをしたこと，そしてアキに期待する保育者の思いをアキが初めて知り，それでもまだ保育者が自分に期待していると感じたことも大きいように思います。保育者は今までも，アキとともに悩み，葛藤し，アキのためにどうすればよいのかをずっと考えてきました。しかし，保育者がアキに次はこうなってほしいと期待する思いを今まで伝えたことはありませんでした。今回，保育者がアキのことを信じていて，保育者がアキを覚悟をもって支えていくという思いが伝わったことも，アキを動かしたのだと思います。

　こうしてアキは，再度挑戦することで，大勢に「見られる不安」を克服したのです。

📖 実践事例から学ぶポイント解説

　1年間の育ちの集大成と位置づけられる行事において，一人ひとりの子どもが自

分の力を十分に発揮できるようにすることは，保育者にとって責任ある大仕事です。そのためには，子どもたちが日々の遊びのなかで十分に力をつけていることが必要です。アキはお化け探検遊びを楽しんだあと，魔女ごっこを楽しむようになります。しかし，最初は園庭の熊手にまたがって飛ぶだけで，お届け物をすることなく，またお化け探検にもどろうとします。保育者はそこで，魔女ごっこが楽しめるように声をかけ，どうしたらいいかいっしょに考え，支えています。

　ここで，お化け探検と魔女ごっこは何が違うかとらえることが重要です。いろいろなところにイメージをもって出かけていくことは同じかもしれませんが，魔女ごっこにはいろいろな人に自分から物を届けるという展開が含まれているでしょう。アキが魔女ごっこを楽しむことは，あまり身近ではない人にも自分の遊びを楽しいものと受け取ってもらい，いっそう自信をもち，他者への信頼を深める内容となることが期待される遊びといっていいでしょう。

　保育者はアキにとって重要な遊びとしてとらえ，魔女ごっこの展開を支えます。拠点をつくることで日々の遊びとして展開するようになり，また周囲の子どもたちも巻き込んで楽しみが広がっていきました。

　こういった遊びの充実から行事の内容をつくっていきます。しかし，保育者の思いだけでは子ども主体の活動になりません。担任は自分の思いをアキとノゾミに伝え，劇遊びへとつなげていきます。見られることへの緊張を乗り越え，大きな成長へとつながるきっかけとなるように，ていねいに行事までの流れをつくっていることがわかります。劇遊びのなかで少しずつ自信をもったり，ふだんの遊びとしての魔女ごっこで必要な物をつくり，なりきって遊び込むことで遊びへの思いが深まっていたことでしょう。

　当日，担任はアキだけではなくいろいろな子どもがふだんと異なる姿を見せるので，一人ひとりが力を発揮できるように出番の子どもと心を合わせるように劇遊びを展開していきます。朝はいつもと変わらないようすで登園してきたアキが，ここで抵抗します。苦々しい顔で魔女になって飛ぶことを拒否するのです。いざ舞台まで来てみると，アキの想像をはるかに超える観客席からの熱い視線の集中に足がすくんだのかもしれません。保育者は焦りながらも努めて冷静になんとかアキが出演できるように考え，投げかけます。アキが何に引っかかっているのか，その場で探りながら「こうしてみたら？」「ああしてみたら？」と投げかけるのですが，アキは動きませんでした。保育者はこれまで積み重ねてきたアキとのかかわりや，アキのもっている力を信じる気持ち，もし乗り越えられなかったときアキが抱え続けるだろう残念な気持ち，何がいけなかったのかもわからない困惑といったさまざまな思いがぐちゃぐちゃになっていらだち，「裏切られたような気持ち」になっています。この生々しい保育者の感情が劇遊びの本番が終わったあと，アキにぶつけられるのです。

アキはそんな生々しい担任と向き合ったのは初めてだったことでしょう。保育者は保育の専門家として子どもと向き合う存在です。しかし、このときアキの目の前にいたのは、アキのことを心から大事に思うたった一人のたいせつな人でした。アキは大好きなその人がぶつけてくる丸裸の感情に身動きもできず、自分に対する思いの丈をずっしりと受けとめたのでしょう。目をそらさず、逃げもせず、じっと担任を見つめ返すのです。

アキもいつものように舞台で飛びまわりたかったにちがいありません。できなかった自分に言葉にならない思いを抱えていたでしょう。保育者の「なんでやらんかったん?!」「あんなん、めっちゃかっこ悪い！」「ほんまはできるのに！」という思いは、アキの心のなかでアキ自身が抱えていた思いだったかもしれません。一見アキと担任が対峙しているかのように見える場面で、じつは、アキは自分の思いを言葉にしてぶつけてくれた担任によって、向き合いたくない自分に向き合うことができたのではないでしょうか。そのあと、ふうっと一息ついた担任はアキと手をつなぎます。もしアキがこのとき担任にわかってもらえなかった、否定された、叱られたと思っていたら、手をふりほどいていたかもしれません。アキは担任の丸裸の感情を受けて、自分を見つめ、何も言わず、手をつないでクラスへと帰るのです。

落ち込んで何もできずにいる担任の一方で、自分の安心できる場所にもどり、アキはいつものように遊び始めます。担任はしばし呆然としたあと、歌の出番のために立ち上がります。そして、ふと飛ぶところだけやってみることをアキに提案すると、アキは「飛ぶ」と答えます。ここでアキは担任の思いにおされて飛ぼうと思ったのではないでしょう。むしろ、担任が自分と同じ思いでいてくれたこと、自分を心からたいせつに思っていてくれることに支えられ、舞台で飛びたいと前向きに思ったのではないでしょうか。また、一度どんな場であるか経験したことで立ち向かう構えができたこともあるでしょう。アキは見通しをもって、「ほんまはできる」自分を信じ、あらためて舞台に上がったのです。

アキが飛べなかったのを残念に思っていたのは、担任だけでもアキの保護者だけでもないことがわかります。園長をはじめとする全教職員もアキのこれまでの育ちを知っていますし、ぜひアキが自分で納得する舞台になってほしいと願っていたことでしょう。また、劇中で担任が心を砕いているようすにいっしょになって心を揺らして見ていたであろう観客席の保護者たちはきっと、「よかった」「がんばれ」という気持ちであたたかい拍手とともに迎えたことでしょう。アキは自分のことに心を寄せてくれる大人たちのあたたかさのなかで、自己を発揮することができました。行事は子どもにとっても保育者にとっても大仕事です。しかし、これだけの思いが集まるからこそ、大きな壁を乗り越えることへとつながる、発達の契機となっていくのでしょう。

担任がこうやってアキの気持ちをたいせつに、もう一度出番をつくったことで、

アキの保護者は大きく救われ，嬉しかったにちがいありません。それは飛べなかったまま家に帰るのとは天と地ほど違う家庭生活への影響があったかもしれません。また，この担任の姿はクラスの子どもたちも見ています。アキがいつもは飛んでいたことも，本番で飛べなかったことも，担任が一所懸命少しでも飛べるようにかかわっていたことも，機転をきかせてもう一度出番をつくったことも，子どもたちはそばで見ています。一人ひとりを心から大事にしてくれる保育者へいっそうの信頼を寄せていったことでしょう。

Column 8
保育で感じる「わからなさ」を「おもしろさ」へ

　「子ども理解が重要だ」とよく言われますが，みなさんは「子ども理解ができた」と思えたことはありますか？　保育で出会う具体的な子どもの姿は意味が読み取りにくく，むしろ「わからなさ」に取り巻かれることのほうが多いのではないでしょうか。あの子が靴をたくさん抱えて登園するのはなぜ？　昨日まで喜んで入っていたプールに今日は絶対入らないと水着を放るのはなぜ？　こちらがいっしょに遊ぼうとしても逃げてしまうのに不意にうしろから抱きついてくるのはなぜ？　といった，行為の意味，その行為の前後の脈絡，場面による行為の差など，さまざまな「わからなさ」が保育ではそこここにあります。そんなとき，「思ったような保育ができないのは子どものせい」と思ってしまいたくなるかもしれません。
　教育学者の津守真は「子どもの行動は心の表現である」と述べています。子どもの行動の意味はすぐにはわからなかったり，ずっとわからなかったりするかもしれませんが，今の子どもの心のありようが行動に表われているととらえ直してみてください。「きっと何か意味があるんだろう」と，この子のことを知りたい，わかりたいと願い，子どもの心に一歩でも近づこうとすることが，保育における子ども理解のあり方なのではないでしょうか。保育者が自分の理解の範囲でわからないと悩むより，自分の想像を超える子どもの世界を楽しみにすることが，保育のおもしろさに出合う一つのコツのように思います。

(4) 自分を軸に：遊び，友だち，揺れて，つながって

　アキは，4月に5歳児になりました。担任も変わらず，クラス替えもありませんでしたが，保育室だけが2階へと変わりました。初日から意気揚々と階段を上り，新しいクラスのバッジをつけてもらうことを嬉しそうにしていました。
　1学期からグループ活動をしてきました。当番のグループは保育者が意図的に組

み，親しい子どもどうしではなく今仲よくなりかけている友だちどうしをいっしょにすることで，友だち関係を広げてほしいと願っていました。グループの仕事は，クラスで飼っているウサギのカリカリちゃんの世話をしたり，弁当の準備や食べる声かけ，そしてかたづけをしたりすることです。6グループあるので，1週間に1回程度当番が回ってきます。当初はまだ関係ができていないのでうまく意思疎通ができなかったり自分がグループのなかでどうすればいいのかわからなかったりして，手際よくすれば5分で終わるウサギの世話に1時間以上かかるグループもありました。ときおり保育者が入ることもありましたが，毎回うまくいかないながらも自分たちでどうすればいいか悩みながら進めていけるようにしたいと思い，なるべく子どもたちで進めるようすを我慢強く見守りました。すると，回数を重ねると自分たちなりに声をかけあったり友だちのようすを見て自分は何をしたらいいか考えるようになり，少しずつみずから進んでやるようになっていき，それとともにグループ内の友だち関係もできていきました。

　2学期になり，9月中ごろには新しく生活グループを組みました。今回もそれまでの友だち関係などを考慮して保育者がメンバーを考えて組みました。アキのグループは，アキ，サトルなど5人組です。グループの名前は「かめグループ」になりました。次に記すのは，アキが新しいグループで友だちと声をかけあって協力し動物の世話をしようとするエピソードです。

> **エピソード**　アキ　5歳　いっしょに当番しよう　　　　（10月22日）
>
> 　今日は当番の日だと前日から確認していたアキは，さっそく保育室にいるグループの友だちにカリカリちゃんの世話を「今日，当番やで〜」と声をかけて集めていました。しかし，サトルだけが保育室にはいなかったのでグループの友だちと探しに行きました。するとサトルは遊戯室にいて，ちょうど今から帽子とりをしようとしているところでした。帽子とりは，サトルがここ最近毎日汗だくになって前日から「明日も帽子とりしよな」と友だちと声をかけあっているほど大好きな遊びです。かめグループの子どもたちが遊戯室に来たときもサトルは赤チームに入っていてすでに帽子もかぶり，今にも始まりそうな雰囲気でした。アキたちはサトルに「当番やで〜！　行こう！」と声をかけました。しかし，サトルは聞こえないふりをして，遠くを見ています。「サトルくん！　当番やで！」とかめグループの友だちに何度も言われて，サトルはついに被っていた赤帽子は脱ぎましたが，それでも視線を合わせず，帽子を手にもったまま遠くを見つめています。サトルへのアキの説得は続きます。アキはやさしく，「サトルくん，いっしょに当番しようや。カリカリちゃん待ってるで」「お腹すいて待ってるで」と，くり返し伝えます。いっしょに帽子とりをしようとしている友だちもサトルのまわりに集まってきて，どうかしたのか，とそのようすを見ていました。すると突然，サトルが大声で「うわーん！」と泣きだしました。帽

子とりの友だちはさっといなくなり，かめグループの子どもたちだけが残りました。サトルが泣いていてもアキはさっきまでと同じように続けます。「サトルくん，いっしょに当番しよう。カリカリちゃん，お腹すいてるで。うんちもいっぱい出てるし」「帽子とりもやりたいけど，当番終わってからやったらどう？」と同じように何度もくり返してあきらめずに伝え続けます。そして，アキがサトルの背中をそっと押すと，あんなに渋っていたサトルがグループの友だちといっしょにカリカリちゃんのいるテラスのほうへと動き出しました。

カリカリちゃんの世話を始めたかめグループの子どもたちは，それぞれが自分の役割を自分で見つけ，うんちを取ったり新しい新聞紙を取りに行ったり食べやすいように野菜をちぎったりしていました。サトルも水を替えています。そして，カリカリちゃんの世話は5分程度で滞りなく終わりました。最後にアキが，「よしっ，これで終わり！」と声をかけ，それぞれの遊びの場へと走って向かいました。

🔍 考察

アキは当番活動をしないとカリカリちゃんが困るのだという必要性をサトルに終始伝え続けていました。保育者は，5歳児になった春からカリカリちゃんは当番が世話をすることで気持ちよく過ごせるのだという当番の意味を伝え続けてきました。当番だからやらなあかん，という義務的な言い方ではなかったことから，当番活動の意味をわかっていて責任をもってやり遂げようとする思いが感じられました。当番活動の意味を伝えてきたことがアキにはしっかりと伝わっていたのだろうと思います。だからこそ，遊びたい気持ちと当番をしなければならない気持ちに葛藤して揺れていたサトルにも，アキの思いを押しつけようとはせず，ひるむことなく自分の思いを伝え続けたのだと思います。

保育者は同じ遊戯室の少し離れた場所でそのようすを見ていました。しかし保育者はアキにもサトルにも直接声をかけたわけではなかったですし，アキは困ったからといって保育者に頼ってきたわけでもありませんでした。自分たちのことは自分たちでなんとか解決しようという思いをもっていると感じます。

出発しまーす

じゃがいも　この穴から水を飲むんだよ

また，集まっている子どもたちだけで当番の仕事をしようとは考えていないということからも，グループ全員で世話をしたいのだという思いを感じました。このグループの友だちは，ふだんいっしょに遊ぶ友だちではありません。それでも，大事なウサギの世話をいっしょにするという目的を，ともに達成するために思いを伝え続け，友だちもアキの思いに納得したのでした。アキはサトルやグループの友だちのことを信頼し，ともに生活を進める喜びを感じているようです。

実践事例から学ぶポイント解説

　このエピソードのアキは，サトルに対してまるで保育者のような声かけをしています。当番の必要性をウサギの気持ちになって説明したり，サトルの遊びたい気持ちに共感を示しながらも先にやるべきことをやわらかく示したり，サトルの気持ちが動きかけたのを感じてそっと背中を押したりする姿は大人顔負けです。いつもいっしょに遊ぶ仲間とは異なるグループのなかでも自分の力が発揮できています。アキも早く自分の遊びをしたいでしょうが，その気持ちはいったん脇に置き，今すべきことを念頭に置いて，自分の気持ちを調整してかかわっています。
　この力は，協同的な学びに必要な力です。目的意識がグループ内で共有できるように説明したり，無理矢理させるのではなく徐々に気持ちが向いていくように辛抱強く，また共感的に話したりすることで，メンバーがそれぞれ今やるべきことを考えて役割を担い，協同することへとつながっています。保育者は，これまでの育ちを基盤にして，なるべく子どもが自分たちで悩みながらも進められるように，それぞれの子どもの特徴が生きるグループを考えて組むことに知恵を絞ります。その後は，子どもたちを信頼して任せて，時に手助けを求められても保育者は答えを出さずに見守り，子どもたち自身で乗り越えていくことができるように援助することが重要になるでしょう。

(5) 小学校へつなぐ育ち・小学校とつむぐ育ち

① 進学するにあたっての保育者の思い

　5歳児の2月の生活発表会では，4歳児のときとは違って，恥ずかしがりながらも自分のセリフを1人で言うなど自分の役割を果たしていました。3月には修了式で立派に修了証書をもらっていました。そして，4月，アキは地域の小学校へと進学しました。
　アキは，幼稚園で大きく成長しました。自分を素直に発揮するようになりましたし，自分と向き合えるようになって，人と折り合いをつけられるようになりました。しかし，今までの幼稚園での姿から考えると小学校への進学には心配もあります。小学校への憧れも強くもっていますし，がんばろうとする力が育っているので，小学校に行っても最初は張り切ってがんばると思います。それでも，緊張が続くと5

よーいどん

私のお団子見て

月ごろには心身ともに疲れてきて，いったん調子が崩れてくるのではないか，と考えました。それはおそらく一過性のもので，新しい担任の先生と信頼関係をつくって新しい環境に慣れることで乗り越えていくと思いますが，それには新しい担任の先生に支えてもらうことが必要だと，保育者は考えていました。

2 地域の小学校との連携

本園はこれまでも，子どもが小学校を身近に感じて憧れをもち，安心して進学してほしいと願って，教師どうしが連携できる関係をつくってきました。同じ地域のなかに，1つの中学校・2つの小学校・1つの幼稚園の公立3校1園があり，それぞれの学校運営協議会やPTA組織が連携しているので，日ごろから深いつながりがあります。また，本園と2つの小学校で指導計画に位置づけて，子どもたちどうしの交流の機会をもったり進学前に給食のようすを見せてもらったりしてきました。また，進学する子どもの育ちや幼稚園でのようすを伝えたり，引き継いだり，入学後に幼稚園の教員が進学した子どもの参観に行ったりする機会をもってきました。

3 新しい担任の先生との話し合い

4月，アキの今までの育ちと保育者が感じている見立てをアキの小学校の新しい担任であるアヤコ先生に伝えることにしました。前もって知らせておいて心づもりをしてもらっていたら，アキに何かきざしがあればすぐに気づいて支えてもらえるし，そうすれば，比較的早く立ち直ってまた学習に向かえると考えたのです。アキのこれまでの育ちから保育者が感じていることを，小学校での指導に役立ててほしいと思いを込めて，伝えました。するとアヤコ先生は，「わかりました。しっかりと受け取ります」と力強く言ってくださり，とてもほっとしました。こうして，幼稚園で心を込めて育ててきたアキを，アヤコ先生へと引き継いだのでした。

アヤコ先生に4月のアキの小学校でのようすを教えてもらいました。アキはとて

も張り切っているとのことでした。たとえば，眼を輝かせてアヤコ先生の話を聞いていたり，入学式の日はアヤコ先生に「半日入学のときもいっしょだったよ」とアキから声をかけたり，「トイレのスリッパをそろえておいたよ」と自分のがんばりを認めてもらいにきたり，「先生が言った通りに5分前にかたづけを終わったよ」など，アキががんばったことを自分からアヤコ先生に伝えている，とのことでした。さらに，近くの席の新しい友だちとも楽しそうに話したり，同じ幼稚園だったマイコやヨシトにも声をかけたりしているようでした。アヤコ先生は，「クラスを引っ張っていってくれている」と感じるとのことでした。

　いいスタートを切っているアキの話を聞いて，保育者は嬉しく思いました。アキは新しい環境や出会いを喜んでいるのでしょう。「幼稚園なんか来るもんか！」と言っていた4歳児4月と違って，がんばったことをアヤコ先生に伝えて褒めてもらうという社会的に認められる言葉かけや態度で，アヤコ先生との信頼関係をみずからつくろうとしています。しかし，アキの今までの育ちから考えると，精いっぱいがんばっているのはアキが不安を感じていてなんとか不安を解消しようとしている表われでもあるのではないか，と感じました。そんな保育者の考えを伝えると，アヤコ先生は「この行動が不安の表われだとは思わなかったです」とおっしゃいました。

　小学校の教師に幼稚園での学びを伝える意義は，入学直前の姿だけでなく育ちの過程の姿を伝えることで，より深く子どもに迫ることができることだと考えます。今後も継続して進学した接続期の子どもたちのようすを双方の担任どうしが共有し，小学校での指導に役立てることができればありがたいと思いました。

④ アキの思いの受け取り方について意見交換

　5月になり，最近のアキについてのようすをアヤコ先生に教えてもらいました。

　授業中のことです。クラスみんながプリントに向かって，自分で考えてじっくりと取り組んでいました。アヤコ先生が子どもたちの進み具合を見て回って，アキの近くに来たときのことです。突然「先生，あんな，明日な！」と嬉しそうに話しかけてきたとのことでした。アヤコ先生は，「今はみんなやるときやし静かにしてね」と伝えたようです。

　保育者とアヤコ先生で，なぜそんなタイミングで突然言ったのだろう，とアキの思いについて話し合いました。授業中の集中しているときに話しかけてきたら，アヤコ先生としては授業で考えることに集中してほしいと思うのは当然です。他の子どもたちが静かにしているのに，アキだけ話したらみんな話したくなります。保育者としては，アキはまだ緊張しているだろうから，翌日の予定という授業に関係のないことを意味もなく先生に話すはずはない，と思いました。しかし，アヤコ先生によると最近のアキは少し打ち解けてきているようで，世間話をすることもあるよ

ポニー，かわいいね

京うちわづくり　きれいにできたよ

うです。保育者とアヤコ先生で話し合っているうちに，ひょっとしたら，アキは「今だったら先生と2人っきりで話せる」と考えたのかもしれない，先生と話したいと思っていたけど先生は他の子にかかっていたり授業を進めていたりして，話しかけるタイミングがないから，今なら2人だけで話せると思ったのではないか。今までの姿を見てきた幼稚園の保育者と今の姿を知っている小学校の教師で話し合いを重ねて，出した結論でした。

　後日，アヤコ先生は，「アキちゃんがときおり，膝の上に乗って甘えてくることも出てきたんですよ。そのときには，本当は甘えたいときもあるよねって，思いを受けとめてしばらく膝に乗せたままおしゃべりをしているんです」，と教えてくださいました。アヤコ先生は4月に保育者が伝えたアキの不安や甘えたい気持ちを丸ごと受けとめてくださっていたのです。このように，アヤコ先生に伝えたり話し合ったりしたことが小学校での指導に役立っていることを実感しました。

　7月には，小学校にすっかり慣れて新しい友だち関係をみずから築いていったり積極的に授業に参加したりする姿があるようです。新しい担任の先生と信頼関係をつくり，新しい環境に慣れたアキは，接続期を完了しつつあるようでした。

　アキは，当初の保育者の心配をよそに，小学校への進学で大きなつまずきや段差を感じることなく，新しい環境でも積極的にみずから適応して日々を楽しんで過ごしています。それには，アキが幼稚園で十分に育ち，折り合う力を育んだこと，幼小の教師間の連携を十分にとり，アキが安心して過ごせるようにアヤコ先生にアキを受け取ってもらえたこと，そして入学後も幼稚園での育ちと今の小学校での姿を伝え合ったことなどの要因があったと考えられます。

📖 実践事例から学ぶポイント解説

　小学校での生活は乳幼児期の育ちを基盤として成り立っています。しかし，それは入学時から子どものもっている力が十分に発揮されることを保証するわけではありません。新しい環境，新しい先生，新しい友だちに戸惑い，不安に思い，緊張し，

小学校で求められるふるまいに最初から適応することは子どもにとってむずかしさがあるのです。

　この事例では，幼稚園と小学校の新旧の担任がアキの小学校での安定基盤をつくるために，情報共有だけでなく，小学校での姿を通して今のアキをどう理解するか話し合いをしています。入学後のアキの姿から「クラスを引っ張っていってくれている」と感じた小学校の担任の読み取りとは異なり，保育者は「なんとか不安を解消しようとしている姿かもしれない」と感じます。どちらが正解かはわかりません。重要なことは，Aかもしれないし，Bかもしれない，はたまたCかもしれないとさまざまな可能性を考え，ともにアキに迫ろうとすることです。また，実践においてさまざまな可能性を頭に入れたうえで，多様な解釈可能性のなかからいちばん今のアキに合いそうな解釈を引き出そうとすることです。それには，実践のふり返りが不可欠です。果たしてどうだったか，ということを新旧の担任がともに語り合うことで，新たな解釈が生まれています。新旧の担任がそれぞれの立場で見えることや違いを尊重し合いながら，多角的な視野をもち，協働することで，アキの力が十分に発揮される小学校生活につながっていったのでしょう。

　子どもの育ちをつなげる連携では，書類のやりとりや情報共有だけではなく，互いの子どもの見方をつなげたり解釈を重ねたりする試みのなかで，よりその子どもに迫り，ふさわしい環境と援助を考えていくことが，本質的に重要ではないでしょうか。

Q&A 7 小学校の先生から「困った子」とみられないか心配です。

　就学に向けては、子どもや保護者にとって大きな環境の変化があり、個々に差はあるものの、だれもが不安や期待を抱きます。その不安や期待の気持ちを子どもはさまざまな方法で表わします。その目に見えるかたちで表出されたようすだけにとらわれていると、「困った子」というとらえ方をしてしまうかもしれません。幼児期のその子どもの思いのさまざまな表わし方を保育者は理解しています。その表に現われる行動のさらに奥にある子どもの思いを保育者は読み取ろうとします。そこで保育者が読み取り、感じている思いを子どもの思いの代弁として小学校の先生に伝えて、連携していくことも必要です。

　第2章の第3節で詳しく述べていますが、子どもの行動に対する思いの読み取りが小学校の教師と保育者とで異なることがありました。小学校入学後に「トイレのスリッパをそろえる」という行動がみられたのですが、幼稚園のときの担任であった保育者は張り切っているが緊張したり、不安になったりしていることの表われではないか、ととらえました。小学校の担任は、不安の表われとはとらえてはいませんでした。しかし、その後、保育者のとらえを聞き、膝に乗ってくるなどスキンシップを求めてくる子どもの姿から、安心しているように見えてもさまざまに不安に感じているのだと、その思いを受けとめてかかわることができたということでした。その子どもは、その後も安心して学校生活を送っています。幼児期には子どもたちは泣いて不安を訴えたり、言葉ではなく表情で表わしたり、手を出してしまったり、さまざまな方法で感情を表出します。保育者はその行動の奥にある思いを受けとめ共感し認めて信頼関係を築いていきます。小学校に入学した子どもたちも同じように不安を感じていると思われますが、この子の場合は「スリッパをそろえる」という、社会的にも担任からも認められる方法で、信頼関係を築いていこうとしています。しかし、信頼関係を築いていこうとするなかには小学校教師にとっては「困った」と思えるような行動もあるかもしれません。これまでの子どものようすから保育者が見通しをもって子どもの行動にある思いを小学校へ伝えることは小学校教師の子ども理解と、そしてそれは、子ども自身の安心にもつながると思われます。

　幼児期には遊びや生活のなかで子ども自身がさまざまなことを体験し、感情の揺れを味わいます。幼児期に育んだ、さまざまなことに興味・関心を抱く探求心、意欲、最後までやろうとする力、自分のことを自分でする自立しようとする心などが、小学校以降、生涯にわたって生きる力となっていくと思われます。幼児期の発達を小学校以降にわかるように伝えていくこと、お互いが組織として継続的に連携していくことで、子ども一人ひとりの心の育ちや学びをつなぐことができるのだと思います。

第3章

育ち合う大人の人間関係を育む

第1節　葛藤を語り合い，わかち合い，支え合える場をつくる

1. 保護者と保育者が語り合い育ち合う

(1) 日々語り合うことから

　近年，幼稚園の保育者の大きな仕事として，保護者対応が大きく求められています。日常的に出来事をきちんと伝えることはもちろんのこと，新しい取組やこれまでの取組を大きく変えるときなどは担任や幼稚園の考えや思いをきちんと伝える等，説明責任を果たすことがたいせつです。以前に増して「子どもの幼稚園でのようすを知りたい」と思われる保護者が多いように思います。幼稚園でのようすをきちんと保護者に伝えることが重要な取組となっています。

　中京もえぎ幼稚園はバス通園ではなく，徒歩や自転車での通園です。3, 4歳児の保育室は1階で，園庭から保育室がよく見え，保育者は登・降園時の子どもたちのようすを見ることができます。親子ともに他の子どもたちとも担任とも近い関係が築きやすいです。しかし，5歳児は保育室が2階で，保護者は正面玄関で子どもを送り出すので，保育室のようすがみられません。また担任も子どもたちが朝の身支度をしたり，遊び始めたりするので，2クラスの担任の内，1人は1階で親子を迎え，もう1人は2階の保育室で子どもたちの対応をすることもよくあります。

　学校評価アンケートで，5歳児の保護者から「保育室が2階になり子どものようすがわからない」「担任の先生と話がしにくい」というご意見をいただきます。アンケートから見えた保護者のニーズに応えるために，これまでの工夫したこと等を参考にして今後どうするかを考えました。保護者に，なぜ登園時には担任の2人共が1階にいないのかという理由や，降園後はゆっくり話ができるようにするので，登園時にどうしても話がある場合は申し訳ないけれども2階まで上がってきてもら

いたいと，説明とお願いをして応えました。そして有言実行で降園時には，今日のようすを伝えて子どもたちを保護者の手元にお返しした後に，保育者のほうから保護者どうしが話されている輪のなかに入ってコミュニケーションをとったり，個別に保護者に声をかけて話をするようにしたりしています。

　保護者の方から声がかかることもあり，それぞれに話をしていると，職員室に帰ってくるまでに30分以上かかることもあります。職員会議や研修開始の時間もその時間をふまえて行なうことが必要です。どうしても時間が必要なときは，保護者対応を優先することもあります。今は子どものことを保護者と話し合うことが大事なことと考えるからです。保護者から声がかかるということは，保育者のことを信頼して「この先生ならいっしょに考えてもらえる」「この先生なら明確に答え（応え）てもらえる」と思ってくださっているからだと思います。このように保護者と語り合う時間を大事にすることで，形式的な説明責任からより親しみのある語り合う関係となり，より相互理解しあう関係へ展開させることのたいせつさを感じています。

　昨今の保護者は子育てのさまざまな情報をもっています。もっているがゆえに逆に悩まれることが多いのも事実です。得ている情報と目の前のわが子のようすが合致しないことで心配されたり，子ども自身は困りを感じていないのに保護者の方が過剰に心配をされていたりするケースもあります。担任に相談し，聞いてもらうことで安心して子どもに向き合ってもらえるようになっていくと子どものようすが変わっていきます。子どもが変わると保護者も変わっていきますし，保護者が変わっていくと子どももまた変わっていくように感じます。

　降園時の話では，子どもたちは幼稚園でどんなことをして遊んでいたのか，そのときにどんなことを学んだのか，遊びのなかでどんな出来事があって先生はそれにどんなふうにかかわっていたのかなどを理解していただけるように話します。

　たとえば，入園当初，離れ際に子どもが泣いていてうしろ髪をひかれるような思いで担任に預けて帰られる保護者は，"一日わが子はどのように過ごしていたのだろう，迎えに行ったときも泣いていたらどうしよう"という思いで迎えに来られます。そのときに「朝泣いていた子どもたちもこんな風に過ごして，今はみんなニコニコ笑っています」という話をすると安心をしてもらえます。そして翌日からは多少泣いていても，「お願いします」と担任に任せて帰っていけるようになっていきます。登園時には，幼稚園から帰った後のお家でのようすや今朝起きてからのようすなどを担任に伝えていただくことで，その子どもの心身の状態についても意識して見ていくことができます。

　このように保護者の方に送り迎えをしていただくことは，登降園時のやりとりをていねいにしていくことで，保護者と担任がいつでも話ができるという安心感につながります。また，日々担任が話しをすることは幼稚園教育を理解してもらう大事な機会にもなっており，しだいに保護者が幼稚園の応援団のようになってもらえる

ようになる，たいせつなことだと考えています。

　一方で最近は，幼稚園での長時間の預かり保育が始まったことで，今までのように担任と保護者とのやりとりがむずかしくなってきている現状もあります。降園時に連絡が取りにくい保護者には登園時に話をするとか，どうしても協力してほしい家庭訪問や個人懇談などは，別途個人的に連絡を入れたり，園からの手紙に一言添えて日程調整をしてそこで十分話し込むなどの工夫をするようにしています。

　またちょっとした時間を有効に利用して，預かり保育担当の教員や管理職と担任との連携が取れるようにして，預かり保育担当教員や管理職を通して保護者とやりとりし，幼稚園と保護者との関係をつなぐようなことも行なっています。

（2）的確な幼児理解に向けて

　保育者と保護者が相互に幼稚園でのようす，家庭でのようすをきちんと情報交換していることが，的確な幼児理解をして子どもとかかわるうえで必要です。的確な幼児理解は，保育者にとって保育の基本であることはもちろん，保護者にとっては子どもとの生活をスムーズにしたり楽しんだりすることにもつながるたいせつなことです。

　前段にも述べたように，登・降園時に保育者と保護者が話し合うことで信頼関係が生まれ，重ねることで信頼関係が深まっていきます。保育者と保護者が子どもを真ん中にして常に話し合える関係をつくっていくことは，大事なことであります。「子どもを真ん中にして」というのは，子どもにとってどのような経験となっているのかということをお互いの関心の的にするということです。保育者は幼稚園での子どもの経験を，一人ひとりの子どもにとって，また，このクラスの子どもたちにとって，どういう意味があるのかをかみ砕いて具体的に伝えていきます。そのことが，保護者が子どもを見る目を育て，たんに子どもの言うがままに任せた生活や，逆に親中心の生活から，子どもの育ちにとってたいせつなかかわりや生活へと変えていく力にもなります。

　本園では，保育者が保護者とゆっくり話をする機会をさまざまなかたちでつくっています。それぞれに異なるねらいや留意点があり，多様な機会をもつことで保護者が安心して子育てに向かい，子育て生活や幼稚園生活がより楽しめるようにサポートしています。それらをまとめると表3-1のようになります。

　いずれも根本に流れているのは，子どもの成長を願って家庭と幼稚園がどのようにかかわっていけばいいかを考えることです。やはり日々の積み重ねがいちばん理解しあえる関係，つまり信頼関係を築いていくことのベースになっていますが，これらの複合的な重なりによって，保護者どうしの関係ができていったり，わが子だけではないこの時期の子どもたちの発達理解へとつながっていったりしています。保護者の視野が広がることは，子どもとのかかわりを豊かにしていくものです。

しかしながら時には,担任を通り越して園長に相談が寄せられることもあります。それは保育者と保護者の間のちょっとした行き違いやコミュニケーション不足から起こっていることが多いようです。幼稚園でのようすをいちばん知っているのは担任ですが,知っているからといってまたは幼稚園教育のプロだからといって一方的に保育者の思いを押しつけるのではうまくいきません。また全員にできるだけ均等に話をしようと思っているものの,話しやすい保護者やどうしても伝えなくてはいけない保護者との機会が多くなってしまい,話す機会の少ない保護者ができてしまうこともあります。ちょっとした積み重ねで「本当にうちの子のことを見てもらっているのかな？」「今日も先生から声がかからなかった」と不安や不信が生じる場合があります。そういう芽は事が大きくならない内に,できるだけ早く摘むように対処していくことが大事だと考えます。保護者からの話を受け,園長は,担任と話す機会をもち,担任の思いを確認します。わかっているつもり,やっているつもりであっても保護者の思いを知って,自分を反省したり意識を新たにしたり,謝るべきは謝ることでよい関係を築いていけるように努力をしていくことがたいせつなこ

表3-1 中京もえぎ幼稚園における保護者と懇談する機会

家庭訪問	基本的には年1回4月。必要な場合はその都度行なう。 ○ねらい：入園・進級当初の家庭でのようすや幼稚園でのようすを話し合い,個々の家庭の子育てに関する考え方を知る。保護者には担任のクラス経営方針を知らせる。 ○留意点：まず,保護者の思いを受け入れるようにする。
クラス懇談会	基本的には学期に1回程度 ○ねらい：クラスの現状・成長のようすやがんばっていること・困っていること・課題などを伝えるとともに,子育てについて保護者どうしが話し合う機会とする。 ○留意点：「悩んでいるのは自分だけではない。みんな同じなんだ」と感じてもらう機会となるようにする。
個人懇談会	基本的には年1回11月〜12月にかけて ○ねらい：進級や進学を見据えて,これから大事にしていきたいことなどをいっしょに考えていく機会となるようにする。 ○留意点：保護者の思いを大事にしながら,担任としての課題を共有できるようにする。
パパママティーチャー	年5回程度園で日程を指定し,希望者が参加 ○ねらい：保育者という立場で保育参加し,幼稚園が大事にしていることやクラスの子どもの実態などを体感してもらい,幼稚園教育の理解を図る。 ○留意点：いろいろな子どもたちとかかわったり,クラス全体のようすを見てもらい,事前事後に担任と話し合いをもち,正しい理解につなげる。
誕生会・ほっとチャット	毎月1回 ○ねらい：誕生児の保護者と園長とが,テーマをもって,子育てについてざっくばらんに語り合う。 ○留意点：異年齢の保護者の集まりになるので,まずはリラックスして語り合える雰囲気をつくり,いろいろな意見が出るようにする。

とです。そこに保育者として一歩向上していくことができるチャンスが潜んでいると考えています。

　この研究をリーフレットや本にするということが決まったときに，エピソードの記載について保護者に了解を得ることとなったのですが，快く了解をしてくださったのも日ごろの信頼関係が築けているからこそであると思います。そして最近，保護者の口からも「折り合い」という言葉がよく聞かれるようになりました。「折り合い」のたいせつさを保護者も理解してもらっていると感じられ，保護者とわかり合えるってすごいことだな，嬉しいことだなと感じています。幼稚園と家庭とが互いに子どもについて的確に理解しあい，子どもを中心にして同じ方向で向き合うことで，子どもたちにとってよりよい生活となっていくようにしていきたいと思います。

2．保育者どうしが語り合い支え合う

（1）一人ひとりが自己を発揮する保育者集団をつくる

　毎年園長は，昨年度の幼稚園教育をふり返り，また子どもたちの成長のようすや課題，保護者の期待などから，どんな子どもを育てたいかという今年度の"教育目標"をたてます。そして教育目標を具体化し"めざす子ども像""めざす教師像""めざす幼稚園像"という経営方針を打ち出し，教職員や保護者に提示をしています。教職員は園長の経営方針をもとに1年間の教育実践を行なうことになります。

　今年度は子どもたちが主体的に遊びを進め，自分で考え行動することができるようになるには，夢中になって遊ぶことが大事なのではないかという課題をもち，"教育目標"を「たくましく心豊かな幼児の育成～主体的に環境にかかわり，夢中になって遊ぶ心豊かな幼児の育成をめざして～」としました。

　ここでは，このような教育目標に向かって日々取り組んでいくためのめざす教師像（保育者像）について述べることにします。

①子どものよさや可能性を引き出し伸長させる教職員（一人ひとりへのていねいなかかわり）
②子どもや親の課題や願いに正面から向かい合う教職員（一所懸命・共感・あたたかい信頼関係）
③明るく元気な教職員（自己研鑽に励み，専門職としての力量の向上・新しい価値の創造）

　どれも大事な視点ですが，私は子どもたちの前の特別な存在である"担任の先生"は，いつも笑顔で明るく，元気でいてもらいたい，保育中はいちばんいいコンディションで臨んでもらいたいと願っています。

保育をするためには，いろいろな教材研究や教材準備をしたり，さまざまな環境を整えたりすることが必要で，さらに研究や研修で自分を高め実践に理論づけできることが大事なことです。子どもたちが帰ったあと，今日の保育をふり返りながら，「明日はどんなふうに遊ぶだろう」「どんなものを用意しておいたらいいだろう」など考えながら準備をします。また「明日はこんな経験をしてほしい」と願って環境を整えておくこともあります。絵の具遊びをした後には，使った用具類の後かたづけ，そして子どもたちの作品を保育室の壁に貼付したりします。

　職員室にもどってからもいろいろな事務的な仕事があり，その日の保育の記録や子どもの記録を書いたり，指導案を書いたりすることもあれば，職員会議や園内研究会などの会議や自園以外で行なわれる研究会に参加したりとやらなければいけないことは多岐にわたっています。しかし時間には限りがあるので，仕事の優先順位をつけ，今，どうしてもやらなくてはいけないことからかたづけていくように段取りをすることが大事なことです。仕事のオンオフのスイッチをうまく切り替え，保育者が心身ともに元気でいることで，子どもたちも元気いっぱい遊ぶことができるといっても過言ではないと思います。

　私は園長として，ごいっしょする先生方との出会いをたいせつにし，大きくあたたかく受けとめようと心掛けています。そんな気持ちで接していると，先生方のちょっとした言葉の端々や姿から，一所懸命子どもたちのために……と考えてくださっているのが伝わってきます。そんな先生方に自分の力を十分発揮して保育をしてほしいと思います。

　保育者が，子どもたちに主体的に遊びや生活を進めてほしいと願うように，保育者にも同じことがいえると私は思っています。日々の保育にしても自分の思うような保育をしてほしい。管理職の顔色を伺いながらの保育では，本当に保育者のやりたい保育ができないし，子どもたちにもよい保育とはいえないと思うからです。

　毎年休日参観で，5歳児は親子で竹馬をつくります。運動会には"竹馬の競技をする"ということが保護者の間の暗黙の了解になっています。「子どもの状態から考えるので，竹馬をするとは限りませんよ」ということも話しているのですが，保護者の間の期待感はすごいものがあります。ある年，この時期の子どもたちの状態から，竹馬に全員が向かうのは厳しいのではないかと担任は考え「竹馬だけの競技と違うことをしたい」という申し出がありました。保護者から猛反発がくるだろうと担任も思い，私もそう思いました。少し考えましたが，私はできるだけ先生たちの思いを受けとめていこうと考えているので「責任は園長がとるから思いきりやってみてごらん」と担任からの申し出を受けることにしました。子どものことをよく知っているのは担任だと思うからです。保護者に担任の思いを伝える場を設けるとともに，園長からも理解・協力を求めて後押しをしました。そして運動会の場以外で竹馬を見てもらう機会を設ける約束をして，なんとか保護者からの了解を得るこ

とができました。保育では，運動会に向かって自分の目標をもち，一所懸命取り組む子どもたちの姿があり，担任が決断したことが生きていました。

保育者に任せるという根底には，保育者への信頼があるからです。管理職の姿勢として一人ひとりの保育者と信頼関係をもてるようにしていくことも大きな仕事だと考えています。

本園のように1学年に2クラスあることは，保育者の環境として恵まれていると思います。1人の子どもを見てもいろいろな見方があり，多面的に多角的に子どもを見ることが的確な幼児理解につながることを実感としてとらえられます。そして保育に迷ったとき，困ったとき，これからの保育を考えるときに，隣のクラスの保育者と相談ができるということは非常に心強いものです。ベテラン教員は自分の経験からアドバイスをしたり，教材の提供をしたりすることで自分の若かったころを思い出すことにもなるでしょう。若手教員は，そんなベテランの教員の子どもへのちょっとした言葉かけやかかわり方を目のあたりにして学ぶこともできるし，ベテラン教員でも迷いや困りを感じることがあるのだということも知ることができます。また新しい感覚や子どもと年齢が近いということは若手教員ならではの魅力です。互いに切磋琢磨し合える保育者集団であるのが本園の良さです。そして今回のような大きな研究に園をあげて取り組むことで，心を一つにしてみんなでがんばろうという気持ちにもつながってきます。苦労も喜びもともにするということでチームワークがよくなっていきます。保育者の一所懸命の姿は，子どもにも保護者にもそして来園者にも伝わります。研究会に来られた先生方からお褒めの言葉やねぎらいの言葉をいただくことは，保育者にとって自分たちが認められた喜びややり遂げた満足感や充実感につながり，またがんばろうという意欲につながります。このこともまさしく子どもたちに求めることと同じです。この保育者集団の伝統が今，本園には根付き始めています。人が入れ替わってもこれからも語り合い支え合う，保育者集団をたいせつにし，幼児教育に臨んでいきたいと願っています。

(2) 研究の取り組みから語り合う保育者集団へ

本園の教職員はみんなで20名，京都市立幼稚園のなかではいちばん大人数です。人数の加減もありますが，職員室はいつも活気にあふれ笑い声が絶えません。年齢も経験年数も職種もさまざまで，男性も女性もいます。しかしとても仲よく協力的です。園長室で1人仕事をしているときも，楽しげな笑い声の聞かれる隣の職員室がうらやましくなるほどです。このような教職員間の雰囲気は，自然に醸し出されるものであり，幼稚園を一歩入っただけで伝わるものです。そんな人間関係を大事にしていきたいと私は考えています。私自身，これまでいろいろな教職員との出会いがありました。小学校との人事交流で幼稚園に来られた先生や人事交流後に幼稚園にもどってこられた先生，私立幼稚園で豊富な経験を積んでこられた先生等々，

今まで公立幼稚園にはあまりいらっしゃらなかった先生との出会いを多く経験してきました。それぞれの先生方は，今までの実績がありながら新しい道を求めて来られた方です。「がんばろう」「大丈夫かな」「できるかな」「受け入れてもらえるかな」「どんな幼稚園だろう」等，いろいろな思いで幼稚園の門をくぐられたことでしょう。まずはそんな先生方に対し，自分にはできないことだと敬意の気持ちを表わし，あたたかく受け入れていこうと考えました。そして園長があたたかく迎えることは教職員にも伝わるはずだと考えました。保育のなかでは「あれ」「なんか違うかな？」と感じることもたしかにあり，そんな時には「まあいいか」とそのままにしておくこともありましたし，先生の思いを尋ねながらも「公立幼稚園ではこんな風に考えている」ということを伝えたり，「こんな風にしてみたら…」とアドバイスを送ったり，いっしょに考えたりしてきました。これまで経験されてきたことをすべて否定することは，行為だけでなくその人そのものを否定することになり，それをしてしまってはいけないと思っています。「子どもたちによい保育をしたい」ということには違いがないと，その気持ちをまず受けとめていくことを第一に考え，時間をかけて京都市立幼稚園が大事にしていることを知っていってもらうように心がけてきました。逆にいろいろ話をしていく中で，京都市立幼稚園が足らないことを気づかせてもらったこともありました。自分たちの考え方だけが，正しいのではないと広く耳を傾けることが大事だと実感してきました。毎年のようにいろいろな教職員との出会いがありますが，その考え方を今も貫き，先入観をもたずいろいろな保育者との出会いをたいせつにしていきたいと考えていることが，園全体の教職員の雰囲気をつくり出しているのではないかと思われます。

　本園は，毎年のようにいろいろな研究を引き受けていますが，互いに認め合えるこんな教職員だからこそ，大きな研究を引き受けても前向きに取り組むことができると思っています。研究はけっして，先生たちにとって楽しいだけのものではないでしょう。だからこそ，できるだけ研究が負担にならないようにということは考えています。

　この研究は，常勤／非常勤関係なく全保育者が研究保育（園内での公開保育と検討）とエピソードをとることで進めました。研究保育の事前研究会では，子どもの姿・担任の思い・今後の見通し等について担任がまず話をしました。困っていることや悩んでいることが素直に出せる雰囲気であることが大事だと思います。1人で考えていると煮詰まってしまいますが，ありのままを話すことで互いにアドバイスしあうことができます。また，研究保育当日は，見る側は事前研究会を通してその日の保育を見るポイントが理解できており，自分だったらどうするか，担任の困りや悩みを頭に入れて子どもを見て考えていくことができます。困りや悩みがないクラスなどありません。全クラスが研究保育することで，お互いに困りや悩みを開いていくことにつながるように，あたたかい肯定的な雰囲気のなかで進めていきまし

た。ヒントをもらって新たな気持ちで子どもと向き合うと違う見方ができたり，保育に前向きになれたりすることは大きなことと考えます。

また，エピソードは研究テーマに沿ったものをまず各保育者が書き留めていきました。そして小グループでの話し合いを次のような流れで複合的に重ねていきました。

①研究の核となる教頭と研究主任で研究主任会をもつ。
②教頭，研究主任，学年主任とで学年主任会をもち，さらに具体的に方向づけをする。
③学年会を行ない，それぞれが子どものエピソードをもち寄り，研究テーマに沿って話し込む。
④学年会で顕著に表われた代表エピソードをもって全体の園内研究会をもつ。

④の全体の研究会では，だれでもが発言しやすいように2グループに分け，時間も2時間以内と決めてワークショップ形式で行ないました。十分話し合った後に合流して研究会が深く濃くなっていくようにしました。一人ひとりが自分の思いを付箋に記し，台紙に貼りつけながらいっぱい話をしました。若い先生もベテランの先生も自分の思っていることを口にします。たとえ若い先生であっても子どものようすをいちばん知っているのは担任です。ベテラン保育者が自分の経験談を話すことで，若い保育者が「ふーん，そんなこともあるのか」と思ったり，ベテランどうしが「私もそんな経験ある」「そうそう」と盛り上がったりすることもありました。会を重ねるたびに，子どもたちの成長や変化がよくわかり，感動することも多くありました。

研究2年目の11月の研究会の日のことです。この日もいろいろなエピソード検討をするなかで「う～ん」と考え込むときや笑い声が起こるなど意見が飛び交い，とても充実した会となりました。会の終わりにまとめを求められ，私は「今日の園内研究会はとても楽しかった。"こんなに楽しく研究をしていますよ"って次の研究会はビデオに撮って，各園の先生たちにみてもらいたいくらいだったわ」と言いました。同じように「楽しかった」と感じた保育者もいました。それほど充実した主体的な研究会でした。

自分の若いころは私の勉強不足もあったのでしょうが「何を言ったらいいのだろう」「自分の意見に対して何を言われるのだろう」と思うことが多く，園内研究会が苦しくつらいものでした。そんな思いは若い保育者たちにしてほしくないと常々思っています。個々の保育者が優れているということもあるのでしょうが，楽しい園内研究会を重ねているとますます個々の保育者の力量はアップするのだと思うことがあります。人数が多く，一人ひとりが話すと時間がすぐに経っていくので，学期末や年度末に一人ひとりが自分の保育をふり返るときには，本園では1人3分以

内と決めています。全員がその3分間に自分のクラスや自分の保育をきちんとふり返り，口頭で述べることができるのです。園内研究会で自分の思いを話してきたことが，大きな力になっていると感じます。「みんなすごいね。さすが」とひたすら褒める私がいちばん時間内に語れないのです。

また日ごろ職員室で子どもたちの話になったときも，研究のなかで子どもたちの発達の過程を期に分けてまとめているので，「さすが○歳のⅢ期の姿やね」「もうすぐⅤ期やし，○○な姿になるのかな」等，共通して子どもの育ちを語るなど，やってきた研究が自分たちのものになっていると感じることが多くありました。形だけでない本当に自分たちでやったという実感があるからこそ日常的に表われてきて，それが共通認識できたのだろうと思っています。大きな研究をやり遂げて，それを認めてもらい自信につながった保育者の成長の姿であるとつくづく感じています。

そしてそれをいちばん支えてくれたのは教頭先生です。教頭先生は保育者のすぐそばで，見守り，アドバイスをすることが多く，保育者にとっては身近なモデルです。そして園長と保育者，子どもたちをつないでくれる存在でもあります。教頭先生とは時間を見つけていろいろな話をします。子どもたちのことやそれぞれの教職員のこと，私が見たり感じたりしていないことを知らせてもらっています。管理職どうしの連携も保育者や子どもたちを育てていくとても大きな要素であると思っています。

園長としてまずは教頭先生との連携を十分とり，自分の思いを伝えることが大事なことだと思っています。教頭先生に協力をしてもらうことで園経営をスムーズにしていくことができると思うからです。そして教職員にも園長の思いを伝えていきます。

・保育中はいちばんいいコンディションで子どもたちの前にいてほしい。
・仕事のオンオフのスイッチをうまく切り替え，心身ともに元気でいてほしい。
・自分の力を十分発揮して，自分のやりたい保育をやってほしい。

そんな気持ちを伝え，一人ひとりの教職員を信頼して任せるとともに，一所懸命取り組んでもらっていることへの認めの気持ちや感謝の気持ちを伝えることで，一人ひとりの教職員が充実感や満足感，意欲がもてるようにするなどして働きやすい環境づくりをしていきたいと考えています。そのことにより，

・それぞれの教職員が認めあえる関係が構築される。
・困ったり迷ったりしたときに相談できる。
・あたたかい雰囲気のなかで，互いに切磋琢磨して向上し合える。
・一人ひとりが自分の思いを出し合う，主体的な研究会をもつことができる。

わたしのお歌聞いてね

科学センターの実験，すごいね

ようになっていったのではないかと考えています。これは私の理想かもしれません。いつもそううまくいかないこともあります。でも自分としては，そんなことを大事にしながら，「学びあえる保育者集団」となるようにしていきたいと考えています。

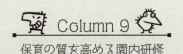

Column 9　保育の質を高める園内研修

　保育現場は多様化の時代を迎えました。幼稚園，保育所，幼保連携型・幼稚園型・保育所型・地方裁量型の認定こども園，そして家庭的保育・小規模保育・居宅訪問型保育・事業所内保育といった地域型保育事業など，子ども子育て支援新制度の給付対象だけでも多くの種類があり，それぞれ認可・認定の基準が異なります。ここで大きな課題となるのは，一定以上の保育の質の担保といっそうの保育の質の向上をどのように可能にするかということです。一定以上の質の担保には，認可・認定の基準と安定的な給付金，定期的な保育の評価が欠かせないでしょう。また質の向上においては，これまで同様，園内外の各種研修を組み合わせた研修体系で，保育者の専門性の向上をはかることが重要です。

　研修のなかでも最も効果的であるのが園内研修です。近年は，ビデオを用いる方法や，外部の研究者がファシリテーターとして参加する方法，本書にも出てくる付箋を用いる方法や，評価指標を用いる方法など，効果的な方法が多く試されています。どのような方法を用いても，保育者全員がだれにも傷つけられない安全で平等な関係性のなかで，子どものために建設的に意見を言い合えるかどうかが最も重要です。大人も自分が大事にされる環境のなかで力を発揮するものなのです。

園で自己調整力を育んでいても，自分自身が自己抑制できない保護者がいて，なかなか子どもに浸透しません。

　社会や保護者の価値観がさまざまに多様化している中，大人自身が自己抑制し，自己調整していくことがむずかしいと思われる事が多々みられます。

　保護者もまた，自分自身の子育てに一喜一憂し，不安を抱き，さまざまに揺れながら子どもとかかわっています。保育者は「自己抑制できない保護者」という見方で決めつけてしまうのではなく，そこにある保護者の思いを感じ，ともに子どもを育んでいくのだという姿勢をもつことが大事です。子どもにとってどうすることが最善なのか，ふさわしい経験や発達がどのようなものか，話ができる関係を築いていきたいものです。一方的にこちらの思いを伝えても互いが納得して進んでいくということはむずかしくなります。保護者の思いを聞きながらいっしょに考えていく，保育者も子どもの保護者もともに成長していくという思いをもつことが大事だと思います。保護者と関係を築くには保護者との対話が大事です。中京もえぎ幼稚園では，保護者が幼稚園に送り迎えをし，毎日顔を合わせます。保護者自身も幼稚園のようすやわが子のようすを見たり園の雰囲気を感じたりすることができます。毎日あいさつを交わし，子どものようすを伝え合うことで関係ができていきます。保護者は子どもの幼稚園でのようすや自分の子どもが集団のなかでどのように過ごしているのか，心配していることが多いようです。保育者が子どものよいところを認め，伝えていくことで，保護者は安心し，互いに関係を築いていくことができます。

　保護者が，幼稚園での子どものようすからみずから自身の子育てについてふり返ることは幼稚園の大きな子育て支援の役割でもあります。幼稚園での遊びや生活のようすや集団でのかかわりのわが子のようすを保育者から聞くことや，行事や参観などを通して他の子どもたちのようすを見ること，保育者のかかわりを見ること，他の保護者の考え方にふれることは，保護者の子育て観を大きく揺さぶることになります。そのように保護者自身がさまざまに気づき，そのことを保育者や他の保護者と共有したり話し合ったりできる学級懇談会などの機会も大事にします。保護者自身がさまざまなことに気づき，自分の子育てに自信をもって楽しんで子育てしようとするには，時間がかかることもあります。子どもの姿を通して成長を喜び，わが子も他の子もみんなで互いの成長が喜びあえるそのような雰囲気のなかで，子どもはふさわしい発達を育むのだと思われます。

　幼稚園だけで子どもにふさわしい発達を保障しようと思ってもそれはできないことです。家庭，地域とが一体となって子どもを育むことが大事です。

第1節　葛藤を語り合い，わかち合い，支え合える場をつくる

第2節　徹底的に子どもの側に立って考える保育者を育む

1．若手保育者の研修に携わって

　私の重要な担務の一つに，京都市総合教育センターでの研修および園内研修の指導助言があります。若い保育者の保育を見たり，エピソード研修に参加したりすることが何より楽しく，保育にふれる幸せな仕事をさせていただいていることを実感します。保育者には，「どんな思いでこの言葉をかけたのかな？」「どんな思いでこの状況を創ったのかな？」と研修の場で投げかけ，子どもの姿から子どもの思い，保育者の思いに心を寄せて話し合うことができる貴重なときです。研修では保育者たちの思いに共感したり，時には意見をぶつけ合うこともしますが，それらはすべて「子どもの姿から子どもの心を読み取る」ことが原点になっています。ここでは，最近の研究保育とエピソード研修の事例をあげて，「徹底的に子どもの側に立って考える保育者」を育むことについて，考えてみたいと思います。

(1) ある3歳児の研究保育から

> **エピソード**　タイチ　3歳　クラスで集う楽しいひととき：子どもの行動の意味に心を寄せる　　　　　　　　　　　　　　　　　　　　（6月10日）
>
> 　ある日の午後，降園準備の前にクラスのみんなで集うひととき。保育者は，集まった子どもたちを前に，歌を歌ったり，絵本を読んだり，手遊びをしたりして，子どもたちが「みんなといっしょが楽しいな」と思えるように保育を計画していました。そんな時，集まった子どもたちの後方で，タイチがなぜかティッシュを床に何枚も敷いているのです。よく見ると，お茶を飲もうとしてこぼしたようです。タイチにとっては「困ったな。どうしたらいいかな？」と選んだ最善の行動だったのでしょう。保育者の視界にはタイチの姿が入っているはずなのですが，保育者は，歌や絵本などで子どもたちを楽しませることに一所懸命でした。タイチはときおり，絵本を読む楽しそうな声に誘われてそばに寄りますが，「見えない！」と他の子どもたちにきつい口調で言われていました。しかし，降園準備のときには，タイチにていねいに声をかける保育者の姿があり，ほっとしました。

　この光景を見て，保育者にはタイチの姿が見えていないのかな？　と思い，保育終了後に，尋ねてみました。保育者は，「ティッシュを並べていたことは見えていたのですが，お茶をこぼした後始末の行動だったんですね。その時にフォローすべ

きでした」と話してくれました。保育では,見えないことがたくさんあります。アクシデントはつきものです。それでも,保育者には,「タイちゃん,どうしたの?」と声をかける選択肢もあったと思います。その結果,タイチの行動の意味がわかれば,「こぼれたお茶をなんとかしようとしたんだね。えらかったね」と褒めてあげられたことでしょう。「計画した活動」を進めることも大事ですが,タイチの行動の意味をとらえ,その思いに心を寄せることができていれば,他の子どもたちもタイチを認める気持ちになったことでしょう。

みんなで集うひとときに,発達にふさわしい教材を用いて楽しむことは,非常に意義のある活動ですが,子どもたちが「先生が自分のことを大事に見てくれている」と感じることが,この時期の3歳児には大事ではないかと助言しました。この一連の活動のねらいは,一人ひとりに添ったものであるはずです。それが,幼児教育の独自性です。保育者が「あたたかい目で子どもをみること」を通して,子どもたちが先生に大事にしてもらっている実感をもち,みんなといっしょにいることが嬉しいと思えるような保育をめざしたいものです。

(2) ある5歳児の研究保育から

> **エピソード** タツキ 5歳 今,何が育とうとしているのか:伸びようとする子どもの「今」に寄り添って (6月11日)
>
> ある午後のひととき,クラスの大半の子どもたちが,遊戯室で竹馬に挑戦していました。一方,男児4人は,雨上がりの園庭で好きなスケーターや三輪車を電車に見立てて,走り回って遊んでいました。その中の1人のタツキ。すばやい3人(ケイ,ヨウ,シン)に必死についていこうとしています。表情を見ると,みんなと遊んでいることが嬉しくてしかたがないという笑顔です。ところがよく見ていると,他の3人は言葉を交わしながら遊んでいるのですが,タツキはただついていくだけ。時には,ケイにうまく自分の乗り物を取られたり,ヨウにちょっと意地悪をされたり,シンにかばってもらったりしています。嫌な思いをするとさすがに表情は曇りますが,それでもけっして3人から離れずに遊びについていきます。すると,遊戯室から出て来た保育者が,「楽しそうやな。先生も寄せて!」と,いっしょに乗り物で走りました。一所懸命ついていくタツキの満面の笑み! とてもいい表情でした。

一見,タツキの育ちをどのようにとらえるとよいのかと思うかもしれませんが,私は,「好きな友だちといっしょに遊びたい」という強い気持ちをもち,健気についていこうとするタツキの姿に感動しました。後のカンファレンスで,保育者からこの男児たちの人間関係について話を聞くとともに,この日のタツキの姿を伝えました。保育者からは「見えないところでタッキのそんな姿があったのですね」「シ

ンは意地悪をすることがあるのに，タツキをかばっていたなんて，もう少ししっかり見てみます」と話していました。見えないところで繰り広げられる"子どもの世界"の価値を感じました。

　幼児には発達の個人差が大きいという特性があります。保育者には，友だちといっしょに遊びたい思いが膨らんでいるタツキの"今"をたいせつにし，少々のことではへこたれず，関係を築こうとしているタツキの人間関係づくりの過程をしっかりと見てほしいと伝えました。また，もし保護者が今のタツキの姿を見れば心配されるかもしれないが，「今をたいせつに見守り，タツキが人とのかかわり方をみずから獲得する過程を援助していきたい」と説明し理解を求めてほしいと助言しました。もちろん，子どもたちの育ちを引き出すために，保育者が心を砕いて悩み，試行錯誤しながら援助していくことは当然ですが，一人ひとりの発達の歩みに合わせ，「今はこのとき，心からの応援を!!」という肯定的な思いで，内面の育ちを読み取りあたたかく見守ることができるのも，保育者のたいせつな資質の一つだと思います。このように，日々の保育でも，担任と違う目で子どもの姿を見取り伝え合うチーム保育の精神がたいせつです。

(3) あるエピソード研修の事例から：3歳児のエピソードからその意義を学ぶ
　採用年数の浅い保育者といっしょにエピソード研修をしました。エピソードをまとめる意義について学ぶことを目的に，ゆったりと研修を進めました。そのなかで印象に残った3歳児のエピソードは，次のようなものでした。

エピソード　ノブ　3歳　「地球がぐるぐるうずまくぐらい苦いチョコレートだよ!!」　　　　　　　　　　　　　　　　　　　　　　　　（6月13日）

　　ノブは，不安になると何か言いたそうに体を前後に揺らして気持ちを表わします。仲良しになったカツといっしょに遊んでいましたが，自分の思いを積極的に出すカツを追いかけているようでした。この日は，砂場で保育者とカツたちがごちそうづくりを楽しむそばで，ノブは穴掘りをしていました。今にも泣きそうに体を揺らし始めたので，保育者は「ノブちゃんのも食べたいな」と誘ってみました。するとノブは，型で抜いた砂を保育者の前に4つ並べ，選んでほしい素振りを見せました。保育者が「これがいい」と選ぶと，「地球がぐるぐるうずまくぐらい苦いチョコレートだよ!!」とノブが言うので，保育者は舐める真似をして「キャー，苦い」と言い，砂の上に転げ回りました。ノブは「薬，薬」と言って色水をもってきてくれました。カツたちも巻き込み，みんなで大笑いをする遊びになりました。「これは僕しかつくれないんだよ」とノブ。他の子どもたちもノブのつくるチョコレートを待ち，くり返し楽しみました。

実際には，もっと詳しく細やかな保育者の配慮が記述されていたのですが，ノブが不安になるときに見せる行動から心を読み取り，カツについていくばかりの自信なげなノブの課題を見つけ，この日はノブを遊びの主役にして自信をつけさせたいという保育者の意図が読み取れました。そこで，「なぜ，ノブのしていた穴掘りの遊びに行かず，こちらの遊びに誘ったのか」「なぜ，砂の上に転げ回ったのか」と尋ねてみました。保育者は「『なぜ』と問われると，子どもとどう遊んでいいかわからなくなります」と困り顔。そこで，「保育は瞬時の判断で動いたり，言葉をかけたりすればいい。エピソードを記述することで自分の保育をふり返り，自分に『なぜ？』と問いかけることが，子どもの思いを読み取り，自分の保育への意図を問い直す機会となる。さらに，エピソードを園内研修で読み合い，意見を出し合い，多角的に子どもを見ることが，エピソードを綴る意義である」と伝えました。

　他の保育者からは「砂の上で転げ回るアクションは子どもに笑いを呼び，楽しい遊びになってよかったのですね」という意見が出ました。このエピソードから，全身で反応する保育者の行動は3歳児にとってわかりやすく楽しい思いを引き出すこと，"自分の遊びに友だちが賛同してくれる喜び"が子どもの大きな自信につながること，そのような状況を創り出す保育者の意図的な援助が重要であることを学びました。このように，1つのエピソードから，援助や環境づくりの普遍的な意味が見いだせることが，エピソード研修の意義であることを確認しました。有意義なエピソード研修になりました。

考察

　研究保育とエピソード研修の事例を検証してみると，保育者が「徹底的に子どもの側に立つ」ことの重要性が見てとれました。「徹底的に子どもの側に立つ保育者」であるために必要なポイントを3つあげてみたいと思います。

①子ども一人ひとりの姿をよく見て，声をよく聴いて，子どもと信頼関係をつくるタイミングを逃さないよう常に意識すること。
②子どもの行動を肯定的にとらえ，心の内面を読み取ろうと努力し，一人ひとりの育ちの"今"に寄り添う努力を惜しまないこと。
③保育は型にはまらず思いのままに，子ども一人ひとりに合わせて楽しい状況を創り出し，子どもとともに思いきり楽しむこと。

　私は，研修後に保育者のアンケートを読むことを非常に楽しみにしています。それは，一人ひとりの「今日の学び」が手に取るようにわかるからです。保育を見合い，その苦労や努力を認めながらも自分に返して日々の保育を反省し，次に生かそうと一所懸命です。「謙虚に学ぶ」「今日の学びを明日の保育に生かそうとする」姿

勢に私自身が励まされています。

2．経験による保育者の育ち：自分らしい保育ができることの意義

　教員の研修にかかわって感心することの一つに「さすが10年‼」と思うことがあります。先に述べた若い教員の育ちがどのようにたしかなものになっていくのか，そのための重要なポイントは何なのかを継続的な保育の場面を記述した筆者の実践事例から考察し，徹底的に子どもの側に立って考える保育者の育ちについて述べてみたいと思います。

(1)「ぼく，もう泣かへんで。ずっと泣かへんで」
　ワタルは入園間もない3歳の男児。お母さんと離れるのが悲しくて，毎日大きな声で泣きます。ワタルは2人目のお子さんなので，お母さんは比較的落ち着いておられました。きっと「そのうち，なんとかなるだろう」とは思っておられたのでしょう。ワタルが離れないときは幼稚園にいてくださり，用事のある時は担任に任せて帰られました。保育者は，毎日登園時に泣くワタルを抱っこしながら，そばに寄ってくる他の子どももいっしょに楽しいおしゃべりをしながら過ごしました。今は，一人ひとりに寄り添って信頼関係を築くときであると，保育者は保育のねらいを定めていました。少しずつ泣きやんで保育者のそばでいっしょに遊べるようになったワタルは，三輪車に乗り，電車の運転手さんになって遊び始めました。

　■ エピソード　　ワタル　3歳　「もう泣かへんで。ずっと泣かへんで」
　　　　　　　　　　　　　　　　　　　　　　　　　　　（5月1日，2日，6日）

　　入園から1か月がすぎた5月1日。この日も園庭で「ワーワー」と泣くワタルをお母さんから引き継ぎました。前日の遊びを思い出してか「電車ごっこしよ？」と私を誘いに来ます。保育者は駅長さんになり，平均台を駅に見立てて座りながら，「はっぱの切符ですよ。どこにでも行けます。行ってらっしゃい」と送り出します。ワタルが駅にもどってくると，保育者「次はどこに行きますか？」ワタル「動物園に行ってきます」……。そんなやりとりをしながら，他の子どもも巻き込んでの楽しい遊びになりました。そして帰り際，ワタルが「先生，明日も電車ごっこしよな」と言ったので，「うん，しよな」と約束しました。
　　翌日の5月2日，今度は石を切符に見立てて電車ごっこで遊び，その石の切符を「もって帰る」というワタルの気持ちに応え，保育者は，袋に入れてもって帰れるようにしました。そして3連休に入りました。
　　連休明け，5月6日の朝，お母さんは，背中に隠れているワタルを連れて，「少し慣れたのに，元にもどってしまったようで」と不安そうです。しばらく保育室で他

の子どもを待ちながら過ごし，ふと園庭を見ると，ワタルは袋に入ったままの石の切符を手にもちながら，1人で三輪車に乗っていました。近くにお母さんの姿はありません。石の切符を大事にもっているワタルの姿を見て，保育者は「つながった！」と嬉しくなりました。この日，ワタルは「もう泣かへんで。ずっと泣かへんで」と宣言しました。

5月7日の降園時，ワタルのお母さんが，「ワタルが"もう帰っていいで"と言ってくれました。もういいんでしょうか？」と話してくれました。保育者は「ワタルちゃんが今日も泣いている友だちを見ていたので，私が"ワタルちゃんと交代交代やな"と言うと笑っていましたよ。一段落ですかね」と話しました。

ワタルは，幼稚園が安心して過ごせる場所であるか，先生は信頼できる人か，幼稚園でどのように過ごしたらお母さんが来てくれるのか，などを確かめていたのでしょう。楽しい遊びを通して保育者との信頼関係や生活の見通しを感じとった時点で，泣かずに母親と離れられたのだと思います。"泣く"という行動を通して，自分の思いを素直に表現し，保育者とつながり，"泣かずにお母さんと離れられる"ことは，彼にとって大きな自信になったことでしょう。この日が，ワタルの"独立記念日"となりました。

保育者は，「今は1人ずつ信頼関係を築くとき」とねらいを定めて，保育者が楽しい遊びを創ること，子どもたちからよく見える場所で過ごして子どもたちに安心感をもたせることをねらい，落ち着いた保育を心がけました。毎日ワタルの心の動きを見取り，母の思いと努力を認め，必ず「この日がやってくる」ことを信じて子どもとの遊びと生活を楽しんでいました。"一人ひとりと心をつなぐ"術は子どもの数だけ違うことを知ったうえで，心をつなぐ努力をしていたように思います。

(2)「ガーガー」吠えて，「先生，ケンのとこに来ていいよ!!」

ケンは，4歳の男児。2年保育で入園してきました。ケンは家ではしゃべるのですが，家以外の場所ではまったく話さないということで，ご両親は心配されていました。入園当初はしくしくと泣くことで自分を出し，保育者のそばで過ごすことでなんとかがんばっているという状況でした。ご両親はケンに幼稚園で"早くしゃべってほしい"と願っておられましたが，保育者はケンに"大人の期待に添う"重圧を感じてほしくない，"しゃべらないことが悪いこと"だと感じさせたくないと思っていました。ケンが自分から話したくなるまで……「もう少しお時間くださいね」とご両親にお願いしていました。

言葉がなくても遊べるのが子どもどうし。ケンには，仲よしのショウができ，少しずつ保育者から離れて2人で遊び始めました。時々ショウにこっそりと「ケンちゃん，お話ししはる？」と聞いてみますが，ショウは「ううん」と首を振ります。や

はり，それほど2人の間に言葉は必要ないようでした。

> **エピソード** ケン 4歳 ショウといっしょに「ガーガー」吠える！（5月17日）
>
> 　この日，2人は保育室の大きい積み木を使って，何かをつくっていました。聞いてみると，船だそうです。保育者は2人としばらくいっしょに遊んでいなかったこともあり，いっしょに遊びました。3歳児のときからショウが大好きな探検ごっこになりました。積み木の船に乗って海をわたり，遊戯室を"怪獣島"に見立てて探検に行くと，たくさんの怪獣が出てきます。「きゃー」と慌てて船に乗って，幼稚園にもどるという遊びです。多くの子どもを巻き込んで，探検隊になったり，魚になったり，鯨になったり，怪獣になったりのくり返しです。すると，何回目かの探検中，怪獣になったショウとケンが2人並んで，いっしょに「ガーガー」と吠えています。私「たいへんだ！　逃げろ逃げろ！」と大急ぎで船にもどりました。ケンの声を初めて聞きました。ケンとショウの顔は，すっかり怪獣でした。

> **エピソード** ケン 4歳 「先生，ケンのとこに来ていいよ!!」　（6月11日）
>
> 　それからしばらくたった6月11日，砂場近くで遊ぶケンとショウ。今日は少し離れてちがうことをしていました。ケンは，しゃがんで砂で何かをつくっています。泥団子をつくっている他の子どももいたので，保育者は，ケンと少し離れた場所に同じようにしゃがんで"泥だんごづくり"をしてみました。するとケンが，「先生，ケンちゃんのとこに来ていいよ。ケンちゃんおだんごつくってるねん」と保育者に呼びかけます。びっくりして，嬉しかったのですが，しばらくその声を聞いていたくて，平然を装い「ありがとう。ケンちゃんのおだんごに使うさらこなつくるね」と距離を保ちながらそばにいることにしました。ケンは，何回も何回も保育者に呼びかけてくれました。

　なぜ，この日だったのかはわかりませんが，ケンはその日を境に幼稚園でも話すようになりました。ご両親も私も待ちに待った日だったのですが，このときも"ケンの心の動きがいちばん大事"であり"大人の期待に添う"ことを大きな喜びにしたくなかったので，できるだけふつうに接しました。幼稚園でケンがしゃべることがあたり前になってから，ご両親にもお伝えしたように思います。
　幼稚園が安心できる場所になることのたいせつさと，安心できる先生や友だちとの楽しい遊びでこそ心が動くということを，つくづく感じました。

🔍 考察

　前項の考察では「徹底的に子どもの側に立って考える保育者」の重要なポイントは「信頼関係」「内面を読み取り，"今"に寄り添う」「子どもと楽しむ」ことだと述べましたが，それに加えて，経験を積みながらさらに専門性の高い保育者となるために重要なことについて，先の事例にふれながら述べてみたいと思います。

1 子どもと信頼関係を築くために：心つながる幸せなときをめざして

　信頼関係を築くためにたいせつなことは，子どもと保育者が「楽しい遊び」でつながることだと思います。子どもは「いっしょに本気で遊んでくれる大人」が大好きです。経験を積んだ保育者は，子どもと心がつながるときは，「楽しい遊び」であることを多くの自分の実践から実感しています。また，子どもとの約束はしっかり守るたいせつさも知っています。少なくとも，守れないときは忘れていないことを必ず伝えることがたいせつです。どんなに幼い子どもでも"対等な人"として真正面から向き合うことを忘れてはならないと思います。私はいつも保護者の方々に「保育者はけっして魔法をもっているわけではないので，一人ひとりの子どもと信頼関係を築くのにお時間をくださいね」とお願いしていました。時間をかけて一人ひとりの子どもと信頼関係を築くことが保育のいちばんの基盤です。

2 楽しい遊びでこそ，子どもは変わる：保育者の持ち味を生かす

　保育者は経験を積むにつれ，自分の得意分野が見えてきます。私は子どもといっしょにごっこ遊びをするのが大好きでした。子どもが何かになりきり夢中になることで，いつもとちがう自分を表現することを学びました。だから，自分も本気で「じゃあ，先生は○○ね」と役を引き受けて遊んでいました。どちらの事例も暗黙のうちにそんなことを感じとっていたのかもしれません。ワタルは，運転手さんになるために幼稚園に泣かずに来られるようになりました。ケンは，怪獣になりきることで思わず大きな声が出たのでしょう。ごっこ遊びが一つのきっかけになったことは言うまでもありません。私は，楽しい遊びでこそ子どもは変わることを身をもって経験していたことで，遊びのたいせつな意味を知る保育者として，子どもと遊ぶことをたいせつにしてこられたのだと思います。この感覚は一朝一夕に実感できるものではありません。保育者にも育つ時間が必要です。

3 保護者の信頼を得ること：子どものための保育を創るために

　子どもが一人ひとり違うように，保護者も一人ひとり違います。同じお母さんでも何人目のお子さんかで願いも不安感も違います。ワタルのお母さんは1か月もわが子が泣くことに不安を感じておられましたし，毎日，ワタルの気持ちを盛りたてて幼稚園に連れてこられる努力は並大抵ではなかったと思います。また，私は，ケ

ンのご両親がわが子をなんとかしてほしいと強く願っておられることを痛いほど感じていました。しかし，保護者の願いや不安に寄り添うことは当然必要ですが，時にはプロの保育者として，子どもの育ちについて長期の見通しをもって説明し，「時間がほしい」と伝えることが必要です。さらに，"子どもの世界"を知る貴重な大人として，子どもらしい育ちを願い"子どもの世界"を守るため，保護者に理解を得る努力を続けることはたいへん重要であり，保育者の高い専門性だと思います。ケンのご両親には，言葉がなくても友だちと遊べる"子どもの世界"のおもしろさ，幼稚園で不自由していないケンの姿，子どもがしゃべりたくなるときまで"待ついたいせつさ"を伝えることで，保護者に安心してもらうことが必要でした。保育者は，保護者の理解と協力が得られてこそ，"子どものための保育を創る"ことができるのだと思います。

４ 一人ひとりの発達の見通しをもつこと：願いをもってかかわること

　たくさんの子どもと保護者に出会いました。だれ１人として同じ人がいないのはあたり前なのですが，"こういう場合があった"とたくさんの事例に出会うことができました。これらの出会いにより"発達の見通し"がもてるようになり，焦ることなく信じて子どもとの生活を楽しめるようになり，個々への願いが見えることにつながります。ただし，何年経験を重ねても"一人ひとりが違う"ということに真摯な姿勢で向き合い，子どもの"心の揺れ"や"行動の意味"をよく見取り，記録をとり，手立てを考え，そのうえで子どもといっしょに遊ぶことが必要です。そして，願いをもってかかわることで，その子が成長する幸せな瞬間に出会えるのです。その過程では，悩みや葛藤ももちろんありますが，この"保育の醍醐味"を味わうことが，保育者としてのいちばんの喜びです。

3. おわりに

　「保育者を育てるものは？」と問われれば，まちがいなく"子どもと保護者，そして保育者仲間での支え合い"だと答えます。思いきり子どものための保育が楽しめたのも，保護者の協力，教職員の支えがあったからだと思います。そんな状況を若い保育者のために創り出すことが，今の私の仕事だと思っています。時間をかけて，保育者としての専門性を磨き，自分らしい保育ができるようになることこそが，「徹底的に子どもの側に立って考える保育者」につながるのではないかと思います。

　保育者が日々，子どもの育ちのために悩みながら，子どもとともに格闘し，仲間と悩みや喜びを共有しつつ，「自分らしい」保育ができるようになる……。そんな笑顔あふれる光景に出くわしたときが私の最大の喜びです。今日も汗をいっぱいかきながら，心も体も動かして走り回る保育者たちに最大のエールを送りたいと思います。

Q&A 9 園内研修で発言する人がいつも決まっており，若い人がほとんど発言しないまま終わってしまいます。

　研究を始めたころ，私たちの園内研修も発言する人は決まった人で，なかなか若い先生が発言できないことがありました。決まった時間のなかで人数も多くいたので，研修のしかたにも工夫が必要でした。まずは，園内研修の組織を見直しました。

　園内研修はそれまでも，学年の保育者を中心とした学年会，学年主任を中心とした学年主任会，そして全員で行なう園内研修がありました。学年会は，教育課程の期ごとにもち，そこでエピソードをもちより，エピソードから見える幼児期の発達の道筋をとらえることや環境構成や保育者の援助について考察を深める話し合いをしていきました。経験年数にかかわらず，自分のクラスの子どもや同じ学年の隣のクラスの子どもの姿からその思いをどのように読み取るのか，なぜ自分はそのようにかかわったのか，その思いをみずからふり返り，他の保育者に伝えることは，一人ひとりの保育者の保育への自信となっていきました。エピソードを書くことが億劫だった保育者たちも，しだいにこんな姿が書いてみたい，このことが書きたいと，しんどいことではあるけれど，子どもの姿を通して語り合うことが楽しいことにもなってきました。同じ思いで共感できる保育者どうしの関係や言いたいことが言い合える雰囲気を大事に子どもの姿から語り合える関係を築いていきました。そこで話し合った，各学年のその期の特徴と思われることを学年主任会で共有し，研究の道筋や方向性などを決め，園内研修でその期の代表的なエピソードとともにその期の特徴について共通理解していきました。また，研究保育を全保育者が経験し，自分の保育を公開し，協議しています。協議には，付箋をもちいて子どもの姿や保育者の援助や環境構成についてみんなが自分の思いのエッセンスをまとめて話し，考察できるようにしてきました。また，話し合いは，少ない人数で行ないたいので，5・6人程度の2グループにわかれますが，それをお互い伝達し合うときには，若い保育者が話し合ったことをまとめて伝えるようにしました。研修の始まりと終わりの時間を厳守し，時には1人3分などと時間を決めて自分の言いたいことをまとめて話すということもしています。

　日々の保育を記録にとり，それをエピソードとして話し合い，自身のかかわりをふり返ることを積み重ねていきました。保育者どうしの信頼関係が築かれ，お互いの保育を認め合いながらも，ともによりよいかかわりや環境について互いの思いを出し合ってきました。その研修こそが経験年数にかかわらずさらに保育者どうしの関係を深め，さらに思いを共有しながら保育していくこと，自信をもって保育していくことにつながっていきました。

引用文献

◆序章
ヘックマン，J. J. ／古草秀子（訳）（2015）．幼児教育の経済学　東洋経済新報社
池迫浩子・宮本晃司（2015）．家庭，学校，地域社会における社会情動的スキルの育成　国際的エビデンスのまとめと日本の教育実践・研究に対する示唆　OECD，ベネッセ教育総合研究所　http://berd.benesse.jp/feature/focus/11-OECD/pdf/FSaES_20150827.pdf
OECD（2015）. Skills forsocial progress: The power of social and emotional skills , OECD Skills Studies, OECD Publishing, Paris. http://dx.doi.org/10.1787/9789264226159-en
Schoon, I., Nasim, B., Sehmi, R., & Cook, R.（2015）. The impact of early life skills on later outcomes:Final report. Presented in 29-30 October 2015, Paris,France-OECD Conferance centre, Paris.

◆第1章
第1節
ベネッセ教育総合研究所（2013）．第1回乳幼児の親子のメディア活用調査報告書
Frey, C. B., & Osborne, M. A.（2013）. The Future of Employment: How susceptible are jobs to computerization? University of Oxford.
厚生労働省（2007）．子ども虐待対応の手引き
厚生労働省（2013a）．平成25年度版　厚生労働白書
厚生労働省（2013b）．平成25年　国民生活基礎調査の概況
文部科学省（2015）．教育課程企画特別部会論点整理補足資料
無藤隆（2013）．幼児教育のデザイン：保育の生態学　東京大学出版会
内閣府（2015）．平成27年度版　子供・若者白書
OECD（2015）. Skills forsocial progress: The power of social and emotional skills , OECD Skills Studies, OECD Publishing, Paris. http://dx.doi.org/10.1787/9789264226159-en
小川博久（2010）．遊び保育論　萌文書林
社会経済生産性本部（2007）．ニートの状態にある若年者の実態及び支援策に関する調査研究報告書　http://www.mhlw.go.jp/houdou/2007/06/dl/h0628-1b.pdf

第2節
Ainsworth, M. D. S., Blehar, M. C., Waters, E., & Wall, S. (1978). Patterns of attachment: A psychological study of the strange situation. Erlbaum.
Bowlby, J. (1969/1982). Attachment and loss, Vol. 1: Attachment. New York: Basic Books.
DeCasper, A. J., & Fifer, W. P.（1980）. Of human bonding: Newborns prefer their mothers' voices. Science, 208, 1174-1176.
遠藤利彦（2007）．アタッチメント理論とその実証研究を俯瞰する　数井みゆき・遠藤利彦（編）　アタッチメントと臨床領域　ミネルヴァ書房　pp.1-58.
遠藤利彦（2011）．人との関係の中で育つ子ども　遠藤利彦・佐久間路子・徳田治子・野田淳子　乳幼児の

　　　　こころ：子育ち・子育ての発達心理学　有斐閣　pp.85-120.
Fantz, R. L.（1963）．Pattern vision in newborn infants. *Science*, **140**, 296-297.
河合優年（2011）．乳児期　無藤隆・子安増生（編）　発達心理学Ⅰ　東京大学出版会　pp.149-179.
Lorenz, K.（1943）．Die angeborenen Formen möglicher Erfahrung. *Zeitschrift für Tierpsychologie*, 5(2), 235-409.
正高信男（2001）．子どもはことばをからだで覚える：メロディから意味の世界へ　中央公論新社
繁多進（1987）．愛着の発達：母と子の心の結びつき　大日本図書
菅野幸恵・塚田みちる・岡本依子（2010）．エピソードで学ぶ：赤ちゃんの発達と子育て　新曜社

第 3 節

Ellis, S., Rogoff, B., & Cromer, C. C.（1981）．Age segregation in children's social interactions. *Developmental Psychology*, 17, 399-407.
柏木惠子（1988）．幼児期における「自己」の発達　東京大学出版会
河邊貴子（2015）．子どもの育ち合いを保障する遊びとは何か：「遊びの状況」に着目して　保育学研究, **53**(3), 56-65.
加用文男（1993）．遊び研究の方法論としての「心理状態主義」　発達, **55**, 1-15.
加用文男（2014）．遊び研究と保育実践　小山高正・田中みどり・福田きよみ（編）　遊びの保育発達学　川島書店　pp.213-234.
Mischel, W.（2014）．*The marshmallow test: mastering self-control.* New York: Little, Brown and Company.　柴田裕之（訳）（2015）．マシュマロ・テスト：成功する子・しない子　早川書房
文部科学省（2015）．教育課程企画特別部会論点整理補足資料（1）http://www.mext.go.jp/component/b_menu/shingi/toushin/__icsFiles/afieldfile/2015/09/24/1361110_2_1.pdf（2016/01/09）
森口佑介（2012）．わたしを律するわたし：子どもの抑制機能の発達　京都大学学術出版会
無藤隆（2011）．道徳性・規範意識・気持ちの調整　保育の学校 第 2 巻 5 領域編　フレーベル館　pp.31-59.
中野茂（1996）．遊び研究の潮流：遊びの行動主義から"遊び心"へ　高橋たまき・中沢和子・森上史郎（編）　遊びの発達学　基礎編　培風館　pp.21-60.
野田淳子（2011）．けんかしても，一緒にいたい：社会的世界の広がりとこころの理解　遠藤利彦・佐久間路子・徳田治子・野田淳子　乳幼児のこころ：子育ち・子育ての発達心理学　有斐閣　pp.179-201.
Parten, M. B.（1932）．Social participation among pre-school children. *The Journal of Abnormal and Social Psychology*, **27**(3), 243-269.
佐伯胖（2007）．人間発達の軸としての「共感」　佐伯胖（編）　共感：育ち合う保育の中で　ミネルヴァ書房　pp.1-38.
津守真（1965）．倉橋惣三と誘導保育論　幼児の教育, **64**(10), 9-23.
山本登志哉（2001）．幼児期前期の友だち関係と大人の関わり　無藤隆（編）　発達心理学　ミネルヴァ書房　pp.55-72.

おわりに

　京都市立中京もえぎ幼稚園には，平成17年度から3年間，教頭として勤めていました。当時は文部科学省の研究指定をいくつも受けておりましたので，「研究モデル園」として研究を推進し，「若手教員を育てる」ことが大きな使命であると思っておりました。着任当初は，保育の基礎である週案や日案をどのように組織的に作成していくか，実践研究の礎でもあるエピソード研修の時間をどう確保するかが大きな課題でした。指導案の書き方は，実践しながら作成することを学び，エピソード研修の時間は，教頭が各学年会に入ることで捻出していきました。研究の文化が根付く出発点だったように思います。そして，いちばんの課題は，「保育」そのものでした。全学年が複数学級で，ややもすると学年でまとまり，縦のつながりが薄くなりがちで，園全体で保育を創るという文化が未熟だったように思います。子どもたちは，子どもどうしのかかわりがほとんどないまま入園してくるという今どきの課題を抱えていました。

　平成25，26年度に中京もえぎ幼稚園で取り組まれた研究においては，私は京都市教育委員会の学校指導課首席指導主事の立場からかかわることになりました。「子どもたちに人とかかわる力をつけてやりたい」「教員たちに，保育と実践研究の力をつけてほしい」「幼児期の発達の道筋を明らかにするなかで"今，たいせつに育てたいこと"は何なのかを世に問いたい」そんな思いをもっていました。

　保育が劇的に変わったと感じたのは，研究1年目の12月でした。ある日幼稚園を訪れると，朝いちばんの誕生会後の遊びが何とも充実していません。遊びに目的性がなく，手もち無沙汰のような子どもが少なからずおりました。思わず，「この保育でいいのでしょうか？　保育の見直しをお願いします」と言いました。

　それ以降の教員の底力には感心しました。いろいろな場に遊びの環境が整っていきました。素材や材料は魅力的で，年長児が自信をもって自分の遊びを継続して繰り広げているのがわかりました。年中児も然り。そして，年少児はそれらの遊びに魅力を感じ，嬉々として遊びの場に出かけていました。若い教員は時として「引っ張りすぎ」という言葉を恐れ，無策に陥るときがあります。いっせいに課題を与える保育を続けると，時として，「主体的に遊ぶ活動」が「放任」になり，子どもたちが主体的に遊べていない光景を見ることがあります。きっとそんな時期だったのでしょう。永本多紀子園長を中心に教員全員でどんな保育を創っていくかを相談し，環境設定を園全体で考え，遊びを継続した結果だったと思います。その充実感は，教員にも子どもにも根付き，「保育を創る」楽しさが今も引き継がれています。

　時を同じくして，事例をまとめる時期も近づいていました。そんなころ，「先生，事例から『7つの折り合う姿』が見えてきました。思いきって書いてみました！」

と外薗知子教頭。「事例の番号と7つの姿を表にしたら子どもが育つ姿が見えてきました！」と中岡雄介研究主任。私は「どうかなぁ？」「えいやっ！ て，やってみる？」なんて言っているだけだったのですが，自分たちの実践事例から子どもの育ちの道筋が見えてきた嬉しさを共有することができました。

　そして，研究2年目のある日。教頭が，エピソード研修をしながら気づいたことだと，やや興奮気味にこう話してくれました。「先生，子どもは，育てられたように育つんですね。先生たちが，必死で子どもと信頼関係を築こうと『保育者と折り合う』時期をたいせつに過ごしたら，その姿と同じように，子どもたちが友だちに寄り添うんです」と嬉しそうな声。教頭は，すべてのエピソードを各学年で読み合って研究を進めていました。保育の肝心なところは見逃さず，一人ひとりの子どものことを本当によく知っています。そして，いつも，若い教員たちの思いを十分に引き出す園内研修がなされていました。そしてそこには，園長の「任せきる」度量とあたたかく見守る眼差しがありました。

　いつのころからか，子どもが「自分で育つ」ことがむずかしくなってきました。いろいろな社会状況が影響していることはまちがいないと思いますが，だからこそ，幼稚園では子どもが「自分で育つ」ことを保障してやりたいと思います。大人との信頼関係を基盤に安心して自分が発揮できる場，好きな遊びを選び，自分の学びを十分に継続できる場，大好きな先生や友だちとともに遊び，嬉しいことも悲しいことも悔しいこととも共有できる場でありたいと思います。そのためには，子どもがゆっくり時間をかけて「自分で育つ」ことを奪わない大人でありたいと願わずにはいられません。もちろん，専門職の保育者が誇りをもって，家庭と地域と幼稚園をつなぎ，幼児期の発達の道筋を明らかにし，目には見えにくい「心の育ち」をいちばんに願う幼児教育のたいせつさを発信し続けなければなりません。中京もえぎ幼稚園の「折り合う」の研究成果が，子どもの未来を支える若い教員の一助となれば，嬉しく思います。

　この研究の機会をいただき，ご指導いただいた国立教育政策研究所教育課程調査官，津金美智子先生，数えきれないほど足を運んでいただき，保育や研究をご指導いただくなど，この本の出版に多大なご尽力をいただいた古賀松香先生，研究報告会で貴重な講演をいただき，この研究の価値を高めていただいた無藤隆先生には，感謝の気持ちでいっぱいです。また，企画段階から的確な助言や補足等のコメントと，たくさんの細やかな配慮を頂いた北大路書房の北川芳美さんに心より感謝申し上げます。

　これからも，幼児の心の育ちに向き合い，「子どもが自分で育つ」ことの価値をたいせつにできる幼稚園であり続けたいと願います。

　　　　2016年4月　　執筆者を代表して　京都市教育委員会　中西昌子

執筆者一覧

無藤　隆	（編者）	序章
古賀　松香	（編者）	第1章，Column，実践事例から学ぶポイント解説
外薗　知子	京都市立中京もえぎ幼稚園	第2章第1節，第2節-1・2，第3節-1，Q&A
水島　正恵	京都市立中京もえぎ幼稚園	第2章第2節折り合う姿1
土居　里己	京都市立中京もえぎ幼稚園	第2章第2節折り合う姿2
榎本　千秋	京都市立中京もえぎ幼稚園	第2章第2節折り合う姿3
山本　佳奈	京都市立中京もえぎ幼稚園	第2章第2節折り合う姿4
中岡　雄介	京都市立中京もえぎ幼稚園	第2章第2節折り合う姿5，第3節-2
田渕　久美	京都市立中京もえぎ幼稚園	第2章第2節折り合う姿6
丸田　純子	京都市立中京もえぎ幼稚園	第2章第2節折り合う姿7
永本　多紀子	京都市立中京もえぎ幼稚園	第3章第1節
中西　昌子	京都市教育委員会	第3章第2節

以上所属は研究した当時のもの

第1章第3節エピソード提供：平松美和（pp.44-45），淺田基香（p.47），吉村梨彩（p.49），菅田佳余子（p.56），丸田純子（pp.60-61）
他　共同研究者：久世由佳，小山貴予，畑中悠希

以上すべて2013・2014年度京都市立中京もえぎ幼稚園

編者紹介

無藤　隆（むとう・たかし）

1977 年　東京大学大学院教育学研究科博士課程中退
　　　　お茶の水女子大学生活科学部教授を経て，
現　在　白梅学園大学名誉教授

《主著》
知的好奇心を育てる保育　フレーベル館　2001 年
学校のリ・デザイン　東洋館出版社　2001 年
現場と学問のふれあうところ　新曜社　2007 年
子育て支援の心理学（編著）　有斐閣　2008 年
シリーズ新　保育ライブラリ（共編著）　北大路書房
　2009 年
幼児教育の原則　ミネルヴァ書房　2009 年
むすんでみよう　子どもと自然（共編著）　北大路書
　房　2010 年
保育の学校（第1～3巻）　フレーベル館　2011 年
増補改訂新版　認定こども園の時代（共著）　ひかり
　のくに　2015 年

古賀　松香（こが・まつか）

2004 年　お茶の水女子大学大学院人間文化研究科博士
　　　　後期課程単位取得満期退学
現　在　京都教育大学教育学部幼児教育科教授

《主著》
学びとケアで育つ（分担執筆）　小学館　2005 年
シードブック保育内容　表現（分担執筆）　建帛社
　2007 年
子育て支援の心理学（分担執筆）　有斐閣　2008 年
フィールド心理学の実践（分担執筆）　新曜社　2013 年
保育の心理学Ⅱ（分担執筆）　大学図書出版　2013 年
よくわかる！教育・保育ハンドブック（分担執筆）
　フレーベル館　2015 年

実践事例から学ぶ保育内容
社会情動的スキルを育む「保育内容 人間関係」
──乳幼児期から小学校へつなぐ非認知能力とは──

2016年5月10日 初版第1刷発行	定価はカバーに表示してあります。
2022年3月20日 初版第9刷発行	

編 者　　無　藤　　　隆
　　　　　古　賀　松　香

発行所　　（株）北大路書房

〒603-8303　京都市北区紫野十二坊町12-8
電　話　（075）431-0361（代）
FAX　（075）431-9393
振　替　01050-4-2083

©2016　印刷・製本／亜細亜印刷（株）
検印省略　落丁・乱丁本はお取り替えいたします
ISBN978-4-7628-2938-3　Printed in Japan

・ JCOPY 〈(社)出版者著作権管理機構 委託出版物〉
本書の無断複写は著作権法上での例外を除き禁じられています。
複写される場合は，そのつど事前に，(社)出版者著作権管理機構
（電話 03-5244-5088, FAX 03-5244-5089, e-mail: info@jcopy.or.jp）
の許諾を得てください。